城市与人

宁克平 ◎ 著

City and Men
The Process and Strategy of China's Urbanization

中国城市化进程及其对策

人民出版社

序

宁克平同志在其博士论文的基础上,经过反复修改和充实,完成了《城市与人——中国城市化进程及其对策》一书。在该书即将出版之际,他约我写个序,我愉快地接受了这个要求。一是作为他的博士论文指导教师,我对学生的成长由衷地感到高兴;二是我也有责任帮助他,因为我全过程参与了其论文的选题、调研、拟就提纲、写作和修改,与别人相比我对这本书更了解些。当然我是作为"指手画脚"的"导师"参与这个过程的。

城市,作为人类生活的场所,它是人类发展到一定历史阶段的产物。尽管具体的城市有兴有衰,但是伴随着人类历史前进的脚步,城市的规模、结构和功能都不断得到发展。

城市已经有数千年的历史了,但是,城市化却是现代社会的产物。最初的城市是作为政治、军事、宗教和文化中心出现的,此后才有了经济的功能,以至于古希腊发展了城邦文明。在近代欧洲出现了市民自治的城市,这是基于人民日常生活或经济生活而出现的城市,它开启了城市化的滥觞。不过,这些最初的城市,仍然是被广袤的自然经济和封建领地所包围中的孤岛。实际上,中国唐宋时期,特别是明清时代,城市也有相当的发展,但都仍然处在封建制度的辖制和传统自然经济的包围之中。

　　真正的城市化进程是伴随着工业化的步伐加快的。工业化是生产的集约化,人群就集中起来了。这与在自然田野上分布的农牧业有很大的区别。因此,可以说,一个国家工业化进程的程度就是这个国家城市化进程的程度。

　　城市化首先是人类时空观念的改变。按照自然资源承受能力分布开来的农牧业让位于生产资料和生产力集约化的生产方式,基于自然节律的田园生活让位于不分春夏秋冬和白昼黑夜的机器轰鸣,人们与自然离得越来越远。人们的作息时间不再是按照太阳的升落的时辰,而是被时钟严格划分成的分分秒秒。日出而作、日落而息的生活节奏逐渐被集中起来的人类喧嚣所打破,城市闪烁的灯光和霓虹灯的色彩造就了越来越多的"夜猫子"。另外,人类居住和工作的空间集中了,可是人们的视野却开阔了;分工和商业把原本隔离的民族连接了起来,新大陆的发现终于把全部人类纳入世界历史的轨道。

　　城市化也是人类生存方式的改变。在自然经济条件下,人们生活在村落之中,或耕作于广袤的田野之间,或游猎在森林之中,或游牧于草原之上,人们与自然的纽带联系得非常密切,人们的知识形态是经验的。可是,在城市之中,人们生存在人造的环境之中,人们的知识形态是理论的或抽象的。人们不再是被司晨的雄鸡鸣叫声唤醒,而是由严格规定的上班时间所设定的闹钟声所唤起。人们不再吃自己种出的粮食、蔬菜和水果,而是通过货币购买在千百里之外生产的东西。人类的交往方式也发生了变化。人们既然聚集起来,交往也就越来越密切。过去,人们往往因血缘和地缘而联系起来,而在城市中人们往往因工作性质和爱好兴趣联系在一起。

　　城市化还是人类文化或价值观的改变。正如书中所指出的,"城市化以其特有的流动性、社会分工以及契约性法理型关系模式,改变着人们的价值观念体系,同时也铸造出城市生活特有的现代性素质。"在城市中,脱离了宗法观念的约束,人们的个性得到发展和张扬。权威主义受到质疑,自由、平等和法治规范意识越来越强。

　　由于社会历史条件和文化背景的差异,不同国家的城市化进程就呈现出不同的特点。中国的城市化进程,也走过了自己曲折的道路。在改革开放和社会主义市场经济建设的大背景下,中国的城市化不仅加快了自己的步伐,而且呈现出许多新的特点。在中国人民信心百倍地建设和谐社会,实现中华民族伟大复兴的当下,如何吸收古今中外城市发展的经验教训,科学、理性地推进我们的城市化进程,就成为一个非常重要的课题。宁克平曾经供职于广州市科技局、广东省国资委、青海省海南藏族自治州等部门,他在实际工作中对城市有自己的理解和感悟,所以我支持他研究这样一个与社会发展密切相关的课题,并且希望他的研究能够对他今后的工作和中国的城市化进程有所贡献。

韩　震

2009 年 5 月 10 日

于北京师范大学价值与文化研究中心

目　录

导　言
城市化:现代化过程的历史必然

　　现代化是人类由传统农业社会进化到现代工业社会的过程,是一个科技进步,经济、社会组织、社会心理和精神变化的过程,是人们利用近现代科学技术和文化价值观念全面改造自己生存的物质条件和精神条件的过程。一般而言,现代化 = 工业化 + 城市化 + 民主法制化。其中,工业化是生产方式的转变,城市化是生活方式的转变,民主法制化是社会组织和管理方式的转变。

　　从现实和广泛的观点来看,这一过程不仅包括普遍使用的“工业化”或“工业—都市化”这种名词的含义,而且也包括政治、心理和社会方面的一系列革新及其影响。在一个民族中实现“现代化”,就意味着他们处于一种从质朴的农业社会过渡到复杂的现代工业社会的进程。对于个人来说,现代化是指个人改变传统的生活方式,进入一种复杂的、技术先进的和不断变动的生活方式的过程。这个过程发端于欧洲,进而影响到全世界,并且已被证明,它是一个具有世界普遍性意义的社会变革过程,是全人类共同追求美好社会的阶段性目标和社会发展的历史必然。全世界几乎所有的国家或地区都宣布自己的国家要实现现代化,并逐步建成现代化国家。现代化几乎成为所有人的追求目标,即使是那些在理论上反对现代化或在心理上对现代化产生恐惧和不适应的人,也在自觉、不自觉地,有时甚至是贪婪地享受现代化所带来的好处与便利。

现代化过程孕育于 15 世纪的文艺复兴运动、16 世纪的商业革命和 17 世纪的英国资产阶级革命,开始于 18 世纪的英国产业革命。从社会发展的总体过程来看,虽然从 18 世纪人类便开始进入了现代社会,但人类社会实现现代化不是一蹴而就的,而是有一个漫长的演变过程。人类的现代化过程从孕育到兴起,再到发展,至今已有四五百年的历史。综观这四五百年的人类现代化历史不难看出,每走一步都不是单一因素决定的,而是诸多种因素综合决定的结果。每次综合作用的结果总是以一次革命的形式,推动人类现代化的进程。例如,15 世纪的文艺复兴、16 世纪的商业革命、17 世纪的英国资产阶级革命、18 世纪的法国大革命和社会思想方面的"启蒙运动",特别是 18 世纪英国产业革命以来一次又一次的社会变革等,都对人类的现代化进程起到了巨大的推动作用。

在现代化过程当中,城市发挥了重要作用。可以说,没有城市化,工业化无法存在和发展。因此,城市化是现代化最重要的外在表现。简言之,人类现代化的过程,就是绝大多数人口从农村人变成城里人的过程。

城市化不仅是传统农业社会向现代工业社会发展的自然历史过程,而且是人类社会现代化历史进程的必然,同时也是人类有理性、有意志、有目的、有规划的行为结果。它是指随着社会经济发展而引起的现代产业及其生产要素向城镇聚集,农村人口转化为城市人口,城市物质文明和文化不断扩散的社会过程。① 从人类社会发展阶段上看,现代意义上的城市化进程的起点是 18 世纪 60 年代英国的产业革命,终点则是人类社会最终转变为一个先进的现代城市文明社会。这一转化过程有两种基本的方式:一种是由于城市经济、社会、文化的发展产生了巨大的吸引力,使乡村的人口、资本和劳动力向原有的城市集中,从

---

① 对于城市化的含义,学术界有着不同的观点,在此为了论述逻辑的需要,不作具体考察。关于这一概念的详细考察,见第一章相关章节。

而使许多农村被城市所吞没;另一种是农村经济、社会和文化的繁荣与质变,逐渐发展成一种新兴的城市,即乡村转变成了城市。因此,城市化,本质上作为一种社会转型,一方面体现的是城市人口集聚中社会和经济的发展:另一方面又是农村的生活方式向城市的现代生活方式的转变与完成,因而所体现的是主体人的发展进化和社会化过程。因此,城市化过程实质上也是人类完善自我、由自然人类走向现代人类的"人化过程",是实现人与自然环境、人与社会关系互动与整合的过程。在这一过程中,先进的生产活动方式,使人们的生活方式、价值观念发生重大变化,人的整体素质不断提高,将终结自给自足的农业文明而走向追求文明进步、崇尚开拓进取的现代文明,确立新的社会生活秩序,城市现代文明将以其新的特质昭示传统农民的终结和现代生活方式的完成。正是在这一意义上说,城市化是人类进步必然要经历的过程,也是现代化不可缺少的组成部分和不可逾越的阶段。也只有经过城市化的洗礼之后,才标志着现代化目标的实现。

在此,我们仍然必须指出的一个重要事实是:现代化以及相关联的城市化,本质上是资本主义发展、扩张的运动规律所导致的结果。资本主义经济是建立在大工业规模生产、大量剥削雇佣劳动力剩余价值的基础之上。在资本主义发展之初,资本积累、利润追求依赖于生产成本的扩大再生产,因而需要大量的廉价劳动力,甚至还包括了大量的女工和童工。但是,从封建社会或农业经济的母体中产生的资本主义,必然面对着残留的社会生产结构,也就是大量的农村人口。现代化大工业生产的过程,需要彻底改变旧的社会生产结构,同时也要清除旧的农村意识。在此进程中有两组因素发挥着重要作用,一是资产阶级革命,二是类似于"圈地运动"的资本家的立法和执行。资本原始积累的血腥就在于以一种残酷的方式把大量农村人口变为城市人口,使农村屈服于城市,其目的是为城市工业生产创造大量的产业工人、劳动力大军。这也就是说,城市化最初是伴随着资本主义世界兴起时现代工业化和资本积累的进步结果,尽管它包含着农村人口城市化转型的血腥,但是在人类历史上具有重大的进步意义,对人类文明的发展具有重大的推动作用。正如马克思正确评价的:"资产阶级使农村屈服于城市的统治。它创立了巨大的城市,使城市人口比农村人口大大增加起来,因而使很大一部分居民脱离了农村生活的愚昧状态。"①

城市化是人类社会迈向现代文明的必然历史进程,作为一种必然趋势有其内在的动力和发展的客观逻辑,其合理性的根据表现在:

其一,城市化是人的存在方式的根本变革,是人的实践本质的体现。从传统农业社会向现代城市文明社会的变迁,是人类社会的存在形态的变化,也是人的存在方式的根本变革。以工业化和市场经济为动力的城市化进程,改变了人的"生存方式与生活方式构成关系的结构"。在农业社会中,人们在与自然的直接作用过程中获得生活资料与生产资料;生存方式居于主要地位,城市化则预示着人们生存方式的提升,在使人们的生活质量获得提升而告别传统农业生产方式的同时,使人们通过"物的依赖关系"作为纽带联结成为社会关系,并构成群体的非依赖性的生活方式体系,因而"生活方式是开放的、多元的和多价值取向型的,价值的实现主要体现在生活方式的创造与理想价值实现的领域"。②

人作为创造实践着的主体,总是在追求自身生存方式的超越与卓越的过程中,实现人类文明的拓进与发展。正如亚里士多德所言:"所有人类的每一种作为,在他们自己看来,其本意总是在求取某一善果"③,为了实现一种"优良的生活"。城市化,作为人为自身的生存与发展进行创造性劳动的产物,是人类按照自身需要、以体现人的主体性而创设的人工环境。作为实践的主体,人类以改造、创造社会为宗旨,因而"人离开动物越远,他们对自然界的影响就越带有经过事先思考的、有计划的、以事先知道的一定目标为取向的行为的特征"④。城市化作为人自为的创造,正是人的实践本质的体现,它意味着人类自我发

① 马克思、恩格斯:《共产党宣言》,北京:人民出版社 1997 年版,第 32 页。
② 张鸿雁:《论城市现代化的动力与标志》,《江海学刊》2002 年第 3 期。
③ 亚里士多德:《政治学》,北京:商务印书馆 1965 年版,第 3 页。
④ 《马克思恩格斯选集》第 4 卷,北京:人民出版社 1995 年版,第 382 页。

展能力的增强。现代城市文明社会高度分化与多元化的生活方式,突破了传统社会的限制,在密切人们之间相互联系的同时,使人们的活动和交往能力也得到极大的扩张;在标示人类文明提升的同时,显示着人的创造自主性的扩展和深化。

其二,城市化是实现整个社会和人的现代化发展的需要。城市化与现代化的关系主要是手段和目的的关系。人类社会的发展史充分证明,现代化社会与人类有史以来所追求的目的是吻合的。而要达到这一目的,最有效的综合性手段就是城市化。从已经实现了现代化的发达国家的现代化内容来看,它们都是在城市化的过程中实现的。当前,国际上习惯于把一个国家的城市化水平作为衡量该国经济、社会现代化程度的重要标志之一。可以说,没有城市化便没有现代化。人类社会一切现代化的物质文明和精神文明都是在城市化的进程中产生和发展起来的,而且是通过城市化进程中的交换、扩散和传播而发扬光大的。城市化解决的是外部聚落结构的存在状态,而现代化则是其丰富的内涵。诸多研究发现,现代化的衡量指标与城市化衡量指标几乎是重合的。

从现代化标志的外在存在形态上看,现代化的建筑物,现代化的交通运输工具,现代化的基础设施,现代化的生活设施,现代化的组织机构、科研机构、文化艺术机构,现代化的娱乐场所,现代化的机器设备,都起源于城市,并且大部分聚居于城市。它们通过城市化的进程得到发展、强化,并通过城市化的过程向乡村传播和扩散。乡村所拥有的一切现代化的生产设备、生活设施、物质产品,没有一种不是直接或间接来源于城市的。

从现代化标志的内在本质看,人的思想、意识、观念、价值取向和人际关系的现代化也都只能在城市化的过程中逐步产生和发展。社会学家英格尔斯认为,国家实现现代化首先取决于人的现代化。"正是因为在整个国家向现代化发展的进程中,人是一个基本的因素。一个国家,只有当它的人民是现代人,它的国民从心理和行为上都转变为现代的人格……都获得了某种与现代化发展相适应的现代性,这样的国家才可真正称之为现代化的国家。"①城市化所牵动的人的现代性的增长和重塑,成为塑造社会整体意义上的现代人群体的前提。对于一个人来说,一生中不接触现代城市文明,就永远不会具有现代的思想意识和价值观念;对于整个社会来说,如果不能将现代城市文明普及整个社会,而只局限于少数城市居民,甚至是只局限于少数社会上层居民,那么这个社会永远也不会是一个现代化的社会。

其三,城市化是满足人的自身生存与发展需要的必然。城市作为人类文明的标志,是人自身发展的需要。城市文明以其高度集聚的社会功能和发达的社会分工,满足了人们不同的爱好兴趣和对不同职业选择的需要可能性,从而更好地满足了人们不断增长的发展需要。随着城市化和现代化的进展,为人们物质的和精神的满足创造了良好的条件。城市化是建立在较高生产力发展水平基础上的。高度发达的通信向人们提供了大量的可供选择的信息。四通八达的、有效的、廉价的交通工具可供人们随时使用。生产技术的一切改进都意味着按人口计算的财富和收入的增加、生活水平的提高和人们为生活操心程度的减轻。当财富和收入达到丰富程度的时候,人们的注意力就会从仅仅满足生存性需求转移到多种多样和精益求精的消费上。从总体上看,处于城市化发展过程中的国家和地区,较之农村居民,城市居民增加了以下各方面的要求:(1)更大的物质舒适和方便;(2)闲暇和娱乐;(3)更健康的身体、饮食和清洁;(4)教育和文化的机会与满足;(5)社会、经济和政治的机会;(6)从社会成就获得的满足;(7)更好地照顾儿童,并且给孩子们更大的发展机会;(8)从财富的机会中得到满足;(9)更高的社会地位;等等。

不仅如此,城市特有的生活方式,为进一步提高人们的生存和发展需要创造了有利的条件。从人口的角度看,城市化就是人口从乡村地区大量地流入城市以及人口在城市中的集中。城市由此变成了"文

---

① 阿历克斯·英格尔斯:《人的现代化》,成都:四川人民出版社1985年版,第8页。

化"活动和群众交往的中心。由于越来越多的人口在城市条件下生活,城市生活方式和趣味便趋于影响全部文明。在城市中,人口是多元的,往往在种族和国籍以及文化教养与地理背景方面都各不相同。人与人之间的关系日益趋向于与个人无关的、不知名的、表面化的、转瞬即逝的、拘谨的和契约的关系,个人和家庭趋向于与亲族集团分离。这时出现了个人主义和个体化,前者就是个人从氏族、本地村社和其他诸多传统权威的压力下解放出来,后者就是发展每一个独特的能力和潜能趋势。这样,本来是以家庭为中心的文化,现在转向了以个人为中心的、与一种新动机有关的文化。个人从传统的束缚中解放了出来,有了真正的自由。而这只有在城市化的过程中,在城市里实现。也正是在这一意义上,有人认为,"城市的空气造成自由"。自由的生活氛围为人们最大限度地展示自己的个性和追求创造了良好的条件。

第 一 章

城市与城市化

　　何谓城市? 何谓城市化? 在分析和考察中国城市化问题之前,需要一个先在的理论前提,那就是对于城市、城市化的具体含义作出理论的说明,以便为后面的具体论述作出铺垫。对城市这一概念及相关问题的说明,就如同"商品"概念在经济学中所具有的特殊意义一样。

第一节　作为物质与观念样式的城市

一、城市的本质

　　在人类发展历史上,战争的需要产生了城,交易的需要产生了市。在中国古代汉语中,"城"指的是围绕人群聚落而修筑起来的环形墙壁,是指一种防御性的构筑物;"市"则是指人们进行物品交易的场所。城市是一个与乡村相对立的概念,城市是人类文明进步的成果,产生于人类不断改造自然界的过程之中。城市是社会发展的产物,物质劳动和精神劳动的最大的一次分工,就是城市和乡村的分离。

　　对于城市这一概念,不同学科有不同的定义:从人口角度讲,城市是具有一定人口规模并以非农人口为主的居民集聚地,是聚落(settlement)

的一种特殊形态。从功能角度讲,城市是具有中心性能的区域焦点,是从事第二、三产业人群的集中居住地。从特征角度讲,城市是非农业人口集中,以从事工业、商业、交通等非农业生产活动为主的居民点,是一定地域范围内社会经济和文化活动的集中点,是区别于比较单一而分散的农村居民点的社会空间结构形式。从系统角度讲,城市是一个以人为主体,以空间利用和自然环境利用为特点,以集聚经济效益、社会效益为目的,集约人口、经济、科学、技术和文化的空间地域大系统。

不同学科对于城市所下的定义,都从自身的角度出发,对城市某个方面的特征作出了描述,为我们进一步理解城市的含义奠定了良好的基础。

(一)分离与聚合——城市的诞生

城市是社会分工发展到一定历史阶段的产物,城市发展是劳动分工在地域空间上的反映。分工是城市发展的源泉,是城市发展的经济基础和动力。在城市发展的漫长岁月中,尽管我们看到世界各地城市发展的速度和发展的方式不尽相同,但是,城市是社会分工发展的必然结果这一规律还是清晰可见的。

在人类历史上,曾先后出现过三次大规模的社会分工。第一次社会分工是畜牧业和农业的分离,产生了村庄,出现了游牧部落和农业部落相互并存的状况。生产力的进一步发展,使手工业和农业分离开来。随着生产效率的提高和剩余劳动产品的增加,人们彼此之间的交往成为一种经常性的现象。交换的发展和固定化,催生了手工业和商业的聚集地,集市的进一步发展便形成了城市,于是乡村和城市分离开来。城市与乡村分离的根本性标志就是非农业生产活动在空间上的集中。马克思、恩格斯在《德意志意识形态》中,就是从生产力和生产关系相统一的观点看待城市的发生和发展问题的。他们指出:“某一民族内部的分工,首先引起了工商业劳动和农业劳动的分离,从而也引起城乡的分离和城乡利益的对立。”①马克思主义经典作家还进一步指出,城

---

① 《马克思恩格斯选集》第 1 卷,北京:人民出版社 1995 年版,第 68 页。

市的每一步发展实际上都深深地打上了社会分工的烙印。"分工的进一步扩大是生产和交往的分离,是商人这一特殊阶级的形成。这种分离在随历史保存下来的城市(其中有住有犹太人的城市)里被继承下来的,并很快就在新兴的城市中出现了……城市彼此建立了联系,新的劳动工具从一个城市运往另一个城市,生产和交往间的分工随即引起了各城市间在生产上的新的分工,不久每一个城市都设立一个占优势的工业部门。最初的地域局限性开始逐渐消失。"①

　　从生产力发展的角度来看,农业和工业的发展始终是城市发展最为根本的动力。农业的发展是城市兴起的基本前提。由于城市是非农业人口的聚集地,这就决定了在生产的分工当中,城市不能生产农产品,城市人口所需的粮食必须依靠农业提供。只有当农业发展到一定水平,并能为其他非农业人口提供足够的基本生活资料时,城市的正常运转才成为可能。同时,也只有当农业生产力达到一定的水平,并创造出大量的劳动生产力时,才能为城市其他行业的发展提供劳动力支持。

　　如果说农业的发展是城市发展的基本前提,那么工业发展水平的提高则直接决定着城市发展水平的进一步提高。工业化的发展,引起了生产结构和生产力布局的重大变化,促进了生产要素的大量集中和生产效率的大规模的提高。这反过来又促进了城市规模效益和聚集效益的进一步发展。工业化水平的提高,造就了大规模的人口流动。对于这一问题,恩格斯在《英国工人阶级状况》一文中指出,"工业的迅速发展产生了对人手的需要;工资提高了,因此,工人成群结队地从农业地区涌入城市。人口以令人难以相信的速度增长起来,而且增加的差不多全是工人阶级。"②由此可见工业的发展对于城市的发展进步所起到的重要作用。

　　就狭义上的现代城市化而言,城市化主要是指在现代化大工业生产的基础上形成的工业城市。但是随着当今世界的生产方式从原来的

---

① 《马克思恩格斯选集》第1卷,北京:人民出版社1995年版,第107页。
② 《马克思恩格斯全集》第2卷,北京:人民出版社1957年版,第296页。

福特主义转向以知识经济为基础的后福特主义生产方式,同时全球出现严重的生态环境问题——不能不说这是人类工业进步的一个负面结果,因此,目前世界城市化的趋势走向后工业城市、绿色城市、信息化城市(信息中心),这是方向,是规律。中国决策者在规划中国城市化建设的时候要按这个规律办事。

(二)全新的时空观念

人的聚居方式的演进和发展,是人工环境逐步代替自然环境的过程。城市无疑是一个人造的空间聚居环境,并且是一个彻底的人工聚居环境。早期的城市人工建设并未显示出这种彻底性,但由于建设项目的不断集中和增加,更主要的是人造环境之间不断地有效"结合",最终使城市环境产生了新的质变,成为彻头彻尾的人工环境。城市人在这个环境中可以长期生存,而且由于这个人工环境是根据城市人的需要建造的,因此有着其他聚居形式不具备的舒适性和方便性,城市人的工作效率和生活质量也得以大大提高。相比之下,农民则更多地生活在自然环境之中。

对农民而言,土地是一切财富的源泉,他们必须在土地上耕耘,露天的旷野是他们的工作场所,他们的收成与气候及自然灾害发生的程度密切相关。在农业社会中,由于人们与土地的密切结合,在时间和空间之中,人们须臾不离生于斯长于斯的土地,在时间的计算上更多的是与一年四季、季节的轮回紧密地联系在一起,以分钟、秒为计算单位的时间观念对其不太发挥作用。抽象化的、脱域化的时空观念没有形成。

在城市之中,由于生产效率的提高和生活方式的变革,引起了人们时空观念的重大变化。在城市当中,人们的时间观念较强,注重时间和效率。城市人在对待时间的态度上,最为明显的是对闲暇时间的支配。众所周知,工作和闲暇在时间和空间上的区分是工业文明的一个突出特点。昔日的农民和手工业者,与农业生产密切相连,由于农业生产的季节性和各种传统节日,他们与工人相比在一年中有更多的空闲时间,但他们不像工人那样,有明确区分的闲暇时间。而城市工人对工作时间有十分明确和严格的规定,正是因为这个原因,城市工人以及其他城市人使闲暇时间成为一昼夜时间中的一部分。人总是力图根据自己个人的节奏来安排自己的闲暇时间。在最初闲暇时间不多时,它还保留有个人的色彩。随着闲暇时间不断增加,闲暇逐渐失去个人的特点而获得群众性。交通运输、学习、电视的娱乐节目、商店的营业,所有这些都按统一的时间安排。时间的机械节奏证明它适用于组织集体生活和大众活动。正是这个缘故,绝大多数城市居民就是对非工作时间也往往用分钟来计算,而且对闲暇时间备加珍惜。人既是时间的主人,又是时间的奴隶,在终日忙忙碌碌的城市居民的意识里,时常想到时间,想到时间的消逝和一去不复返。风云变幻的各种事态和层出不穷的新事物,使人们常常感到措手不及。于是人们对未来产生极大的兴趣,把注意力集中在未来。人们对高速度的节奏好像已经习以为常,认为这是不可避免的。一个人想消磨真正的闲暇时间时,他便离开城市到森林、到农村去,到那些没有城市节奏的地方去。城市人的生活节奏源于他们对生产节奏的适应。

(三)一种价值与心理的存在

人作为城市的主体,其风貌始终是城市的内在灵魂。从认识论角度来看,现代城市绝不是简单的非农人口＋非农产业＋建筑物,不能将它仅仅理解为一种空间的聚合物,理解为一种物质现象。城市生活体现为人们对一种城市文化的接受和创造,也正因此,城市绝不是简单的物质现象,绝非简单的人工构成物,它更是一种心理状态。而城市化也不仅是一堆硬性的、能勾勒出社会经济图景和外在风貌的统计数字和物质景象,它也是一种文化心理状态,或者可以说是一种心理物理过程。所以,城市的发展过程同时也是一种社会文化的变迁与转型。在这个过程中,传统的"乡村社会"被现代的"城市社会"所代替。作为城市化、工业化产物的现代城市,也必然呈现出不同于乡村社会的文化特征。现代城市由此也可以理解为是一种"城市性"的心理状态和文化类型。无论是对于城市功能的考察,还是对于城市化方方面面的探索,我们都需要在物质和精神两个层面上来进行,不能仅仅将城市和城市化局限在对基本经济指标的衡量上。

在城市问题的探讨中,许多西方社会学家有意识地将城市化问题放在文化心理体验的层次上来考察。在早期的城市社会学研究中,迪尔凯姆、齐美尔、帕克等都对城市性问题作出探讨。在《共同体与社会》一书中,斐迪南·滕尼斯把人类社会划分为以小乡村为特征的"共同体"和以大城市为特征的"社会"。滕尼斯认为,共同体是一种持久的真正的共同生活。"共同体的生活是相互的占有和享受,是占有和享受共同的财产。"①依靠情感、血缘和宗教这些纽带,人们相互之间形成了关系亲密、休戚与共、守望相助和富有人情味的关系。共同体的存在有三种基本的形式:血缘共同体、地缘共同体和宗教共同体。血缘共同体是一种原始的完全自然状态下形成的共同体,其联结纽带是建立在血缘基础上的类似于植物生长意志的自然本能的情感;地缘共同体是血缘共同体的扩展和杂合,其联结纽带是建立在血缘关系的原始情感基础上的,为了满足成员安全和生存需要而形成的互助合作、休戚与共、守望相助的价值认同。地缘共同体尽管仍以情感为主导,但这种情感已开始脱离自然情感,逐渐显现出理智的特征。而对于精神共同体,滕尼斯称之为共同体的高级形式并大加颂扬,其联结纽带主要是共同的信仰和价值追求。血缘共同体主要表现为家庭和家族,地域共同体主要表现为村落,精神共同体主要表现为宗教。

在以大城市为特征的"社会"中,人们的生活方式从群体转变为个体,人们有更多的理智,工于心计,首先关心的是一己的私利。众多拥有不同利益、不同想法的个体通过契约化的关系构成一个联合体。个人参与这一联合体的目的在于从中获得对自身有价值的东西。在社会当中,尽管人们也像在共同体之中一样以和平共处的方式生活和居住在一起,但他们相互之间的关系并不是一种结合的关系,而是基本上分离着的。"在共同体里,尽管有种种的分离,仍然保持着结合;在社会里,尽管有种种的结合,仍然保持着分离。"②因此,社会应该被理解为

① 斐迪南·滕尼斯:《共同体与社会》,北京:商务印书馆1999年版,第76页。
② 斐迪南·滕尼斯:《共同体与社会》,北京:商务印书馆1999年版,第95页。

一种机械的聚合和人工制品,它的基础是个人、个人的思想以及意志。迪尔凯姆关于"机械团结"和"有机团结"的社会组织的划分也与之类似。在迪尔凯姆看来,传统社会中的整合称为"机械团结",当代社会的社会整合称为"有机团结"。"有机团结"是以人与人之间的差别为基础的社会,它是建立在高度发达的社会分工基础上的。在"有机团结"的社会里,由于社会分工产生了众多不同于传统社会的特征,如存在着微弱的集体意识、以恢复性法律为主导、存在着高度的个性、有专门化的机构惩治犯罪、有高度的相互依赖等。①

　　通过上述思想家的探索,我们可以看到,城市化实质上意味着人类居住形式的进化、生活方式的嬗变、文化形态的变迁。人类自从诞生以来,在自身发展的数百万年的漫长征途上,经历了游牧式生活—半永久农牧村舍—定居于城市的三种居住方式。与此相应,人类生活方式及文化形态的变迁大致经历了由农业社会向工业社会,传统社会向现代社会的转变。因此,作为人类文明进步标志的城市化,有着极深远的历史文化渊源。同时,城市化还是社会关系和人格心理的促变因素。城市化过程的直接产物,便是原有的基于血缘关系、地缘关系的带有小农经济烙印的社会关系日益瓦解,而代之而起的是基于职业利益和行业利益的代表现代市场经济价值观的新型社会关系。产生于工业化、城市化大背景中的现代人格心理是建筑在依赖商品交换、机器生产和科学应用的利益社会关系——城市文化——之上的,其特征明显地有别于建立在依赖于家庭、宗族和村落集体的公共社会关系——乡村文化——之上的传统人格心理。英格尔斯的研究表明,这种现代人格心理的核心特征为:乐于接受新经验、接受新事物;不依赖、不盲从、具有高度的独立性;相信科学,不听天由命;立志使自己以及子女在职业和教育方面达到远大的目标;守时、惜时、讲求效率;对限制家庭规模和实施计划生育抱积极态度;对城市公共事务和地方政治兴趣强烈并积极

_____

① 参见蔡禾主编:《城市社会学:理论与视野》,广州:中山大学出版社2003年版,第64页。

参与;重视获取信息。①

二、城市的功能

(一)从生产力发展看城市功能

城市,顾名思义,是市场中心。城市是一个区域的市场中心、信息中心、服务业中心。作为人力、资本资源的积累和集中中心,它促进了其他资源集中和积累中心的产生。当这样两组中心通过物质的和智力的高速公路相互联系在一起时,其在生产力的变革中所起到的作用就很明显地显现出来了。

马克思指出:"市场的扩大、资本的积累、各个阶级的社会地位的改变、被剥夺了收入来源的大批人口的出现,这是工场手工业出现的前提条件。"②城市化的发展恰恰在上述几个方面为生产力的提高奠定了良好的条件。在城市当中,由于人口的进一步聚集,形成了一个庞大的消费群体,为市场空间的拓展奠定了良好的前提和条件。同时,随着城市发展水平的提高,社会分工日益复杂,分工越来越细致,这种由分工与协作所带来的生产效率的提高是以往的个人劳动所不可比拟的。对此,马克思指出:"和同样数量的单干的个人工作日的总和比较起来,结合工作可以生产出更多的使用价值,因而可以减少生产一定效用所必要的劳动时间。"③

在城市当中,有着便捷的交通运输网络,为现代生产的大规模集中创造了良好的条件。地理环境的因素对经济和社会的发展具有重要的影响,城市不仅会因为交通条件的改善而迅速发展,而且也会因为交通环境的恶化而迅速衰落。也正因如此,在城市发展当中,城市往往或者是建立在便利的交通运输环境之中,或者要大力发展各种各样的交通运输条件。恩格斯认为:"城市越大,搬到里面来就越有利,因为这里

① 参见阿历克斯·英格尔斯:《人的现代化素质探索》,天津:天津社会科学院出版社 1995 年版,第 119 页。
② 《马克思恩格斯全集》第 47 卷,北京:人民出版社 1979 年版,第 336 页。
③ 《马克思恩格斯全集》第 23 卷,北京:人民出版社 1972 年版,第 365 页。

有铁路,有运河,有公路;可以挑选的熟练工人越来越多;由于建筑业中和机器制造业中的竞争,在这种一切都方便的地方开办新的企业……花费比较少的钱就行了;这里有顾客云集的市场和交易所,这里跟原料市场和成品销售市场有直接的联系。这就决定了大工厂城市惊人迅速地成长。"①

(二)从文明发展看城市功能

从形式上看,城市是建筑物的组合,是高楼林立、车水马龙、人口集聚、企事业单位云集的经济实体,是一个人工的物化环境。因而从表面上看,这种城市空间像是一个巨大的封闭容器。但其实并非如此。实际上,城市具有类似于一个封闭容器的本质功能,它将各种社会要素集中起来,并为它们提供一个相对稳定的场所,使之最大限度地发挥作用。城市作为一个生命系统,要想维持自身的存在和发展,必须与外界进行物质和能量的交换,否则,必然会逐步萎缩,直至最后消亡。也正是在这一意义上,进一步印证了我们前面所作出的判断:城市的外表虽然表现为高楼大厦的林立,但是,在这些基本骨骼框架背后和之中有着强大的交换机器。城市在没有任何可容纳的东西之前,亦即在其发展过程之初,它必须首先吸引人群和各种组织。一座城市发展壮大的源泉,来自它所具有的巨大"磁力场",通过它的"磁力线"向外释放出巨大的磁力,吸引周围的人、财、物汇集于其中。这些人、财、物一旦被吸引到城市里来,就会被磁化,从而与城市原来的人、财、物一起释放出更为强大的磁力。城市作为一个巨大的引力场,在经济、政治、文化等各个层面上都发挥着自身的作用。

一般来说,城市引力场的形成和作用过程,就是人们通常所说的城市化过程,即乡村人口不断地转化为城市人口以及乡村社会转化为城市社会的过程。在此,我们可以借助自然科学中的原子聚变引力定律来解释这一过程。假定人类社会中的一个个的个人,好比是自然界中的一个个的原子,那么这些个人聚合在一起也就会像许多原子聚合在

---

① 《马克思恩格斯全集》第2卷,北京:人民出版社1957年版,第301页。

一起一样,释放出一种比原来大得多的新的能量。因为人类聚合在一起不仅增加了机械力(体力)的能量,而且促进了思想的发达。在城市化过程中,由于人口的集中所释放出的新能量多到一定程度,也必须多到一定程度,它便会创造出全新的物质的和精神的城市文明,即开放的现代化的大城市文明。这种开放的现代化的大城市文明,彻底打破了古代封闭型城市的重要障碍,对周围的乡村和小市镇产生了一种强大的无障碍引力,形成了一个巨大的城市引力场,通过这个巨大的引力场的作用,越来越多的人、财、物被吸引到城市中来。不仅如此,一个巨大的城市引力场由于其日益显示出来的优势,还将对其他的中、小城市产生一种强烈的示范作用,形成一种间接引力效应,某些竞争力强的中、小城市也将会发展成为大城市,形成新的大城市引力场。这一过程一旦开始便不可遏止。对于某个大城市(中、小城市也一样)来说,如果其周围没有出现新的引力中心,同时也没有造成人为的障碍,那么这一过程一直要到它把周围乡村或小市镇的人口全都吸收完毕才会结束。"城镇作为人类生活手段进化的产物,本来就是人类自身固有属性的外化。"①城市的本性就是人的群聚性产生的凝聚力通过辐射影响对外扩张,即城市聚变引力运动,通过城市引力场进一步凝聚力量,再扩张,直至达到周边城市势均力敌的相对均衡状态,从而暂趋稳定。构成城市凝聚力的核心是由人性决定的同质性要素,即能够最大限度地满足人类生存、发展和享受欲望的要素。在城市化的过程中,凡是与人性相悖的要素都会被作为异质性要素被排斥和淘汰。因此,城市的发展总是在做引力与斥力、凝聚与扩张、扩大地域空间规模与缩短单位距离到达时间的双向运动,最终产生滚雪球效应。

城市对外围的引力效应使得外在的存在被纳入其中,在很大程度上也使小城镇、农村发生内在的分裂,进而形成乡村裂变推力效应。如果说城市的引力效应如同原子的聚合产生巨大的磁场,那么乡村的裂

---

① 宋俊岭、黄序主编:《中国城镇化知识15讲》,北京:中国城市出版社2001年版,第206页。

变推力效应则如同原子的裂变产生巨大的外推力,使乡村内在的原有组织出现松动并最终瓦解。扩散和传播到广大乡村中去的物质的和精神的城市引力载体,诸如新技术、新工具、新工艺、新思想、新观念,以及新的生活用品和新的生活方式等,就好比是打入乡村原子堆中去的无数"中子"。一旦这些中子打入,乡村就会发生像物理学中的核反应一样的裂变,释放出大量的新能量,产生一种强大的推力,形成乡村裂变推力效应。

无论城市的引力效应还是乡村内在裂变效应,都在很大程度上推进了城市文明的普及化,进而大大推进了人类文明发展的进程。从物质方面看,乡村裂变的主要效应是促使农业劳动生产率提高,为乡村的分化和社会大分工创造物质前提,同时也为城市化的发展提供越来越多的劳动力。从精神方面看,乡村裂变推力效应的主要结果是推动乡村居民学习、向往、接受现代城市文明。

(三)从人的发展看城市功能

谈及城市,人们就会联想到高楼林立、车水马龙、商店云集的景象,于是人们很容易将城市描绘成一种物质形态的实体。表面看来,城市的确呈现出一种物质形态,是一个人工的物化环境。但实际上,任何城市都不是自然而然形成的,都是由人去设计、施工、修建和改造的。城市物质形态的背后存在着人的因素,城市在不同时期留下的有形物质,都会折射出人的意识和行为。城市无疑是由人创造的,城市的发展与变迁是城市人作用的结果,因此,城市人在城市中居于主体的地位。城市作为人类建造的人工环境,实质上是为了更好地满足人类生存与发展的需要。如在城市中建立工厂,是为了生产更多为人类所需的产品;建立商店是为了满足人们的购物需求;建立纵横交错的道路设施,是为了减少人们用于交通上的时间;建立文化娱乐场所,是为了满足人们的精神需要。在这样的人工环境中生存,比自然环境下更为舒适,更能提高人们的行为效用。因此城市物化环境的建立,实际上是人类为减少自然环境下生存的缺陷、克服自然环境对人的制约而努力的结果。如果说村落聚居是人类农业发展条件下定居需求的一种体现的话,而城市则是完善这种需求的进一步表达。

从城市的形成看,城市化的进程,首先应该是产业聚集的过程。聚集的产业既有同类的产业,也有上下游的关联企业,通过这种聚集逐步使生产、服务综合为一体。企业聚集使得经济活动成本降低,因而吸引越来越多的企业和人口前往创业和就业,达到节约交易成本的目的。同时,在城市工作可以获得较高的劳动收入,可以享有较高的消费,因此吸引着农村人口源源不断地向城市迁移。总体上较高的劳动收入和便捷的生活设施,为人的素质的提高、个性的发展创造了良好的条件。由于大多数居民从事先进的产业活动,有较高的生活质量,人的生活方式、价值观念发生了变化,告别自给自足的小农意识,追求文明进步,崇尚开拓进取,自尊、自强成为社会时尚。

不仅如此,随着现代社会闲暇时间的增多,休闲本身正在成为城市居民社会生活的中心。这不仅意味着个人的自由、健康、幸福等与休闲密切相关,而且城市也因为休闲而成为经济、文化和社会的归极。现代城市应当是人类进步迄今为止被多数人认同并选择的最佳居住场所,或者说是人类生命运动和个体生活的首选空间。尽管城市化导致人口和生产的集中,长期无法解决居住、交通、生产等诸多方面的问题,使人们的生存感到前所未有的紧张和拥挤,它也成为所有城市人希望摆脱的窘况,但人们还是纷纷涌入城市。与乡村相比,城市总有更多的人生机会可供选择,不同的生活方式可以尝试。城市化带来的不仅是人口、生产等的会聚,同时也导致消费和休闲的集中。早在两千多年前,亚里士多德就精辟地表述过人类社会发展的这个"终极追求"。他说,人们为了生存聚集于城市,为了美好的生活而居留于城市。它从一个侧面也表现了城市对人的发展所具有的无可替代的作用。

三、城市的形态分类

对城市的一个充分说明,不但需要指出城市的本质、厘清城市的功能,还必须对城市的形态分类加以描述。不同的研究方式、视角和侧重点,常常会产生不同的城市形态分类。常见的分类方法大致包括按行政级别、城市功能、地理区域划分几种。比如在中国,按行政级别,城市可以划分为直辖市、副省级市、地级市、县级市等。按地理区域,城市可以划分为平原城市、山区城市、沿海城市、边疆城市等。这两种侧重于行政级别或地理区位的城市类型的分类方法在城市学研究中具有一定的价值,但在城市化研究中则以城市功能为标准的形态分类较为普遍,它也更有利于把握不同城市在城市化进程中的独特性。

　　一般而言,根据城市功能来确定城市性质存在着以下主要方法①:

　　(1)定性分析法。分析论证城市发展的有利因素与不利因素,主要包括:地理位置、交通条件、资源条件等,再区分出城市的主要功能,确定城市性质与发展方向。

　　(2)定量分析法。通过对城市内部各经济部门的产值构成或职工人数构成,分析城市的生产力结构,以确定城市的主要功能。

　　(3)区域对比方法。从区域城市结构体系发展与布局角度出发,采取对比区分城市主要职能与辅助职能的方法,确定城市性质。

　　(4)综合分析方法。在定性、定量相结合的基础上,综合分析城市发展的依据以确定城市性质。

　　在对城市进行功能性的形态分类时,我们主张以功能定性分类为主要原则,以综合分析方法为主要方法。这种分类依据城市的主要功能的不同而进行划分。就城市功能而言,它包括政治的、经济的(工业的、商业的)、文化的、社会的、军事的功能。某一城市可能具备所有这些方面的功能,也可能仅具有其中的一种或几种。在对城市形态进行分类时,一般以该城市最为突出的主导功能为核心。因此,人们也常常将不同的城市划分为工业城市、商业城市、政治城市、旅游城市、文化城市等。当人们称某一城市是商业城市时,并不意味着该城市仅具有商业经济的功能,它也具有政治的、文化的功能,只是相对于商业的功能显得较为不突出。同样,某一城市也可能在许多功能上表现出较强的代表性,比如,北京就是一个典型的、具有主导性的政治经济文化功能

---

　　① 参见黄继忠:《城市学概论》,沈阳:辽宁人民出版社 1989 年版,第 57—58 页。

的综合性城市。依据黄继忠的归纳总结,在坚持合理而全面的综合方法的基础上,我们可以将城市划分为以下几种①:

综合性城市:城市的政治、经济、文化等职能均很突出。

工业城市:包括多门类的综合工业城市和单一门类的工业城市。

商业城市:包括零售商业城市和批发商业城市。

交通枢纽城市:包括港湾城市。

文化娱乐城市:包括音乐城、电影城、旅游城、疗养城等。

科研教育城市:包括科学城、大学城。

行政城市:与综合性城市相比,它的政治功能十分突出。

农牧渔业城市:包括农垦型城市、牧业城市、水产城市。

第二节　作为现代化演进方式的城市化

一、城市化的多重维度

"城市化"是英文 urbanization 的中文译名,按照英文的词源来解释,城市化就是都市化、市镇化,所表达的是一个过程。对城市化最早的系统研究出现于 1867 年的西班牙工程师 A. Serda 的《城市化基本原理》一书中。在随后长达近一个半世纪里,关于城市化的研究一直是人类社会科学的一个核心主题,关于城市化的本质存在着不同的理解和阐释。就城市化的定义而言,比较经典的有如下几种:马克思认为城市化就是消灭城乡的二元对立,城市化也就是乡村的城市化;沃思认为城市化是指从农村生活方式向城市生活方式发生质变的过程;沃纳认为城市化是指从以人口稀疏并相当均匀遍布空间,劳动强度很大且人口分散为特征的农村经济转变为具有基本对立特征的城市经济的变化过程;歌德伯戈认为城市化是乡村地区转变为城市地区的过程,这种转

① 参见黄继忠:《城市学概论》,沈阳:辽宁人民出版社 1989 年版,第 59 页。

变引起人口数量的变化；矶村英一认为城市化可分为动态的城市化、社会结构的城市化和思想感情的城市化。[①] 在国外的城市化研究中，出现了许多不同的学派，他们的理论范式对中国学术界的城市化研究产生了非常重大的影响。其中，社会生态学派，从生物学的角度认为城市化是随着生产力的发展，由农业社会释放出来的大量劳动力从人口低密度区趋向高密度区；互动学派从人们参与不同经济活动建立起来的关系入手，认为城市化是由属关系为主体的乡村社群网络结构向次属关系为主体的城市社群网络结构的转变过程；规范学派则从不同社区的人参与不同社会活动所建立起来的共同规范角度，认为城市化是城市社会的各种规范和生活方式向农村地区的传播或扩散过程；区位学派侧重从研究人口活动与地区之间的关系入手，强调由于经济报酬的差异可以导致区位差异的变化，认为城市化是人类由从事农业生产活动的区位转向非农生产活动区位而集中群居的过程；综合学派则重视从综合的观点研究人口活动、人口特征与区域之间的关系，强调人类活动的协调和互补关系，认为城市化就是整个社会的变迁，即由原始社会、不发达社会、工业化社会向城市化社会的过渡过程。[②]

归纳起来，与对城市的理解相对应，中国学术界对于城市化的理解主要存在以下几种基本观点：

第一种观点认为，城市化是指随着工业化的发展和科学技术的进步，乡村分散的人口、劳动力和非农业经济活动不断地进行空间上的聚集而逐渐转化为城市经济要素的过程，它主要表现为城镇数量和城镇人口占总人口比重的增长。[③]

第二种观点认为，城市化是传统的农业社会向现代城市社会发展的历史过程，是人类社会经济结构发生根本性变革并获得巨大发展的

① 参见沃纳·赫希：《城市经济学》，北京：中国社会科学出版社1990年版；歌德伯戈·钦洛依：《城市土地经济学》，北京：中国人民大学出版社1990年版；矶村英一：《城市问题百科全书》，哈尔滨：黑龙江人民出版社1988年版。
② 参见钟秀明：《城市化之动力》，北京：中国经济出版社2006年版，第13页。
③ 参见郭书田、刘纯彬：《失衡的中国》，石家庄：河北人民出版社1990年版。

空间表现。①

　　第三种观点认为,城市化是指人口向城市或城市地带集中的现象或过程,它既表现为非农产业和人口向原城市集聚,城市规模扩大,又表现为在非农产业和人口集聚的基础上形成的新的城市,城市数量增加。②

　　第四种观点认为,城市化是指一定地域的人口规模、产业结构、经济成分、营运机制、管理手段、服务设施、环境条件以及人们的生活水平和生活方式等要素由小到大,由单一到复合的一种转换或重新组合的复杂的动态过程。③

　　第五种观点认为,城市化是一个综合的、系统的社会变迁过程,它不仅包括人口城乡之间的流动和变迁、生活方式的改变、经济布局和生产经营方式的变化,还包括整个社会结构、组织、文化的变迁,等等。④

　　第六种观点认为,城市化是一个以人为中心的系统转化过程。它包括硬结构与软结构两大系统建设,是一种从传统社会向现代社会的全面转型或变迁过程。⑤

　　第七种观点认为,城市化是由工业化发展引起的,伴随着现代化过程而产生的在空间社区上人口、社会、经济、文化、政治、思想各领域的变迁过程。⑥

　　第八种观点认为,城市化过程是农村人口不断向城市集中,非农人口比重逐渐增加的过程。进一步说,是农村人口向城市转移的过程。这种转移,核心是劳动力从农业领域向集中在城市及其周围的第二、三

---

　　①　参见叶裕民:《中国城市化之路:经济发展与制度分析》,北京:商务印书馆2001年版。

　　②　参见陈颐:《中国城市化和城市现代化》,南京:南京出版社1998年版。

　　③　参见王茂林:《新中国城市经济50年》,北京:经济管理出版社2000年版。

　　④　参见王春光:《中国农村社会变迁》,昆明:云南人民出版社1997年版。

　　⑤　参见崔援民:《河北省城市化战略与对策》,石家庄:河北科学技术出版社1998年版。

　　⑥　参见王振亮:《城市空间融合论》,上海:复旦大学出版社2000年版。

产业领域的转移,而不是非劳动力或失业人口向城市盲目集中。①

　　第九种观点认为,城市化首先是指国家和地区的生产方式工业化,非农业经济占绝对优势化;其次是指城市型人口在国家和地区总人口中所占的比例越来越大;再次是指国家和地区的社会生活方式城市化;最后是指由于上述经济工业化、人口城市化、社会生活方式城市化所形成的人口不断聚集,各种类型的城市不断出现,城市日趋密集,城市间的联系日趋紧密,城乡之间的差别日趋缩小,城市地区不断扩大的一种趋势。②

　　不同的研究者会对城市化作出不同的理解和定义,仁者见仁、智者见智,上述九种观点并没有穷尽不同的城市化定义。出现如此众多的城市化定义,与研究者的学科背景、研究角度和知识结构的差异密切相关。而根据不同的学科特点,对城市化的理解自然也各不相同:

　　(1)人口学把城市化定义为农村人口转化为城镇人口的过程。它所说的城市化就是人口的城市化,指的是"人口向城市地区集中、或农业人口变为非农业人口的过程"。

　　(2)从文化学的角度看,城市化意味着现代城市文化和价值观念成为社会文化的主体,并且现代城市生产方式和交往方式渗透到农村地区并不断扩散和推广。

　　(3)从社会学的角度来说,城市化就是农村生活方式转化为城市生活方式的过程。发展不是目的,而是一种手段,其根本目的还是为了提高人民的生活水平,改善人们的生活质量,促进人的技能和素质的提高,提高人类社会的整体发展水平,使人与人、人与自然和谐发展。

　　(4)经济学上从工业化的角度来定义城市化,既认为城市化就是农村经济转化为城市化大生产的过程。现在看来,城市化是工业化的必然结果。一方面,工业化会加快农业生产的机械化水平、提高农业生产率,同时工业扩张为农村剩余劳动力提供了大量的就业机会;另一方

---

　　①　参见李路路:《社会现代化理论论纲》,《社会学研究》1987 年第 3 期。
　　②　参见王圣学:《城市化与中国城市化分析》,西安:陕西人民出版社 1992 年版。

面,农村的落后会不利于城市地区的发展,从而影响整个国民经济的发展。而加快农村地区工业化大生产,对于农村区域经济和整个国民经济的发展都有着很积极的意义。

这些说法都涉及城市化的某些方面,有其合理之处,但有的太过抽象、不具体,有的则嫌不够全面、准确。在此,我们首先可以采取《中华人民共和国国家标准城市规划术语》中对城市化的定义,亦即城市化是指"人类生产与生活方式由农村型向城市型转化的历史过程,主要表现为农村人口转化为城市人口及城市不断发展完善的过程"。汪冬梅指出,在对城市化作出界定之前,我们应该首先明确以下基本点:(1)科学界定城市化的内涵,必须以马克思主义城乡关系理论为指导。(2)城市化是农村人口养活,城市人口增加及比重上升的过程。(3)城市化包括产业结构的变动过程。(4)城市化不仅是农村生产方式的变革,亦应当是农村生产关系的变革。(5)城市化不只是农村向城市的单身转移过程,它既包括了城市的成长,也包括了农村的发展。(6)城市化是一个连续不断的历史过程。① 实际上,正如对城市的理解一样,对城市化的理解,不仅要明确上述六个基本点,还应当着眼于人的发展和需要,从物质和精神两个层面入手,用动态和发展观点来加以考察。在这一意义上,城市化是一个以人为中心的系统转化过程。它包括硬结构和软结构两大系统的建设,是一种从传统社会向现代社会全面转型或变迁的过程。其实质是"人化",具体地讲是城乡一体化,是生产力要素优化配置,是资源的重新组合,它强调人的现代化和城乡的可持续发展——城市化不应仅指人口和第二、三产业向城市的集中,而应该是指人口的非农化和农村生活方式向城市生活方式的转变过程。城市化的本质,是由传统落后的乡村社会向现代先进的城市社会转变的自然历史过程。

作为世界现象的城市化,它具有普遍性的特征。北京大学社会学系主编的《城市学讲座》一书指出,从世界范围的城市化进程来看,城

① 参见汪冬梅:《中国城市化问题研究》,北京:中国经济出版社 2005 年版。

市化具有如下主要特征:(1)城市人口占总人口的比例不断上升。从1800年起,世界城市人口占总人口的百分比,大体上是每50年提高一倍。全世界从1920—2000年间,城市人口从占总人口的19.4%提高到51.3%;其中发达国家从38.4%提高到80.3%,发展中国家从8.4%提高到42.5%,百万以上人口的大城市比重上升幅度很大。(2)国家产业结构的变化。产业结构的变化通常以就业人口比例为标志。1960—1978年间,在124个国家与地区中,农业就业人口比重下降的有122个,城市化水平上升的为120个。(3)创造了城市化的生活方式与活动方式,城市经济聚集效应不断上升,商品化程度不断提高,从而带动国民经济的迅速发展。①

从上述的论述中,我们可以得出如下结论,即具体说来,城市化包含四个方面的内容:

(1)农村人口向城市集中,城市人口和城市数目不断增加,城市人口在总人口中的比例逐渐提高。

(2)城市经济关系和生活方式的普及和扩大,居民的生活方式、就业方式和思维方式逐步城市化。

(3)城市状态发生变化,非城市地域逐渐转化为具有以集中和高密度为主要特征的城市性地域状态。

(4)人们社会关系和人格心理的变化。城市化过程的直接产物,便是社会原有的基于血缘关系、地缘关系,带有小农经济烙印的社会关系日益瓦解,取而代之的是基于职业利益和行业利益、代表现代市场经济价值观的新型社会关系。

城市化是一种客观历史进程,因此城市化具有一定的客观规律,对这些规律的认识和利用有助于加快城市化进程,提高城市化的水平和质量。从世界城市化的历史进程来看,城市化具有如下五个基本规律:

(1)城市聚变引力律。城市对劳动、资本、信息等生产要素的集约

---

① 参见北京大学社会学系主编:《城市学讲座》,北京:北京大学出版社1986年版。

功能,会产生规模经济的乘数效应。这种聚合效应,产生规模效益,规模效益产生更高层次的资源和要素聚合效应,这就是城市聚变引力律。它主要表现在三个方面:首先,对同类企业的引力效应。同类企业集聚于某一地区,有利于专业协作以及企业间人力、物力、信息、资本的流动,也可以促进相互竞争,从而在竞争中提高同类企业的整体生产效益,最终形成共同的大市场,如国外的"硅谷"、北京中关村电子一条街等,同类企业的聚合必然形成规模经济效益。其次,对异类企业的引力效应。不同企业集中于一个地区,可以形成产业链,形成较完整的产业结构、产品结构、市场结构,彼此为对方提供原料、产品、加工品或半成品,有利于物流时间与空间的消耗节省,加快周转期,从而形成规模经济效益,也有利于形成企业云集的大都市。最后,对周边农村资源的引力效应。工业化和城市化水平越高,城市对农村的吸引力就越强,有利于吸纳农村地区的剩余劳动力,为城市的规模经济和规模生产提供所需的丰富的劳动力大军,从而促进国民经济的整体协调发展。

(2)乡村裂变推力律。农村生产力的发展、产业结构的调整和农村工业化的加快,会极大地提高农业劳动生产率。农村生产方式、产业结构和生活方式的裂变,一方面为城市提供了源源不断的劳动力、资源、资金和市场,推动了城市规模的扩张和发展;另一方面,也促进了乡村就地集镇化和小城市化,推动城市数量的扩张。而农村生产关系调整和农业产业化、规模化,也会大大促进当地第二、三产业的发展,从而出现一大批明星城市和县镇。

(3)城市文明辐射律。城市化水平达到一定水平后,城市文明的覆盖面将随着城市化水平的提高而进一步扩大,享受城市文明的人口将超过城市人口总数,城市周边的乡村也可以分享城市文明;而城市化水平越高,城市文明的辐射就越大,城市化进程也将大大加快。当城市化水平达到70%时,城市文明覆盖率将出现一种传递式效应和乘数式效应。

(4)大城市优先发展律。大城市在规模、数量、人口等方面优先发展,是世界城市化进程的突出现象。1900年,世界上50万人口以上的

大城市仅 49 座,1950 年发展到 188 座。从 1900 年到 1980 年间,世界
50 万人口的大城市累计增长 8.7 倍。大城市人口增长迅速,从 1900
年到 1989 年,世界上 50 万人口以上的大城市总人口由 5200 万人增加
到 77330 万人,增长了 13.9 倍。其中,50 万—100 万人口的城市总人
口由 2500 万人增加到 17400 万人,增长了 5.96 倍。而伴随着大城市
化的发展,围绕着大城市形成的城市带使城市化由"点"式发展提升到
"面"式发展和"网"式发展,大大加快了城市化进程的质量。

　　(5)城市发展优位律。包括城市地理优位、城市交通优位和城市
资源优位,也就是说,地理位置优良、交通发达、资源丰富的城市将率先
发展。因为,地理、交通和资源等条件的优势将带来优良的经济效益、
社会效益和环境效益,从而产生较好的城市化速度。[①]

　　中国的城市化应当遵循与世界城市化相一致的基本规律,这是前
提。但在具体的实践进程中,在不同的历史条件和社会结构下城市化
会有着不同的发展模式和战略。因此,必须指出的是,在当前中国的城
市化进程中,我们还常常提及"城镇化"。从本质上讲,城市化与城镇
化并无差别,城市化亦常常被称为城镇化、都市化。一些学者认为,在
中国,"城镇化"比"城市化"要确切,在本质上两者没有区别,用城镇化
代替城市化更容易被人们接受,并避免对城市化作出不正确的理解。
当然更多的学者认为,城镇化与城市化只不过名词之争。也有少部分
学者认为,城镇化不是城市化,甚至与城市化的理念相悖。在此,我们
认为,城镇化与城市化没有本质区别,两者确有名词之争的嫌疑,但是
城镇化更是中国特色条件下城市化道路的一种战略选择。由于我国的
具体国情使然,中国的城市化应该走集中与分散相结合的道路,逐步建
成以大城市为中心,中等城市为龙头,小城市为纽带,小城镇为基础,比
例直辖市,布局合理,多层次、多功能的城镇体系。[②] 正如我国在"十

---

　　① 参见杨立勋:《城市化与城市发展战略》,广州:广东高等教育出版社 1999 年
版,第二章。
　　② 参见傅崇兰、陈光庭、董黎明等:《中国城市发展问题报告》,北京:中国社会科
学出版社 2003 年版,第 101 页。

五"计划纲要提出,在"实施城镇化战略"中我国要走"符合我国国情、大中小城市和小城镇协调发展的多样化城镇化道路,逐步形成合理的城镇体系,有重点地发展小城镇,积极发展中小城市,完善区域性中心城市功能,发挥大城市的辐射带动作用,引导城镇密集区有序发展"。

有重点地发展小城镇,积极发展中小城市,符合中国国情的城市化道路。第一,它是解决经济"二元结构"的必然选择。我国从 20 世纪90 年代后期开始出现的产品过剩,其根本原因就在于现实购买力低的农村人口太多,即它是由于城市化进程滞后使"二元经济结构"长期得不到缓解造成的。而要缓解产品相对过剩、促进经济持续增长,最基本的途径就是提高我国低收入人口的购买力;而要提高低收入人口的购买力,就必须提高城市化水平,把大批农村人口转化为城市人口;而小城镇建设,既是农村城市化的突破口,又能够有力推动国民经济的持续发展。第二,小城镇是以乡镇企业为主体的农村非农产业发展的空间载体。我国乡镇企业在经过一个时期的高速发展后,由于分散布局在农村,不能形成集聚效益优势。第三,发展小城镇有利于实现我国农业产业化。依托小城镇而发展起来的农产品龙头乡镇企业和市场,像纽带一样把分散的农民和小城镇以及广阔的大市场紧密地连接在一起。第四,发展小城镇能为巩固农村基层政权提供有力支撑。小城镇一般是农村乡镇政府机关所在地,所以小城镇越发达,其调节控制的效率就越高。小城镇发展了,农村基层政权就得到了有力的支撑。① 在当前,以小城镇为重点的城镇化战略是符合我国国情的城市化战略选择,这也意味着现实情况的变化,要求我们适时地作出战略转变或制定新的发展战略。从历史上看,并不存在一种具有普遍适用性的城市化战略,也不存在一成不变的城市化战略,但还是有一般性的客观规律。我们要在认识和尊重客观规律的基础上,以批判的现实主义精神积极探索不同时期最适合的城市化发展战略。

---

① 参见刘平量:《城市化:制度创新与道路选择》,长沙:湖南人民出版社 2006 年版,第九章。

二、城市化的支撑物

（一）经济支撑

任何一个特定的社会现象的形成，追根溯源，我们都可以找到它的经济基础。同样，城市化进程的推进，也与经济的发展密不可分。离开了生产力的发展，城市的形成不可能，城市化的进程也不可能启动。

城市化的形成和发展需要经济的支持，如果没有工业化的数量增长与质量提高，城市化将成为无源之水、无本之木。正如我们前面的分析所指出的，真正意义上的城市化进程，是资本主义大工业生产推动下的产物。资本主义工业革命推动下的工业化进程，与城市化是一种相辅相成、共同促进的辩证关系。近代机器大工业与手工业和传统自然经济下的农业生产不同，近代机器大生产是一种社会化大生产。它既要求依托共同的基础设施和公共设施，又要求生产上的专业化和协作，要求相关的生产和作业组成布局，以利于降低成本和增进效率。这就必然使大批工矿企业、大量工人高度集中。不仅如此，工业化、机器大生产以及工业人口的大量集中，必然会带动服务业、金融业等第三产业的发展。这种人口重新组合下的生产方式和生活方式，只能是以城市的形式存在。也正是在这一意义上，城市构成了机器大生产的外在形式。

城市化进程的一个突出现象是人口从农村向城市的流动。城乡经济收入差距是造成人口乡城流动的推动力。恩格斯在《英国工人阶级状况》中指出："工业的迅速发展产生了对人手的需要；工资提高了，因此，工人成群结队地从农业地区涌入城市。人口以令人难以相信的速度增长起来，而且增加的差不多全是工人阶级。"①除了国内的大批农村人口迁入城市做工之外，恩格斯还指出："自从爱尔兰人知道，在圣乔治海峡彼岸只要手上有劲就可以找到工资高的工作那时起，每年都

---

① 《马克思恩格斯全集》第2卷，北京：人民出版社1957年版，第296页。

有大批大批的爱尔兰人到英格兰来。"①恩格斯的人口迁移理论包括这样几方面内容:第一,城乡经济差距主要指城乡产业差距,体现城乡产业差距的主要是城乡收入差距。第二,城乡工农业收入差距是人口迁移的推动力。第三,在资本主义经济发展初期的这种人口迁移多是以体力劳动为主的迁移。第四,不仅国内的农村人口流入城市,而且国外的农村人口也流入相对发达国家的城市,该城市吸纳国内外的农村人口,这体现了人口城乡流动的国际性。

人口城乡流动之所以保持着强大的动力,离开了生产力要素,是难以分析的。有关研究表明,人口迁移量同商品经济发展呈正相关关系,即商品经济越发达,人口迁移流动越频繁,人口流动的数量越多,人口迁移的推力也越大。正如列宁所言:"商品经济的发展就是一个个工业部门同农业分离。商品经济不发达(或完全不发达)的国家的人口,几乎全是农业人口。"②农业越是被卷入商品流通,农村居民对加工工业供个人消费的产品的需求增长就越快,对生产资料的需求增长也越越快。商品经济成为推动农业革命和大机器工业发展的真正动力。与工业革命和农业革命同时进行的还有人口流动,"大机器工业必然造成人口的流动性;各个区域间的商业交往大大地扩展了;铁路使人们的往来更方便了"。③ 农业革命和工业革命的实质是生产工具的革命,正是农业和工业中机器的普遍使用才促进和迫使人口在城乡间流动。"农业机器的大量采用,是以大量农业雇佣工人的存在为前提的。在农业资本主义最发达的地区,这种采用雇佣劳动和机器的过程是同另一个过程即机器排挤雇佣工人的过程交错着的。"④资本主义机器大工业时期流动的劳动力正是这部分被排挤出的农业工人,同时,"机器大大提高了农业劳动生产率,而在这以前农业几乎是完全停留在社会发

---

① 《马克思恩格斯全集》第2卷,北京:人民出版社1957年版,第374页。

② 《列宁全集》第3卷,北京:人民出版社1984年版,第19页。

③ 《列宁全集》第3卷,北京:人民出版社1984年版,第275页。

④ 《列宁全集》第3卷,北京:人民出版社1984年版,第501页。

展进程之外的"①。这说明,工农业劳动生产率的提高,共同推动了人口的乡城流动。

从根本上说,工业化是城市化的主要经济支撑。工业化水平高的国家,其城市化水平也高;工业化水平低的国家,城市化水平则低。1995年,低收入国家城市人口比重平均为29%,中等收入国家为60%,高收入国为75%。随着一国工业化水平的上升,其城市化水平也相应上升。从1980年到1995年间,低收入国家的城市化水平从21%上升到29%,中等收入国家从52%上升到60%,高收入国家城市化水平基本保持在75%左右。②

(二)政治支撑

城市的发展,需要大量熟练的手工业工人。也正因如此,城市化的发展,需要在农村和城市之间拥有顺畅的人口流动环境。城市化造就了人口的自由流动,城市化进程中人口的流动性高低是与社会经济发展程度有关的。在奴隶社会和封建社会里,"物质生产的社会关系以及建立在这种生产基础上的生活领域,都是以人身依附为特征的"。③要使农村人口转移到城市,必须首先使人口本身具有流动的可能性,而奴隶社会和封建社会却不允许人口流动。对此,列宁指出,前资本主义制度"同农民被束缚在土地上是联系着的。没有迁移的自由"。④ 在小商品生产时期,人口流动性非常小。小工业者仍是农民,被土地束缚在乡村。手工工场中的工匠,通常仍被束缚在工场手工业所造成的那个不大的、闭塞的工业区域中。相对于生产者的人身依附和闭塞状况来说,"自由雇佣工人的劳动在国民经济一切部门中是一种进步的现象"。⑤ 因为这种自由雇佣制度打碎了束缚农民的枷锁,使农业劳动力转移自由化。

---

① 《列宁全集》第3卷,北京:人民出版社1984年版,第198页。
② 参见郭熙保:《工业化、城市化与经济发展》,《东南学术》2002年第3期。
③ 马克思:《资本论》第1卷,北京:人民出版社2004年版,第95页。
④ 《列宁全集》第3卷,北京:人民出版社1984年版,第405页。
⑤ 《列宁全集》第3卷,北京:人民出版社1984年版,第551页。

　　建立在资本主义大工业基础上的现代城市化过程,是一个人口高度流动的过程。资本主义社会劳动力的自由流动与原始资本积累制度有直接的因果关系。马克思主义经典作家运用资本主义国家人口流动和城市发展的史实,阐述了人口流动与城市发展的关系,指出资本主义人口城市化的过程,实际上也是农村人口被迫离开农业土地的过程。在《资本论》中,马克思详细描述了资本主义原始积累时期农业劳动者同土地相分离而流向工厂和城市的过程:"大量的人突然被强制地同自己的生存资料分离,被当做不受法律保护的无产者抛向劳动市场。对农业生产者即农民的土地的剥夺,形成全部过程的基础。这种剥夺的历史在不同的国家带有不同的色彩,按不同的顺序、在不同的历史时代通过不同的阶段。"①对于这一过程,恩格斯也曾指出:"大租佃者的竞争把小租佃者和自耕者从市场上排挤了出去,使他们破了产;于是他们变成了雇农和靠工资生活的织工,这些人中间有大批人流入城市,使城市以这样惊人的速度扩大了起来。"②

　　从马克思、恩格斯的分析中,我们可以看到,资本主义国家的原始资本积累过程实际上是一部血泪史,农业劳动力流动过程是被迫的。因为被剥夺了生产资料的农民已经一无所有,农村也没有了他们的生存空间,只能到城市成为产业工人,作为雇佣工人以求生存是他们唯一的选择。当农民成为自由流动的劳动力时,他们一方面失去了生产资料,另一方面也与前资本主义时期的农业劳动者有了本质的区别。对此,马克思指出:"自由劳动者有双重意义:他们本身既不像奴隶、农奴等等那样,直接属于生产资料之列,也不像自耕农等等那样,有生产资料属于他们,相反地,他们脱离生产资料而自由了,同生产资料分离了,失去了生产资料。"③资本正是在劳动者与生产资料的分离过程中形成的,农民的自由流动是以失去生产资料为代价的。"资本关系以劳动

---

① 马克思:《资本论》第1卷,北京:人民出版社2004年版,第823页。
② 《马克思恩格斯全集》第1卷,北京:人民出版社1961年版,第665页。
③ 马克思:《资本论》第1卷,北京:人民出版社2004年版,第821页。

者和劳动实现条件的所有权之间的分离为前提。"①这种分离促进了资本主义工业的发展,也促进了人口的自由流动,同时使得农村被动地卷入城市化的进程,农民进入城市之中。

　　这表明,从西方发达国家的现代城市化进程来看,建立一个基本上废除了对土地或人的人身依附的制度安排,是城市化的根本政治支撑之一。不仅如此,城市化的政治支撑还包括民主政治建设、行政管理体制建设、法治建设等。随着城市化而来的是城市日益发展成为一个复杂的社会系统,涉及城市经济、政治、文化与社会等方面的许多问题。要使城市化沿着良性而又健康的轨道向前推进,就需要政府加强城市的建设与管理,从而妥善解决城市发展中的一些负面问题,而这势必又反过来需要提高政府的治理能力。政府城市治理能力的提高对城市化有积极的促进作用。

　　提高政府的城市治理能力,需要政府行政管理体制的改革和创新,改变官僚主义的行政作风,提高行政工作的效率与绩能。提高政府的城市治理能力,需要加强宏观政治制度层面上的法治建设,坚持依法治理城市,杜绝腐败行为,避免城市建设或发展中的行政权力"租金化"。提高政府的城市治理能力,需要加强民主政治建设,一方面,城市化或城市建设与管理不是涉及政府单方面的事情,它还涉及市民的切身利益,因此需要政府与市民的合作与协商,而民主政治建设则可以为政府与市民的互动提供一个合法平台;另一方面,民主政治建设可以充分调动起市民参与城市公共事务的积极性,为政府出谋划策,也可以起到对政府城市治理行为或政策的制定与执行的监督作用。作为结果,一方面,一个公开化、透明化、民主化、法治化、效率化的城市政府能够合理地、科学地促进城市建设和发展,使城市治理得更好,为城市的不断发展提供政治支持;另一方面,一个民主法治的城市能够吸引更多的投资者、劳动力和科学技术人员,从而也能够为城市经济发展提供更多的源源不竭的"软"基础资源。

---

①　马克思:《资本论》第1卷,北京:人民出版社2004年版,第821页。

（三）文化支撑

城市是一定地域内政治、经济和文化的中心，它从一开始就是人类物质和精神的捷径。如果说，生产力的发展构成城市发展的持久动力和源泉，自由流动的人口是城市化的政治框架，那么城市文化则是城市化的灵魂以及城市个性的反映，是城市发展史的人文精神积淀，也是未来城市发展的动力。城市作为社会文化的历史写照，反映着不同时代社会、经济、政治、科技和人们的生活方式。如果说城市的发展，需要城市文化的延续，同样，城市化进程也离不开一定的人文素养。从一定意义上说，城市居民的文化心理特征构成了城市化进程的重要推动力。

如前所述，城市化进程体现为人们的文化心理和价值观念的变革。城市化表现为一种社会的发展形态，显现出一种不同于农业社会的明显特征。城市化的进程，就是人们的内在文化心理不断转换的过程。这一过程，需要人们培育出一种积极健康的城市文化新风尚。

城市文化是一种多元异质的文化。现代城市是市场经济的中心，复杂的分工、广泛的商品交换、大规模的产品生产，使城市呈现出人口密度大，居民职业构成多样，价值观念各不相同，交往方式日益私密化的多元化的新特征。城市化进程的发展表明，多元文化的并存并不是一个暂时的现象，它必将伴随人类城市化发展过程的始终，这就要求不同价值观念和生活方式的人们和平共处，彼此接纳。

与城市化的多元文化和生活方式相一致，在协调人们之间的关系过程中，需要有一种转换。这种转换表现为人们权利文化观念的生成。与农村的"熟人社会"相比，城市社会更多的是一种"陌生人的社会"，人们彼此之间的关系是以利益为黏合剂的。在大规模的市场经济中，交换主体之间拥有私人利益的合法空间，为了实现大规模的交换和交易的安全，社会的伦理价值观念必然鼓励人们追求财富与利益，社会的制度安排也会以保护和尊重个体的利益为目标。在治理方式上，城市文化也要求人们尊重法治，实现从礼俗文化向法治文化的转变。现代城市社会是法治社会，法律成了调整、规范人们行为的主要规范。在城市文化中，法律所追求的价值应该是公平、秩序、稳定，要求交往主体在法律地位上平等,进而在整个社会建构起以保护个人的自由、平等、权利为取向的基本价值观念。

　　总之,在城市化的过程中,城市文化具有极其重要的作用。人们的文化价值观念作为一种相对独立的东西,具有很强的稳定性。先进的文化价值观念会推动城市化进程的发展,落后的价值观念会阻碍城市化的发展步伐。

第 二 章

城市化：演进、建构与偏失

　　"城市化是社会生产力的变革所引起的人类生产方式、生活方式和居住方式改变的过程。"①城市化的出现以及城市化进程，与工业化、现代化密切相关，这是自工业革命以来，资本主义社会的生产力、生产关系不断进步的结果。正如高鉴国在《新马克思主义城市理论》中总结的那样，"从马克思主义政治经济学的观点出发，城市是基本生产条件的空间集结体，劳动力集中和流动的市场，是特定区域内生产力、生产关系和上层建筑的聚集体"。② 现代城市和城市化是人类文明发展到一定历史阶段的产物。一切历史发展最终受到经济基础、生产力水平的限制。由此，我们可以说，资本主义生产方式是理解近代城市发展以及城市化进程的关键，正是资本主义生产方式、生产关系的进步和必然要求，才开始了人类文明历史中具有现代意义的城市发展和城市化进程。

　　王圣学在《城市化与中国城市化分析》中，详细地描述了城市化对资本主义生产方式、生产关系的依赖性。在资本主义社会之前，由于生产力发展缓慢，商品经济不发达，因此城市发展非常缓慢，甚至停滞以

---

　　① 　李其荣：《对立与统一——城市发展历史逻辑新论》，南京：东南大学出版社2000年版，第108页。

　　② 　高鉴国：《新马克思主义城市理论》，北京：商务印书馆2006年版，第78页。

至灭亡。但人类进入资本主义阶段后情况就大不一样了,由于科学技术的进步、机器大工业的出现和交通技术的迅速发展,资本主义的城市在生产方式、生活方式以及人口、数量、规模上都发生了根本性的变化。生产的集中,资本家疯狂地追求利润,大量的农民、破产小手工业者和无业游民大量涌入城市,使人们在生产方式、生活方式上越来越城市化。尽管在资本主义近代工业革命之后,城市化获得了快速发展,但生产力的发达水平仍然限制着资本主义的城市化进程。由于当时生产力水平和科技水平的限制,18、19世纪以"蒸汽工业"为基础的工业化和城市化,与20世纪的"电汽工业"为基础的城市化相比,还是非常缓慢的。①

刘景华在《城市转型与英国的勃兴》中也指出,只有资本主义的充分发展、资本主义生产关系全面深入城市的各个方面,资产阶级取得城市的领导权,才能真正谈得上开拓城市以外的经济领地,也就是城市化。这是因为,资本主义制度的基础是资本主义生产。资本主义生产的进行必须具备三大前提,即资本、劳动力和市场。资本主义生产在城市以外寻找劳动力资源、寻找产品市场时,必然触及乡村社会经济的内部结构,必然打破乡村既有的社会经济秩序,使乡村的社会经济变革从属于城市资本主义发展的需要,将广大乡村居民卷入资本主义经济的旋涡。② 要推进城市化进程,就必须具备以下几个条件的工业化:一是工业化水平的不断提高,这就要求生产力水平的不断发展;二是产业结构的递次演进,也就是说,基本实现轻工业—重工业—第三产业的发展轨迹;三是规模化与专业化的充分发展,这意味着企业内部生产已经规模化、专业化,企业在城市大量聚集;四是鼓励更多的人参与其中,也就是必须拥有相对充分的劳动力市场。③ 由此可见,工业革命和科学技

---

① 参见王圣学:《城市化与中国城市化分析》,西安:陕西人民出版社1992年版,第35—42页。

② 参见刘景华:《城市转型与英国的勃兴》,北京:中国纺织出版社1994年版,第25页。

③ 参见叶裕民:《中国城市化之路——经济支持与制度创新》,北京:商务印书馆2001年版,第47—51页。

术的发展、社会生产力的极大提高、社会经济关系的重构是现代城市化的内在动因。资本主义生产力和生产关系的提高与进步,最终开启了生机勃勃的现代城市化进程。正如王保舍、罗正齐所言,"随着工业革命从英国向欧洲和美洲等各个国家扩展,不过100年就导致了世界范围的城市化"。①

　　马克思对生产力、生产关系第一位作用的强调,以及对经济基础决定上层建筑的强调,往往让传统的马克思主义者在分析工业化、现代化与城市化之时会犯经济决定论的错误。这种错误观点会导致我们认为,城市化完全是经济发展、生产力提高、生产关系进步所产生的自然而然的结果,认为工业化自然而然就推动了城市化。但恩格斯早就指出,"根据唯物史观,历史过程中的决定性因素归根到底是现实生活的生产和再生产。无论马克思或我都从来没有肯定过比这更多的东西。如果有人在这里加以歪曲,说经济因素是唯一决定性的因素,那么他就是把这个命题变成毫无内容的、抽象的、荒诞无稽的空话。"②显然,被决定的东西也会对起决定作用的东西形成反作用。城市化本身也会对工业化、现代化起反作用。没有城市化,资本主义的工业化和现代化也就难以在封建母体中孕育出来。高佩义正确概括了城市化的这种反作用和相对的独立发展。他指出,不经过城市化的工业化,只能在农业社会中兜圈子;不经过城市化的现代化,只能是想象中的现代化。这主要是由工业化、现代化与城市化的内在的必然联系,以及城市化本身的聚集效用、辐射效用和综合性的经济、社会、政治、文化效用所决定的。工业化推动了城市化,城市化带来了现代化。没有工业化就没有城市化,没有城市化也没有现代化。工业化的主要功能是为提高劳动生产率,具体应用新的科学技术和工艺,创造新的生产方式。③ 资本主义城市

---

　　① 王保舍、罗正齐:《中国城市化的道路及其发展趋势》,北京:学苑出版社1993年版,第8页。

　　② 《马克思恩格斯选集》第4卷,北京:人民出版社1995年版,第695—696页。

　　③ 参见高佩义:《中外城市化比较研究》,天津:南开大学出版社1991年版,第159—163页。

与城市化的重要作用之一,就是为生产力发展、经济基础的存在提供必要条件。"资本的集中要求生产过程和管理组织的空间集中(以实现最好的利润效益),这又决定了劳动力的集中;利用城市的空间形式,通过减少生产的间接费用和流通与消费的费用,加快资本周转,导致最大的积累。"①

综上所述,城市化产生于资本主义生产力和生产关系的高度发达,正是工业化推动了城市化,城市化与工业化成为现代化的重要内容。但是,城市化也是相对独立发展的,并对工业化、现代化产生反作用。因此,工业化、城市化、现代化三者环环相扣,缺一不可。城市化与生产力、生产关系之间并不是简单的决定与被决定、推动与被推动的关系,而是一个统一的有机体内的相互促进、相互补充和共同演化。正是这个有机的统一演化过程形成了现代高度发达的城市文明。当然,我们也必须看到,资本主义的城市化与城市文明深深受到资本主义内在本质的制约:一面是高度的城市化及繁荣的城市文明,另一面却是劳动者的人性被扭曲、被异化,及自然环境被膨胀的追求利润的经济活动大肆破坏。中国的城市化,必然受到中国现在的社会生产力水平、生产结构、生产关系的制约,在中国社会主义市场经济条件下,如何本着"科学发展观"与"和谐社会"的指导思想,实现良性的城市化、发展进步的城市文明,这是我们要认真思考和探索的重大课题。

第一节　不同历史境遇中的城市化

一、资本主义过程与发达国家城市化

发达国家的城市化的起点,与整个世界城市化进程的起点是一致的,即开始于 18 世纪 60 年代的英国产业革命。大多数发达国家都进

---

① 高鉴国:《新马克思主义的城市理论》,北京:商务印书馆 2006 年版,第 79 页。

行了比较彻底的资产阶级革命,建立了比较典型的资本主义制度。经过了几百年的发展,发达国家的城市化已经具有较高的发展水平,建立了完善的制度。与发展中国家相比,这种发展呈现出以下鲜明的特征。

（一）市场的功能

发达国家城市化的历史前提是比较典型的私有制基础上的资本主义市场经济制度。除个别国家外,大部分发达国家均未遭受殖民主义者的统治。不仅如此,有相当一部分资本主义国家,都曾是殖民主义者。在1939年时,英国、法国、比利时、荷兰、意大利、日本、美国等仍然拥有大量殖民地。一直到1945年第二次世界大战结束后,那些殖民地国家才逐渐获得独立。这一特点与社会主义国家城市化的历史前提形成鲜明对照,与其他非社会主义的发展中国家城市化的历史前提也有重大区别。很显然,这一历史起点对发达资本主义国家的城市化产生了重要影响。这也是发达资本主义国家的城市化进程起步早、发展快、质量高的重要原因。关于这一点,可以从两个方面来看,一方面,高度发达的资本主义市场经济使城市的聚集功能日益重要,向城市集中劳动力、资本、技术、资源等是必然的,城市化进程加速乃是大势所趋。随着国内市场饱和,资源短缺,必然会对世界市场和国外资源产生大量需求。这就可能发生对外资本输出或领土扩张。另一方面,在它们输出资本、掠夺国外资源、建立殖民统治、开辟世界市场的同时,也输出了技术、现代化的管理方法等先进的东西,这样它们无意中也就"培养"了把它们从殖民地国家赶走的力量。殖民地人民在第二次世界大战之后纷纷独立就是证明。当然,这也给发展中国家的城市化带来了不可忽视的影响。总而言之,资本主义市场经济使得劳动力、资本、技术、资源纷纷涌向发达国家的城市,使这些国家的城市聚集效应变成了城市规模扩张效应。市场经济的发达塑造了高水平的城市化。

（二）最大利益驱动

发达国家城市化的基本动力源自经济动力,即获得最大的经济收益。从资本主义国家城市化的初级阶段来看,这一特点应该表述为:最大利润。但是从长期趋势看,说发达国家城市化的基本动力是为了追求最大利润,并不准确。因为大量的劳动力涌向城市,主要是为了追求最大的工资收入。如果城市化只是满足了资本家的最大利润,并不能同时满足工人的最大工资收入,那么城市里将只有资本家。显然,这是不可想象的。因此,把发达资本主义国家城市化动力特点表述为最大收益,要比表述为最大利润更准确。因为最大利润只是表明了资本家的动机,而最大收益则表明了所有想进入城市的人的动机。

发达资本主义国家城市化的这一特点,主要是由两大决定性的要素构成,受两条规律支配。这两大要素是人权和资本。这两条规律是剩余价值规律和劳动力价值规律。在发达资本主义国家中,人权的确定,使人有了自由,彻底摆脱了封建的人身依附,尽管对某些人来说是"自由得一无所有",但是只有这样才能使全社会的劳动力自由地流动。对城市化来说,这是至关重要的。因为只有这样,大量的农村劳动力才能自由地流入城市,从而形成城市对农村劳动力和人口的无障碍引力。如果说农村的劳动力一无所有到连自由也没有,那实际上就已经成了奴隶,劳动力的自由流动就无从谈起,城市化的进程就会受阻,甚至根本不会有城市化发生。但是,这种自由流动,并非随心所欲,谁愿意到哪就到哪。它是受劳动力价值规律支配的,也就是说,哪里工资收益高劳动力就往哪里流动。

资本主义国家的资本要素,主要受剩余价值规律支配,因为按资本的固有天性或天赋特权,等量资本要获得等量利润。正因为如此,资本才可自由转投,而自由转投的动机不是追求平均利润,而是最大利润。大量事实表明,城市与农村相比,城市才是最大利润的场所,这主要是由于城市的聚集效益和集中功能引起的。关于资本的集中和聚集,以及由此对城市发展的影响,马克思在《资本论》中也有大量的相关论述。

（三）高度工业化支撑

近代世界历史发展过程表明,西方资本主义国家的城市化是资本主义在城市和农村快速发展的必然结果。大约从18世纪下半叶开始,西方资本主义国家,尤其是英、法、美、德等国在经历了资产阶级革命和工业革命之后,城乡社会经济以前所未有的速度迅猛发展起来。近代机器大工业生产以及资本主义商品货币关系的日益发展,使资本主义城市不仅成为政治文化中心,而且成为经济活动中心。同时,农业生产中大机器的采用,社会化农业生产以及土地的牧场化,都使众多的农民和手工业者脱离农村而涌入城市。人口和资本一样涌入城市,大大加快了城市化的历史进程。马克思对这种现象评价道:"人口向城市不断移住;农村因租地集中,耕地牧场化,以及机器等等而不断人口过剩化;农村人口因拆毁小屋而不断被驱逐,这种现象是同时并进的。"①

　　以人口流动的推拉力模式检验西方资本主义国家的城市化发展过程,城市的拉力强于农村的推力是迁移的基本动因,而形成拉力的主要因素则是资本主义的城市工业化。16—18 世纪发生在西欧的商业革命,为西方近代社会经济的飞跃准备了必要的历史条件,同时带来了城市经济的繁荣,但它并没有引起城市化的快速发展,城市人口的相对比例也无太大变化。18 世纪 70 年代开始的工业革命对西方城市化的发展产生了直接而有力的推动作用。"工业革命和由此引发的工业化浪潮,为农民的进城和资本的进城提供了条件,科学技术和现代交通的发展,为城市的对外膨胀与扩张准备了物质条件。"②法国史学家保尔·芒图在《十八世纪产业革命》一书中更是直接地写道:"本书每一页上都可能有其名字的那些城市,皆归功于大工业。"③

　　城市是工业革命的摇篮,反过来,工业化又极大地刺激了城市的发展。例如,从工业化的先驱国家英国来看,这个国家在 1801 年时五千人以上的城镇只有 106 个,其全部人口只占全国人口的 26%(有些资料的统计甚至比这个数还要低)。半个世纪后,到 1851 年时,全国城镇

<hr />

　　① 《马克思恩格斯列宁斯大林论人口问题》,北京:商务印书馆 1960 年版,第30 页。

　　② 杨立勋:《城市化与城市发展战略》,广州:广东高等教育出版社 1999 年版,第78 页。

　　③ 保尔·芒图:《十八世纪产业革命——英国近代大工业初期的概况》,北京:商务印书馆 1983 年版,第 287 页。

数目达到 265 个,城镇人口所占比率上升到 54%。1891 年时,城镇数目增至 622 个,人口占到 68%。进入 20 世纪前后,欧洲大部分都开始了工业化和城市化的进程。至 1920 年,全欧洲人口中(除苏联外)城市人口已达 32%,1970 年达 64%,人口最稠密的地区是莱茵河流域和英国中部地带的工业区。最能说明问题的现象是,1920 年至 1970 年全欧洲人口增长了 42%(由 3.25 亿增至 4.62 亿),但城市人口却跃增了 182%(从 1.04 亿增至 2.93 亿)。美国情况也大体相仿:1800 年城市人口只占到 6.1%,1970 年则占到了 73.5%。

(四)无制度障碍的人口流动

发达国家城市化进程的历史表明,在发达国家城市无户籍管理制度和政府食品供给制,城市对乡村人口无歧视。由于人口向城市转移的无制度障碍,加速了农村人口向城市的集聚,城市原有完整的组织形式和职业结构被解构,人们从农村向城市的大迁移使得相对自主的地区化、组织化、职业化群体的社会结构转变成高度分散的社会,个人在其中是相对分散的。随着城市化进程中的新技术革命和现代化程度的不断提高,个人与大的也更分散的都市和工业网络的联系被加强了。这种关系的转变给个人在一个更灵活的城市社会提供了更多的良机,并使其在教育、消费品、各种服务方面的资源分配上占有更大的份额。这也是城市与农村的重要区别。

二、后发国家城市化的历史亏缺

和发达国家相比,发展中国城市化起步晚、水平低、潜力大,但由于发展中国家总人口基数庞大,所以发展中国家城市化将成为世界城市人口增长的主力军。由于近代以来,发展中国家大部分成为殖民地、半殖民地或半封建半殖民地社会,资源被帝国主义列强所掠夺,经济命脉掌握在帝国主义统治者手中;而由于资本主义经济或商品经济不发达,工业化水平非常低,前资本主义的农业经济仍旧是发展中国家的主要特征。因此,城市化进程缓慢,在发达国家基本完成城市化的时候,发展中国家尚处于现代城市化的史前阶段。革命与独立成为后发展中国家的主要主题,现代化、工业化、城市化无法进行也无从谈起。在1950年,发展中国家的城市人口占总人口的比重仅为16.2%,而世界同期的城市人口比重为28.4%。长期的殖民地历史,使得发展中国家的二元社会经济结构特别突出,一方面是拥有现代化的大城市,另一方面是广大乡村的贫困;一方面是具备了现代的产业,另一方面农业依然是主导的经济结构。工业化尚处于起步阶段。随着第二次世界大战后发展中国家摆脱了殖民统治,建立起独立自主的民族国家,开始进入经济发展和现代化建设阶段,工业化水平相比独立之前大大提高,而城市化也在工业化的带动下开始加快发展。发展中国家由于种种历史因素造成的原因而导致城市化水平依然受限制,在城市的发展进程中出现了许多问题,这集中体现为以下两个方面:

(一)城市化经济动力不足

正如前文所指出的,城市化的动力机制是一组动态因素,是社会、经济、技术、文化和人口增长等因素综合影响的结果,并随着生产力的发展水平而不断变化。在不同地域、不同时期,主导因素有所不同。发展中国家的大规模城市化是第二次世界大战后,在政治上获得独立、民族经济亟待发展、人口高速增长以及发达国家已进入了基本城市化阶段的宏观背景下起步的,因此,城市化的动力机制自然有别于起步于近代欧美产业革命时期的发达国家。

工业化是推动城市化的基本动力之一,发展中国家也不例外。第二次世界大战后,大部分发展中国家摆脱了殖民统治,民族经济亟待发展,大多采取了工业化优先的发展战略。以进口替代为目标,工业化速度明显加快,这无疑对城市化产生了强大的推动力。但是,发展中国家的城市化道路与那种以工业化为城市化先导的"西方模式"并非完全相符,也就是说,城市化与工业化不是同步进行的,城市化快于工业化。政治上获得独立的发展中国家,经济上并未得到真正"自由地"发展。长期的殖民统治所造成的经济结构单一、工业基础薄弱、对外依赖严重等现象并未迅速消除,加上资金、技术、人才的严重短缺阻碍了工业化的发展,不少国家并未达到预想的战略目标。工业发展所能提供的就业机会难以满足城市自身劳动力的增长和乡村涌入的劳动力的双重就业需求,导致城市化与工业化不同步。

　　发展中国家的城市化,并不都是以农业生产率的提高为前提的,也就是说,它是在粮食问题并未完全解决和农业从业人数没有绝对减少的情况下进行的。一些发展中国家独立后,急于实现工业化,政府采取"城市偏向"政策,有的甚至以牺牲农业为代价来实现工业化,致使农业衰败、乡村凋零。农业劳动生产率低下,大批劳动力仍被束缚在耕地上。在城市人口迅速增加的同时,农业劳动力的绝对数量也在增长,这说明发展中国家乡村人口流入城市的外推力并不是来自农业劳动生产率的提高而导致的劳动力剩余,而是人口的过快增长与耕地数量不足之间的矛盾所致。换句话说,发展中国家的城市化更多的不是社会生产结构进步和生产力水平提高的结果,而是国家或执政党有意为之的一种"策略选择"(如以重工业现代化为目标的赶超政策),这也注定了发展中国家的城市化进程中不可避免地产生了许多负面结果。

　　既然城市工业发展并不需要来自农村的大量剩余劳动力,农村的外推力也并非源于农业劳动生产率的提高,为什么仍有大量的乡村人口涌入城市呢?其动力便是巨大的城乡差别所造成的"势能"。这种差别表现在城乡的政策、生活水平、交通设施、服务条件、情报信息、就业及期望收入等方面。相比之下,城市的各项指标都优于乡村,越是经济落后的国家,这种差别就越大。强烈的城乡差别,造成农村人口(尤其是年轻人)对城市文明的向往和渴望,导致他们大量涌入城市,甚至不惜以弃耕抛荒为代价。从这个意义上讲,这些乡村人口进入城市并非是城市经济的发展需要他们,也不完全是由于乡村生产力水平的提高而剩余了他们,而是为了追求较好的生存条件和享受城市文明。或者更直截了当地说,是不可忍受农村的贫困生活而涌入城市,希望获得比农村更好一点的生活状态。

　　(二)城市发展的畸形化

　　由于后发展国家工业化发展水平比较落后,因而城市化发展的后劲不足。一些国家采取了限制城市发展的道路。例如,中国长期以来实行的户籍制度,其重要目的就是通过限制人口流动的方式来限制城市发展的规模。而在一些国家,特别是拉美国家,则采取了过度城市化的道路,希望通过大力推进城市化来带动经济的发展。第二次世界大战结束后,拉美国家的城市化发展速度十分惊人。20 世纪 50 年代,拉美国家城市人口增加 4510% ,1970—1980 年增加 4316% ,1980—1990年增加 4013% 。1990 年拉美国家的城市人口已从 1930 年的 3000 万增加到 3 亿多。① 城市人口的比重已经达到 72% ,实际上与发达国家的比重相当。城市化的过度发展,与工业化发展水平低下形成了鲜明的对照。20 世纪 70 年代中期,拉美国家城市人口的比重已占总人口的 60% ,但工业人口的比重却不超过 30% 。按正常的发展速度,当时拉美国家的城市人口应为 1520 万人,但实际上已达到 3000 万人,超过正常水平近 1 倍。

城市化程度的提高固然为工业发展创造了有利条件,但超越发展阶段的城市化也付出了沉重代价。大量农村人口盲目涌入城市而造成城市人口迅速增加,城市人口恶性膨胀导致就业机会不足,造成城市中贫富差距拉大。由于贫富悬殊过大,社会不稳定的因素急剧增加,各种社会问题凸显出来。同时,过度的人口膨胀超过了城市资源和环境的承载力,许多城市出现环境污染严重、交通拥挤、供水困难。例如,墨西哥城既是世界上最大的城市,也是污染最严重的城市之一。城市化的畸形化,严重影响了城市的可持续发展。

正是由于上述多方面的原因,与发达国家相比,第二次世界大战后发展中国家的平均城市化水平仅为 37% ,大大落后于发达国家。发展中国家城市化的一般特征与存在问题对中国城市化有着重要的借鉴与启示意义,如何提高城市化的工业化基础以及避免出现城市的畸形发展问题,也是中国城市化进程中面临的重大挑战。

---

① 　参见韩琦:《拉丁美洲的城市发展和城市化问题》,《拉丁美洲研究》1999 年第 2 期。

第二节　中国历史上的城市

　　城市是社会发展到一定历史阶段的产物。从本质上讲,城市主要是就其政治、经济和文化的作用而言,尤其是指一种不同于乡村生活方式的经济生活。因此,可以认为:城市是一个人口集中、非农业各类产业发达、居民以非农业人口为主的地区,人们进行经常性的商品交换,通常是周围地区的政治、经济、交通与文化的中心。在中国古代历史上,城市以及城市发展具有悠远绵延的历史,经过了由"城"与"市"合一、"城"与"市"分离到"城"与"市"相结合的过程。

一、最初的"城"与"市"

　　在中国,最早的"城"与"市"是两个不同的概念,属于不同的范畴,两者并无直接的关系。"城市"是一个政治、经济、文化等诸因素有机结合的范畴,不能仅仅理解为"城"和"市"的简单结合。

　　"城"属于政治范畴。《辞海》中对"城"作了如下解释:"旧时在都邑四周用作防御的墙垣。一般有两重:里面的称城,外面的称郭。《管子·度地》:'内为之城,城外为之郭'。所谓的'城',究其原意,本是指盛民、自守而言。《墨子·七患》中说:'城者,所以自守也。'"由此可见,"城"的原始含义是为防卫自守所设的军事设施,即城堡。它最初的作用是驻扎人马,防止敌人侵害,具有单纯军事政治中心的意义。简言之,"城"的出现最初具有军事的意义。原始社会末期,由于生产的不断发展和私人财富的出现、积累,部落和部落联盟之间经常发生掠夺财富、宗教偏见及血亲复仇的战争,在这种情况下,为了防止敌对部落的侵袭和保护私有财富,筑城自守就显得非常有必要,因而"城"便应运而生。既然当时城的主要功能体现在防御方面,因此,它必须首先具备防御的设施——城墙。这在古代科学技术不甚发达的条件下,难以逾越的城墙,自然就成为城的最主要的标志。在人们看来,只要有了城墙,城才有了防御的屏障,其防御功能才能得到体现。当城中居民遭遇人为或自然灾害时,才能充当其城堡的作用。但是,我们需要注意的是,尽管作为防御性功能的"城"在当时已经存在,但是作为经济功能的"市"在当时还没有得到发展。

"市"属于经济范畴。其起源根据现有的材料相对于"城"要晚一些。"市"主要是指称商业和消费等具有经济功能的场所,最早的"市"是聚集货物进行以物换物的买卖交易和集中做买卖交易的场所。《尔雅·释言》最早解释了"市"的含义,即"贸,市也"。《说文解字》的解释具有代表性:"市,买卖所之也。"《周易·系辞下》也说:"日中为市,致天下之民,聚天下之货,交易而退,各得其所。"这说明"市"的本义指买卖交易和买卖交换的场所。所以只有在发生相当规模的商品交换的前提下才可能出现"市",没有交换就根本谈不上市的起源。最初,"城"与"市"是独立的,彼此的发展并没有联系在一起。

从城市的起源看,"城"是适应统治集团的需要,统治者利用它行使国家职能,由于政治力量的作用自上而下形成的;而"市"则是由于经济的发展需要,通过商品交换以及伴随出现的手工业的逐渐发展,剩余产品不断增多,由"下"而"上"形成的。因此,虽然在地理上讲,"城"中之人已经与外面的人们有了区分,但是,在日常生活方式和交换方式上并没有实质性的区别。由于受整个社会的生产力水平的限制,"城"中居民的生产与生活状况又与乡村无明显的差异。"城"还不具备现代城市的基本特征。

随着社会经济的发展以及农业与手工业的分工、手工业与商业的分工,在我国的夏、商时期开始出现了日益增多的商业活动,相对固定的商品交换场所——市,也因此产生。作为物资交换场所的市,在其形成初期,是与城邑完全分离而单独存在的、一种既不同于都邑又有异于乡村的单纯的经济活动场所。因此,当时的城与市是两个无任何内在联系的独立体,完全处于相互分离的状态。

在城、市分离阶段,由于城的功能偏重于政治中心与军事堡垒的作用,因而抑制了具有经济性质的市与城的有机结合;同时,当时城中农产品的主要供应途径,是通过军事性的野蛮掠夺和强制性的征收,有市无市对于早期城邑而言并不重要;况且,设市人多又杂,容易增加城邑防卫上的困难,削弱城邑的政治、军事功能。因此,至商中后期,城郭之内虽然开始设有为王公贵族服务的手工业作坊和极个别临时性的集市,但仍然改变不了当时的都城突出的单纯军事防卫性质。

　　在中国古代从城到城市形成的漫长过程中,城、市分离持续了相当长的时间。"我国开始将'城'和'市'结合在一起是在周代,以后的发展……对社会发展的影响愈益重大。"①"城"和"市"结合的过程,实际上就是单纯的军事政治中心的城堡演进到兼是政治和经济文化中心的城市的发展过程。到春秋、战国时期,由于社会生产的发展和人口的增多,聚居点增加,手工业与商业有了较快的发展。因此,随之而来的是城、市观念上的变化。人们逐步认识到工商业的发展与国家的富强有着密切的关系。诸侯割据国开始认识到,仅有城墙的防御功能而无经济实力的城难以长期固守。与此同时,随着统治集团地域的扩大和社会经济的不断发展,统治者为了使其生活更为便利和舒适,为了增强都城的防卫能力,在开始仅建有宫殿或衙署等政治、军事性建筑的"城"里,允许在城厢设"市"贸易。进而手工业作坊等也不断随之出现并逐渐增多,"城"的规模也由此相继扩大,人口增加,一些商品集散地或繁华的市场逐步产生了。于是"城"与"市"的发展开始出现融合为一的趋势,渐渐地就形成了主要以经济、文化、政治功能为一体的中国古代"城市"。《汉书·食货志》归纳了中国古代城市的主要特点,"是以圣王域民,筑城郭以居之,制庐井以均之,开市肆通之,设庠序以教之:士农工商,四民有业"。

二、中国古代城市的发展

　　我国古代城市经历了由小到大、由少到多、由功能单一到功能多元

---

　　①　李其荣:《对立与统一——城市发展历史逻辑新论》,南京:东南大学出版社2000年版,第63页。

的发展历程。就中国古代社会的城市发展而言,大部分学者都将鸦片战争以前的古代城市发展史划分为四个阶段。

第一阶段,夏商时期。随着生产力的发展,这一时期的中国进入奴隶制社会,已经具备建设较大规模城市的能力。但是夏商时期的城市建设为数较少,基本上就是两朝的京都。城市的大规模兴起始于封建社会。

第二阶段,春秋至汉朝。周朝的分封制度后来产生了列国诸侯,随着经济发展,各国君主开始兴建各自的都城。加之战争不断,对"城"的需求大大加速了城市的兴起。列国的都城既是政治军事中心,也是商业中心。秦始皇统一中国后,建制设郡,城市的发展十分显著。汉朝是中国历史上第一个强盛时期,在黄河和淮河流域人口大量集中,出现了像长安、洛阳这样的大城市。这是中国古代城市发展的第一个高峰期。

第三阶段,三国两晋至唐宋元。之前的城市发展大多集中于北方,三国时期孙吴的强盛促进了长江中下游地区的城市发展。两晋南北朝时期,由于北方少数民族政权的频繁更替,形成了南北两种不同发展局面:北方城市发展停滞,江南城市迅速发展。隋唐时期是中国古代第二个强盛时期,运河的修建、农产品生产的发达以及海外贸易的兴起,促进了南北城市的快速发展,像广州、扬州已经成为当时的国际性商业大都市。宋代则因屡受北方少数民族的侵扰,因此北方的城市发展远远不如南方,但在总体上它是中国古代城市发展的另一个高峰时期。拥有 10 万户的城市唐朝时仅有 10 多个,到宋代时增至 40 个。店铺林立,熙熙攘攘,夜市繁盛,商业职能大大扩大。城市功能也逐渐完善,出现了娱乐场所"瓦肆",而且"镇"也开始兴起和发展。由于宋代统治者重文轻武,废除了许多军事重镇,经济较好的市镇变成了纯粹的商业中心。在元朝时期,中原城市发展不大。由于云南正式纳入中国版图,城市发展几乎全部集中在云南。而元大都的建设则为后来明清两代北京逐步发展繁盛奠定了基础。

第四阶段,鸦片战争前的明清时期。这一时期,中国社会生产力极大提高,商品经济发达,在手工商业的繁荣中孕育着资本主义的萌芽。
工商业城镇的大量涌现是这一时期的主要特征,上海当时就拥有了
210多个工商业城镇。明清时期,除了南京、北京等历史古老的大城市
外,还兴起和发展了许多大城市。大致可分为三类:第一,手工业城市,
如上海、苏州、杭州、松江;第二,商业大都市,如武汉、重庆、扬州、天津;
第三,对外贸易中心,如广州、福州、泉州、宁波。明清时代中国的封建
经济达到顶峰,但北方城市的发展远远落后于江南和沿海城市。随着
封建制度的腐朽没落,封建经济逐渐衰落,中国古代的城市文明开始出
现危机。①

三、中国古代城市发展之轭

　　虽然中国古代城市发展在唐宋、明清时期达到繁荣的顶峰,但是,
从整个历史来看,中国古代的城市发展是极不稳定的。主要原因有以
下两个方面:

　　第一,战乱的破坏。中国历史上的城市特别容易受到战乱的破坏,
很多城市在起义或者政变中常常变为废墟。战争不仅使被攻打的城市
建筑受到极大的破坏,而且由于胜利者常常屠城、掠夺财物,也极大地
破坏了城市发展的人力、物力和财力。在中国历史上,一次战争可能就
会导致一个城市的衰落。如东汉末年董卓发动暴乱,挟汉献帝迁往长
安而把洛阳烧成废墟,就导致了洛阳长达一个多世纪的败落;如秦末项
羽火烧阿房宫后的咸阳,唐朝安史之乱后的长安,清兵入关后的扬州、
嘉定等。由于战争的破坏,造成了城市物态本体的衰落、人口锐减、腹
地环境严重破坏、城市发展动力机制破坏,最后"产生巨大的无形破
坏,这就是城市发展文脉被残暴打断和城市发展的物质积累被战火所

---

　　①　参见于洪俊、宁越敏:《城市地理概论》,合肥:安徽科学技术出版社1993年版,
第117—127页;王圣学:《城市化与中国城市化分析》,西安:陕西人民出版社1992年
版,第128—142页;柳思维:《论城市内涵、起源及中国古代城市发展第一个高峰期》,
《求索》2003年第3期。

损毁。"①由于中国古代王朝危机周期性地发生,城市文明不能长久保持,呈现出随王朝的兴衰而起落的特点。此外,封建统治者常常迁都重建,如明代燕王朱棣篡位,把大量人力、物力、财力强行从南京迁至北京,虽然极大地推动了北京的发展,但同时也严重削弱了南京的发展潜力。而在废墟上重建的城市,也因严重的战争破坏而长期难以恢复曾经的光辉和繁荣。在中国历史上,战争的频繁发生严重制约了中国城市的发展,使"城市文明积淀无法完成延续性积累"。②

第二,"以农为本"的封建制度。首先,中国古代封建统治者奉行"重农抑商"、"以农为本"的治国策略。城市本身不进行生产,主要由农村提供商品和物质。尽管手工商业不断发达起来,但统治者根深蒂固的"重农抑商"思想导致他们并不积极支持城市工商业的发展。因此,一个大城市的兴衰常常跟农业生产水平相关。如果碰到天灾人祸,农业经济受到巨大破坏,就会引发城市的衰落。其次,封建统治者的基本经济基础在于发达的农业经济以及对广大农民的压迫和剥削,因此需要大量的农村人口从事农业生产。结果,农业剩余人口相对较少,而从事手工商业的人口就更少了。再次,中国古代手工业生产也主要是在农村,农民既从事农业生产,也从事手工业生产。中国古代城市发展主要依赖的是农村经济而非"城市经济",这极大地限制了城市发展的后劲和经济动力。最后,封建统治者出于巩固政权的考虑,常常需要把大量人口分散在农村。由于害怕城市人口聚集过多会威胁政治统治,因此统治者本身不愿意过分扩大城市规模。当时大量的人口迁徙到中原城市,往往会引发朝廷决策者的激烈争论,担心民变成为制约城市发展的一个重要因素。对封建统治者来说,城市主要是满足他们奢侈消费的场所。这在一定程度上造成了中国古代城市偏消费性的畸形发展。

综上所述,由于自给自足的自然经济和封建制度,使得中国古代城

---

① 蔡云辉:《战争与中国古代城市的衰落》,《贵州社会科学》2005 年第 6 期。
② 蔡云辉:《战争与中国古代城市的衰落》,《贵州社会科学》2005 年第 6 期。

市的发展在规模和功能上受到了很大限制；由于中国历史上频繁战乱，使得中国古代城市的发展在延续和积累上缺乏稳定性、连续性。中国古代城市的历史发展对近代以来中国城市化进程产生了一定的历史影响。李其荣指出，"由于漫长的封建社会，在小农自然经济的支配下，商品经济发展不够充分，政治上实行不利于商品经济发展的压制政策，因而也严重阻碍了资本主义和中国城市的发展。所以，这一时期中国的城市完全是前工业社会的城市特征，与欧洲中世纪城市相比，所受的桎梏更深"。① 从城市化的本质上来讲，城市化进程只是机器大工业形成以来才开始的，需要大工业的经济推动力。因此，在考察新中国的城市化进程时，我们把起点放在中国近代以来的城市化上。

第三节　新中国的城市化进程

一、起点：近代中国的城市化

作为一个历史范畴，城市化必然受到社会政治、经济、文化等多种因素的制约，正如不同的民族和国家具有不同的历史发展道路一样，城市化也会在不同的国家和民族呈现出不同的模式。在西方发达国家，城市化是伴随着工业化的出现而发展起来的。由于工业革命的发生，近代大工业的不断发展，要求人口、资金相对集中，于是城市成为这一集中的空间组织形式。随着工业规模与工业数量不断增加，造成了城市规模迅速扩大；而且由于聚集的优越性，还会使一批批新的城市随着工业化的兴起而迅速建立。于是工业化发展带来了城市化进程。工业化导致城市化，这是西方发达国家从中世纪城市向近代城市转化的一种模式，即城市内部结构的变动引起城市功能的改变，从而导致城市性

---

① 李其荣：《对立与统一——城市发展历史逻辑新论》，南京：东南大学出版社2000年版，第69页。

质的变化和城市的发展,其变化程序为工业化推动城市化和城市现代化,城市化和城市现代化又反过来推动工业化,形成互为因果、互相作用的循环式发展。这种演变过程通常属于渐变型,演变的时间较长。

新中国的城市化进程,是在承接近代以来城市化基础上展开的。近代中国的城市化进程,呈现出一种有别于西方发达国家的独特发展模式。西方资本主义的入侵对中国近代城市化产生了深刻的影响,因而使其具有浓厚的殖民地色彩。

(一)近代中国城市的基本类型

从总体上看,近代中国城市化进程以及城市的发展,主要有以下几种类型:

(1)传统的政治军事中心城市。北京、西安、成都、济南、太原等城市,原本就是所在地区的政治、经济、文化中心,基本上是属于消费型的城市,并作为军事重镇和行政中心。这种城市功能,结构单一,多属内陆城市,比较封闭。城市格局保持古老风貌,工业不发达,基本为小型轻纺和手工工业,基础设施相对落后。

(2)开埠通商兴起的工商业城市。上海、武汉、广州等一般处于沿海、沿江地带,由于不平等条约辟为商埠。这些地方水陆交通便利,城市格局开放。新兴的轻工业多密集于这些城市,商业贸易较发达。上海和天津就是这类城市的典型。

随着开埠通商和洋务运动的开展,上海成为殖民主义者的贸易转口基地。轮船招商局以上海为大本营向沿海、沿江各港开展营运业务,上海不仅成为长江三角洲城市体系的中心,而且南连广州、香港、澳门、福州,北到青岛、天津等沿海城市,上至宜昌、沙市、汉口,下迄九江、芜湖、镇江等沿江城市,是近代中国最大的经济中心城市。到1930年,上海又进一步成为远东最大、最繁华的商埠与金融中心,人口增至300多万人。

天津城市因运河漕运而出现,在整个传统时期,一直作为漕运枢纽城市而存在。开埠后,天津迅速演变为近代商埠,城市功能和结构发生了根本变化。先后建立的各国租界以泊运码头为中心,形成了新的商业中心。进入 20 世纪,天津逐步建立起近代工业体系。到 1947 年,天津的工人、工厂数均仅次于上海,成为中国第二大工业城市。

(3)由铁路发展而新兴的内陆城市。交通是联结城市的"血管"和"脉络"。交通结构对区域城市化有制约或推动作用,交通结构和与之相适应的运输方式,决定着城市化的方向和进程。以轮船为主要运输工具的海上交通发展,造就了第一批近代沿海城市。而铁路的出现,则使近代城市化向内地纵深发展。20 世纪初,华北的近代交通网络初步形成,铁路开始给中国城市带来了新变化。

(4)新兴的工矿城市。一些地区,因为有丰富的矿产资源,随着资源的开发,形成了资源型的城市。唐山、大冶、玉门、大同、鞍山等城市,就是因拥有某种丰富的矿藏而发展起来的。这些城市在官僚资本、民族资本的控制下,发展成了单一的生产型城市,城市格局较简单,综合服务设施比较欠缺。

中国近代城市化的发展,为现代城市化奠定了一定的基础。但是,由于中国的近代工业化和城市化在很大程度上是在西方列强的侵略下所开展起来的,属于外源性城市化的典型。同时,这些城市功能单一,或者是以政治功能为主导的城市,或者是以工矿业为主的城市。城市功能的单一,使得城市的辐射力量极其微弱。

(二)先天不足的城市化

近代中国城市化发展模式是在中国自然经济占主导地位的经济结构中展开的,也是在中国沦为半殖民地半封建社会的特殊历史环境中展开的。对于中国近代的城市化发展而言,西方资本主义的入侵完全是一种外在的因素,"正像它使乡村从属于城市一样,它使未开化和半开化的国家从属于文明的国家,使农民的民族从属于资产阶级的民族,使东方从属于西方。"①受西方殖民者入侵的影响,中国近代城市化不可能有自身独立发展的形态,而且必然带有明显的殖民地色彩。在一个自给自足的自然经济结构中展开的城市化运动,再加上一个畸变多

---

① 马克思、恩格斯:《共产党宣言》,北京:人民出版社 1997 年版,第 32 页。

态步履维艰的社会变迁过程,停滞不前的生产力水平,发育不全的商品经济,落后保守的传统意识,频仍不断的天灾人祸等,所有这些都可能成为制约城市化正常发展的因素。正是半殖民地半封建的社会性质决定了近代中国城市化的发展具有以下特征:

1. 外源型的城市化

中国的现代化与城市化都是外源型的,是在西方列强的入侵下被迫进行的。外国的炮舰改变了中国社会正常发展的进程,同时也使中国缓慢的城市发展进程被迫进入到整个西方列强主导的全球化进程之中。

自鸦片战争以来,西方列强在中国攫取了不少特权,清政府被迫开辟了许多通商口岸,列强把此类城市作为侵略中国的桥头堡,倾销商品,设立工厂,创办银行和文化教育机构,使这些城市畸形发展起来。如上海、天津、汉口、烟台、青岛都是在开埠以后迅速发展起来的。在城市文化形态上,西方资本主义文明冲击着占统治地位的儒家文化。几乎所有具有近代城市文化标志的文化样式都是由西方传入的。如现代医院、报刊、电影、广播、话剧等等。外源型的现代化,使得城市发展的动力不足,城市创新能力受到严格限制,从而呈现出畸形发展的色彩。

2. 低工业化与城乡非良性互动

城市和农村之间应该是一种相互补充、相互促进的关系。城市产生的第一前提是农业生产力的提高,社会分工的出现;第二个前提是农村剩余劳动力的出现。因此,城市的发展需要农村的有力推动。在城市产生后,城市又反作用于乡村,给广大乡村提供各种物质产品、信息及服务。城市与农村任何一方的发展或滞后都会影响到另一方。正因如此,从城乡关系的角度讲,城乡关系与城市化应该是一种相互影响的正向关系。城乡之间的协调稳定的关系有利于彼此之间的有效互补和沟通,促进双方的共同发展。

但是,近代中国的城市化进程,是建立在很低的工业化基础上的。近代中国的工业化远远落后于城市化发展水平。学术界普遍认为,在20世纪初,中国的城市化水平甚至比第三世界其他地方都要低。当时,在城市就业的产业工人,其数量不足整个人口的百分之一。从城市工业布局来看,也主要集中在东南沿海有限的城市当中。这使得城市对农村的辐射效应大大降低。

在近代中国的城市化进程中,城市不仅没有为农村的发展提供有效的辐射和带动作用,相反,城市与农村之间形成了不平等的关系。在近代中国城乡关系当中,城市是通过乡村中的商业资本和高利贷资本、大地主、官僚、买办等,以价格、利息、地租、赋税、徭役等手段剥削乡村,导致乡村经济的凋敝。亚当·斯密在论述城乡关系时曾这样说:"乡村居民须先维持自己,才以剩余产物维持城市居民,所以,要先增加农村产物的剩余,才谈得上增设都市。"①近代中国城乡间的矛盾对立关系的存在和日渐加剧,造成广大乡村经济的残破和农业生产者的贫困,导致近代城市的畸形发展和近代中国城市整体发展水平受到诸多制约,使近代中国城市化发展无法得到必要的物质基础支撑,从而不可能健康、快速地发展。

3. 严重的失业和无业

在西方列强廉价产品的冲击下,中国自给自足的自然经济逐渐解体。农民为了谋生,必然会大量涌入城市。近代城市工业的薄弱,使城市无法对进城农民加以消化整合,城市"引力"大大削弱。

失业问题是资本主义社会工业化和城市化过程中普遍存在的问题。随着资本积累的增大和资本有机构成的提高,必然出现整个物质生产过程对劳动力需求相对减少的历史现象,它不但会引起新工人就业的极大困难,而且会排挤掉成千上万的原有工人。但在中国近代社会,工业化发展的严重不足本来就没有提供足够的就业岗位,而城市化的速度又明显快于工业化的速度,对于相当数量由农村而涌入城市的人来说,他们首先面临的是无业可就的问题,其次才是就业后再失业的问题。如果说,资本主义社会的失业问题随着经济周期的出现尤其是

---

① 亚当·斯密:《国民财富的性质和原因的研究》上卷,北京:商务印书馆1981年版,第28页。

工业经济的周期变迁,会出现部分人口时而被排挤、时而又被吸收的盈缩现象,那么,中国近代的无业和失业就是常态现象和普遍现象。

在近代中国城市中,即使是就业者,其命运也是悲惨的。在城市工商业发展缓慢的情况下,大量农村人口不断涌入城市,必然会加重就业者之间的竞争,对每一位就业者而言,他们都有着由就业到失业的问题。20世纪二三十年代,天灾人祸的双重打击致使大量农民离村入城,世界范围内的经济危机又使中国城市工商业发展异常艰难,于是,失业对于在业工人而言就成为一种司空见惯的现象。建立在低度工业化水平上的近代中国的城市化进程,它所造就的是一种多数人没有生活保障的悲惨状况,所满足的是少数的特权阶层。

二、新中国的城市化历程

1949年新中国成立后,中国城市化进程步入了一个崭新的时期。改革开放尤其是市场经济体制建立以来,我国的城市化更是阔步向前,进入了前所未有的高速发展阶段。回顾新中国成立以来我国城市化的历史进程,大致经历了四个发展阶段。

(一)第一阶段(1949—1957年)

这一阶段是中国农村人口向城市迁移与工业化迅速发展,导致城市化速度加快的阶段。

1949年,我国仅有城市132个,城市人口2700多万人,仅占全国总人口的10%,城市化水平为5%。[①] 这一阶段,中国工业建设的布局开始向内地倾斜,逐步转变城市布局在东部异常集中的历史现象。内地城市化的进程由此而逐步加快,加之农村人口大量迁入城市,不仅扩大了原有城市的规模,还形成了一批新兴的生产性城市。比如在国民经济恢复和"一五"计划期间,随着一百多项重点工程建设的开展,出现了一批新兴的工矿业城市。到1957年末,我国的城市发展到177个,城市人口比重上升到15%。1953—1957年我国工农业总产值平均

---

① 参见纪晓岚:《论城市本质》,北京:中国社会科学出版社2002年版,第267页。

年增长率为18%,城市人口平均增长16%。随着对资本主义工商业和手工业的社会主义改造的完成,在城市中确立了国有经济的主导地位,城市的工业中心、生产中心的作用突出。但与之相比,城市作为消费服务中心、文化中心的功能出现萎缩。

年　份	城镇人口 (万人)	城市化率 (%)	城市人口比上年 增长(万人)	城市化率比上年 提高百分点
1949	5765	10.64	—	—
1950	6169	11.17	404	0.53
1951	6632	11.78	463	0.61
1952	7163	12.46	531	0.68
1953	7826	13.31	663	0.85
1954	8249	13.69	423	0.38
1955	8285	13.48	36	−0.21
1956	9185	14.62	900	1.14
1957	9949	15.39	764	0.77

(二)第二阶段(1958—1978年)

这一阶段是城乡分割的城市化阶段,中国城市化曾一度出现了严重的波折乃至停滞。

在这一阶段,中国城市化进程中最具有历史意义的事件是户籍管理制度的改革。1958年我国颁布了《中华人民共和国户口登记条例》。这是一项规定国家机关依法收集、确认、登记有关公民年龄、身份、地址等公民人口基本信息的法律制度,是国家对人口实行有效管理的一种必要手段。此后,国家又颁布了一系列配套的措施,最终形成了计划经济模式下一套较为完整的户籍管理制度。这种户籍制度在某种意义上已经演变为一种身份制度,它将农村人口和城镇人口人为地分割为性质不同的农业人口和非农业人口。国家对这两种人员的就业、教育、医疗、住房、社会保障等实行有差别的社会福利待遇。

这一时期,不但城市和农村之间进行了严格的区分,从而给农村人口向城市的聚集以及城市对农村的拉动和辐射带来严重的障碍;而且,城市人口还出现向农村流动的反城市化趋势。著名的知识青年下乡运动就是中国城市化进程中特有的"反城市化"现象。尽管广大知识青年的到来为农村社会的发展和进步产生了巨大的作用,但是,从城市化的发展来看,不仅城市人口没有出现因对农村人口的吸纳而增加的现象,而且,城市也没有发挥出在经济方面和农村之间的有效交流和沟通,没有真正实现彼此之间的交流和互动。

1964年由于中美、中苏关系的紧张,毛泽东出于美国或苏联突然袭击中国大中城市可能造成巨大灾难的考虑,强调战备的重要性,尤其是在"三线"建立国防工业的紧迫性。"三线"就是在战略上将中国的人口密集区自东而西划分为三条战线。将大量的科学、技术、设备和人员转移到"三线"地区,服务于军用产品和民用产品的生产,在一定程度上客观地促进了"三线"地区的城市化进程,却不利于中国城市化的整体良性发展。

年 份	城镇人口 (万人)	城市化率 (%)	城市人口比上年 增长(万人)	城市化率比上年 提高百分点
1958	10721	16.25	772	0.86
1959	12371	16.41	1650	2.16
1960	13073	19.75	702	1.34
1961	12707	19.29	−366	−0.46
1962	11659	17.33	−1048	−1.96
1963	11646	16.84	−13	−0.49
1964	12950	18.37	1304	1.53
1965	13045	17.98	95	−0.39
1966	13313	17.86	268	−0.12
1967	13548	17.74	235	−0.12
1968	13838	17.62	290	−0.12

年　份	城镇人口（万人）	城市化率（%）	城市人口比上年增长（万人）	城市化率比上年提高百分点
1969	14117	17.50	279	−0.12
1970	14424	17.38	307	−0.12
1971	14711	17.26	287	−0.12
1972	14935	17.13	224	−0.13
1973	15345	17.20	410	0.07
1974	15595	17.16	250	−0.04
1975	16030	17.34	435	0.18
1976	16341	17.44	311	0.10
1977	16669	17.55	328	0.11
1978	17245	17.92	576	0.37

（三）第三阶段（1979—1991 年）

这一阶段是农村城市化速度加快和沿海城市在改革开放中取得大发展的阶段。

1978 年底十一届三中全会的召开标志着中国的社会主义建设进入新的历史时期,中国城市化在改革开放和社会主义现代化建设的背景中发生了历史性转折。这个时期,政府推动、实施了一系列促进城市化的有力措施,如解散人民公社,引进市场经济机制,推动分权改革,鼓励私营经济,加强流通领域投资,开放农产品市场以及加快城市住房建设等,为中国城市化高潮的到来营造了必要的社会经济环境,同时也使得中国人口流动的自由度获得了空前的提高,农村及贫困地区人口向城镇及富裕地区的大流动,构成了中国历史上前所未有的壮观景象。

据统计,1979—1991 年,中国城镇人口年平均增长率达到 11%,而1958—1978 年中国市镇人口的年平均增长率只有不到 3%。① 城市化

---

① 参见胡伟略:《中国人口城市化挺进新世纪》,《中国人口报》1998 年 8 月 9 日。

的比重从 1979 年的 17.92% 上升至 1991 年的 26.94%。① 在这一阶段，我国政府采取鼓励小城市成长及发展农村集镇的新政策，大力扶持乡镇企业的发展。十年多时间里，数千个小城镇涌现出来，数以千万计的乡镇企业更如雨后春笋般破土而出，遍及全国各地。这些乡镇企业在产值、出口创汇以及吸纳农村剩余劳动力方面都在国民经济发展中占有十分重要的地位。相应地，一大批农民"离土不离乡"，进入乡镇企业变成了产业工人。可以说，此期间大量涌现的小城镇和乡镇企业，在吸纳农村剩余劳动力、提高农村城市化水平、增加农民非农产业收入、缩小城乡差别等方面，发挥了巨大作用。

与此同时，中央政府在开辟了深圳、珠海等经济特区后，又将沿海 14 个城市设置为开放城市，使沿海地区的城市化进程有了实质性的飞跃。在整个经济和政策环境的吸引下，内地大批人才包括大量的商业精英和科技骨干纷纷跳槽或"下海"，前往特区或沿海开放城市寻求发展机会；数以千百万计的内地农民也成群结队"背井离乡"，前往东南沿海城市"淘金"。"孔雀东南飞"的势头曾多年持续不减。

年 份	城镇人口（万人）	城市化率（%）	城市人口比上年增长（万人）	城市化率比上年提高百分点
1979	18495	18.96	1250	1.04
1980	19140	19.39	645	0.43
1981	20171	20.16	1031	0.77
1982	21480	21.13	1309	0.97
1983	22274	21.62	794	0.49
1984	24017	23.01	1743	1.39
1985	25094	23.71	1077	0.70
1986	26366	24.52	1272	0.81

① 参见国家统计局：《中国统计年鉴 2007》表 4.1，北京：中国统计出版社 2007 年版。

年　份	城镇人口（万人）	城市化率（%）	城市人口比上年增长（万人）	城市化率比上年提高百分点
1987	27674	25.31	1308	0.80
1988	28661	25.81	987	0.49
1989	29540	26.21	879	0.40
1990	30191	26.41	651	0.20
1991	30543	26.37	352	−0.04

（四）第四阶段（1992 年至今）

随着市场经济体制的建立和市场经济的进一步发展,我国城市化进入了实质性的飞跃发展阶段。邓小平1992年南方谈话有力地推动了中国改革开放向纵深发展。1992年党的十四大提出中国经济体制改革的目标是建立社会主义市场经济体制。1993年全国人大修改宪法,把发展社会主义市场经济载入国家根本大法;中共中央十四届三中全会制定并通过了《中共中央关于建立社会主义市场经济体制若干问题的决定》,使中国市场化的改革在法律和政策上得到强有力的保障,社会主义市场体制得以最终确立,中国城市化进程由此彻底摆脱了计划经济的束缚,开始向市场经济全面推进。

这一阶段,随着市场经济的稳步发展以及全方位的对外开放,新一轮的工业化城市化进程在中国全面展开。深圳、珠海、广州、厦门等经济特区和沿海开放城市继续快速发展。上海这个近代以来中国最大的商业、金融中心和国际大都会,更是随着浦东的开发重新迸发出强劲的活力和生机。与此同时,东西部地区之间、城乡之间的差别进一步拉大,内地的乡镇企业也纷纷开始走下坡路,大量农村剩余劳动力开始涌向大城市。

1994年前后,中国"民工大潮"开始汹涌澎湃,在广州、深圳、北京、上海等大城市,出现了数以百万计的民工队伍,在全国则已有上亿流动人口大军。中国人口迁移和流动速度的加快及其规模的日趋扩大,使中国城市化水平大大提高。"到 1996 年中国城市化水平已由 1978 年的 17% 上升到 30% 左右,而实际城市化水平据专家估计已达到 35% 至 38%"。① 随着社会主义市场经济的纵深发展、产业结构的优化组合以及农民工源源不断地涌向城市,中国城市化水平逐年上升,已颇具规模。截至 2006 年,依据中国国家统计局发布的报告,全国城镇人口达到 57706 万人,占全国总人口比重为 43.9%,年均提高 1.2 个百分点。从区域上来看,2006 年中国东、中、西部城市化水平分别为54.6%、40.4% 和 35.7%。从地区上来看,城市化水平最高的是上海,为 88.7%,其次是北京和天津,分别为 84.3% 和 75.7%;但是城市化水平的地区差距依然明显,城市化水平较低的贵州和西藏分别为 27.5% 和 28.2%。

人口数及构成

年份	年末总人口（万人）	按性别分				按城乡分			
		男		女		城 镇		乡 村	
		人口数（万人）	比重（%）	人口数（万人）	比重（%）	人口数（万人）	比重（%）	人口数（万人）	比重（%）
1978	96259	49567	51.49	46692	48.51	17245	17.92	79014	82.08
1980	98705	50785	51.45	47920	48.55	19140	19.39	79565	80.61
1985	105851	54725	51.70	51126	48.30	25094	23.71	80757	76.29
1990	114333	58904	51.52	55429	48.48	30195	26.41	84138	73.59
1991	115823	59466	51.34	56357	48.66	31203	26.94	84620	73.06
1992	117171	59811	51.05	57360	48.95	32175	27.46	84996	72.54
1993	118517	60472	51.02	58045	48.98	33173	27.99	85344	72.01
1994	119850	61246	51.10	58604	48.90	34169	28.51	85681	71.49
1995	121121	61808	51.03	59313	48.97	35174	29.04	85947	70.96
1996	122389	62200	50.82	60189	49.18	37304	30.48	85085	69.52

① 陆学艺等:《中国改革中期的制度创新与面临的挑战》,《新华文摘》1997 年第 4 期。

年份	年末总人口（万人）	按性别分				按城乡分			
		男		女		城镇		乡村	
		人口数（万人）	比重（%）	人口数（万人）	比重（%）	人口数（万人）	比重（%）	人口数（万人）	比重（%）
1997	123626	63131	51.07	60495	48.93	39449	31.91	84177	68.09
1998	124761	63940	51.25	60821	48.75	41608	33.35	83153	66.65
1999	125786	64692	51.43	61094	48.57	43748	34.78	82038	65.22
2000	126743	65437	51.63	61306	48.37	45906	36.22	80837	63.78
2001	127627	65672	51.46	61955	48.54	48064	37.66	79563	62.34
2002	128453	66115	51.47	62338	48.53	50212	39.09	78241	60.91
2003	129227	66556	51.50	62671	48.50	52376	40.53	76851	59.47
2004	129988	66976	51.52	63012	48.48	54283	41.76	75705	58.24
2005	130756	67375	51.53	63381	48.47	56212	42.99	74544	57.01
2006	131448	67728	51.52	63720	48.48	57706	43.90	73742	56.10

注:1. 1982 年以前数据为户籍统计数;1982—1989 年数据根据 1990 年人口普查数据有所调整;1990—2000 年数据根据 2000 年人口普查数据进行了调整;2001—2004 年和 2006 年数据为人口变动情况抽样调查推算数;2005 年数据根据全国 1% 人口抽样调查数据推算。

2. 总人口和按性别分人口中包括中国人民解放军现役军人,按城乡分人口中现役军人计入城镇人口。

3. 本表各年人口未包括香港、澳门特别行政区和台湾省的人口数据。

资料来源:国家统计局:《中国统计年鉴 2007》表 4.1,北京:中国统计出版社 2007 年版。

第四节　新中国城市化的特点与难题

一、工业化基础薄弱

通过前面的分析,我们知道,城市化的发展离不开生产力发展的推进,特别是离不开工业化水平的提高。西方发达国家的城市化进程就是在工业化的推动之下进行的。工业化构成了城市化的内在推动力。一方面,工业化推动着城市结构、功能的不断更新,使城市在政治、经济、文化、社会等方面的现代化程度不断提高;另一方面,工业化使城市产生了巨大的聚集能力,在吸引着越来越多的人进入城市的同时,使村镇变成了小城市,小城市又变成了大城市,城市功能越来越复杂,从而使城市化程度不断提高。

城市是工业和伴随工业发展而兴起的第三产业的载体。从这个意义上说,近代城市化就是工业化的产物,也是工业化的伴侣。同时,由于城市集聚着第二、三产业,日益显示出其综合经济功能和社会功能,从而又成为推进工业化的动力中心。世界各国城市化的历史证明,城市化过程与经济发展,特别是工业化和第三产业发展水平紧密相连。凡是工业化程度高、人均国民收入高的国家,城市化水平也高;工业落后,人均国民收入低的国家,其城市化进展也缓慢。也正是在这一意义上,工业化是城市化的发动机。

工业化导致了人力、物力、资金、技术向城市的流动,从而有力地促进了城市化的进程,而城市化的发展,特别是城市现代化水平的提高又给经济的增长注入了强大的动力。城市化的过程,就是产业结构不断由低层次向高层次发展的过程。因此,城市化与工业化既是同步并重发展,又是相互促进的,世界各国概莫能外。城市化与工业化同步就会有效地促进工业化的发展;反之,城市化与工业化不同步,无论是城市化超前于工业化,还是滞后于工业化,都不利于工业化的发展,从而也会延缓城市化的进展。

城市化与工业化要互相作用、协同发展,在理论上是不成问题的,然而在现实生活中却并非如此简单。这一点在中国的城市化进程中表现得十分明显。

新中国成立以后,实行的是一条重工业超前发展的工业化道路,从1953年起,开展了以苏联援助的156项建设工程为中心,由3000多个项目组成的工业化建设。这批项目,一方面以原有城市为载体,变消费性城市为生产性城市;另一方面,又在广大东部地区有重点地建设了一批枢纽城市,在中西部地区新建了一批工业城市,从而在一定程度上推动了中国城市的发展。

　　但是,这种以工业化带动城市化,通过城市化促进农村社会发展的路子,在1958年以后却出现了重大转变。由于受特定的历史与现实条件的限制,中国政府为了尽快实现工业化,实行了一条剥夺农业,实行城乡二元分割的城市发展道路,造成了城乡的对立。城镇人口的自然增长就能满足工业化对劳动力增加的要求,导致工业化不断推进而城市化却止步不前。再加上政府在政策上的一些失误,如人民公社化运动、上山下乡与精简城镇人口、"文化大革命",使新中国社会的城市发展呈现出曲折与反复,形成城市化增长远远低于工业化增长的局面。据有关专家学者统计,在1952年到1978年间,中国的非农产业增加值比重由49.5%上升到71.9%,年均增长0.86个百分点;非农产业就业人口比重由16.5%上升到29.5%,年均增长0.5个百分点。[①] 由此可见,此时期中国工业增长迅速而城市发展相对滞后,城市化与工业化严重产生分离。从总体上看,中国的城市化水平落后于工业化水平20个百分点。

　　中国自改革开放以来,城市化从总体上改变了改革开放之前严重滞后于工业化进程的局面,初步实现了结合。但我们必须明白这样一个事实,那就是中国城市化水平仍然滞后于工业化水平。按中国现在的人均GDP水平计算,中国的城市化水平应在44%—49%才较合适,但实际上至少滞后了15个百分点。从工业化水平与城市化水平的对比中,我们可以看到,我国的城市化水平还很低,仍然处于城市化发展的初级阶段,城市建设的滞后以及存在的诸多问题,都影响着城市活力的发挥,阻碍着城市化进程的加快。因而城市化的发展,成为当前中国社会发展的一大要务。难怪有专家称,21世纪世界有两件大事,其中之一便是中国的城市化。

---

　　① 参见叶裕民:《中国城市化之路:经济发展与制度分析》,北京:商务印书馆2001年版,第58页。

二、政府主导型的发展

在市场经济条件下，通过价值规律的作用，城乡之间可以有效地实现互动；市场竞争主体也可以借助市场这一舞台实现自身利益的最大化。如此，资本、劳动力等生产要素之间的流动是自由而畅通的。通过政府引导下的市场运行方式，可以有效地将各种生产要素集中起来，在城市这一相对集中的空间中发挥最大的经济和社会效益，并通过城市的引力效应和乡村的裂变效应，最终实现城市和乡村之间的良性互动与城乡一体化。

在城市化的发展过程中，就动力机制而言，可以大致划分为市场推进型和政府主导型两种发展模式。

（一）市场推进型的城市化模式

城市化作为一种复杂的社会经济现象，与许多因素有关，但与经济因素和市场化进程最为密切，它们也最为关键。其中，工业化是影响城市化最主要的因素，正是工业化所造成的生产专业化，要求生产要素的集中，促进城市雏形的出现，而经济发展过程中交易规模扩大和市场体系形成，更是加速了城市化的进程。市场需要城市，城市更需要市场。繁荣的市场体系必然造就发达的城市化。在西方发达国家，城市化进程的开启，基本上是按照市场的要求进行的。城市化发端于产业革命，由于产业革命大大提高了劳动生产率，为城市化的兴起和发展提供了新的社会生产关系和物质技术基础。这些新的社会生产关系和物质技术基础，对于城市经济来说，形成了强大的拉动力，即在资本聚集效益规律的作用下，形成了对农产品和劳动力的大量需求；对于乡村经济来说，则形成了一种强大的推动力，即在农业劳动生产率提高的作用下，既能够生产出较多的农产品，又造成了相当数量的剩余劳动力。在高度发达的市场经济社会里，通过健全而又灵敏的市场机制，循着价值规律的作用，城市和乡村的共同发展对城市化起到了良性的推动作用。

从城市化的动力主体方面看，在资本主义国家，城市化的基本动力主体是资本家。资本家对剩余价值的追求是资本主义城市化发展的主导动力,而这种动力本身是纯属经济性的。在资本主义国家里,由于主观动力的经济性质,客观动力也便因此成为实现资本家主观目的的手段而具有了经济性质。追求剩余价值的主观动机,在客观上推动了城市化的发展。市场这只无形的手在价值规律的作用下,带来了城市化发展水平的逐步提高。城市化过程在给资本家带来丰厚经济利润的同时,也使整个人类的社会形态发生了质变,由乡村社会向城市社会转变,由城市文明取代乡村文明,使人类由天然人经过经济人,进化为社会人。

市场主导下的城市化运行模式,排除了许多行政的、人为的障碍。在高度发达的市场经济和完善的市场体系当中,资本的转投和劳动力的流动是自由的,并且主体是多元化的。在此基础上的城市化的拉动力和推动力的作用方向是一致的。就拉动力和推动力的关系而言,城乡之间呈良性循环状态。城市化过程的发展应是城市的拉动和乡村的推动一致作用的结果。城市在拉动城市化发展的过程中,加快了自身的发展,同时,也拉动了乡村的发展,从而使乡村随着自身的发展创造出更强大的推力。乡村在推动城市化发展的过程中,也确实加快了自身的发展,并越来越多地分享到城市化带来的好处。与城市的发展不同,乡村的发展表现为村落数量的减少和生活质量的提高。在一般情况下,城市化水平越高的发达国家,乡村分享到城市文明的程度越大,乡村本身越繁荣。并且,由于排除了人为因素的干扰,城市化的运作是呈现出一种的自然的发展方式,城市化的进程随着经济发展而不断朝着完善的方向发展。

(二)政府主导型城市化模式

政府主导型的城市化发展模式是多数计划经济国家采取的模式。通过政府制订计划、行政区划的调整,政府投资从事城市基础设施建设等途径,来推动国家城市化发展水平的提高。与市场推进的城市化发展模式相比,政府主导型的城市化发展模式具有以下几个方面的特点:

(1)计划性强。政府根据国家经济社会发展的要求,基于地区平衡发展的需要,根据其他既定的条件和政策,按照一定的程序,来决定城市发展的规模,包括在特殊的情况下减少城市的数量、降低城市人口的规模。例如,我国中西部许多城市的出现,在很大程度上就是政府基于政治、军事发展的需要而采取行政手段人为干预的结果。较之一些沿海城市的发展状况,这些城市的发展带有明显的行政痕迹和计划性。

（2）依靠自上而下的方式加以实施。在这种城市化模式下,城市的一般居民、企事业单位在生活水平和利益的获得上,往往依靠行政的手段加以进行,甚至采用国家财政补偿、行政干预的手段加以维持。因此,城市的经济和社会发展缺乏内生的力量,对政府形成强大的依赖性。

（3）城市化的进程主要受到行政的控制和政策制度的安排。最明显和最突出的是人口政策、户籍制度、行政区划调整以及政府的投资等,同时也辅之以经济政策和其他手段。

这种政府主导为主的城市化发展模式,既有其社会发展的必然性,又有其独特的政治经济体制背景。我国走这种城市化发展模式,是由我国特有的国情决定的。我国地域辽阔,人口众多,经济发展不平衡。由于农村人口众多,要实现城市化,必须转移大量农村剩余劳动力。在20—30年的时间里,要转移农村三四亿劳动力,这样一个人口迁移和流动的规模,如果单靠市场体制的调节,而没有政府在一定程度上的参与,不仅会旷日持久,而且可能会造成巨大的社会混乱和震荡。中国的特殊国情决定了中国的城市化必须要有政府的介入,中国的城市化过程如果脱离了政府强有力的政策指导和规范,必然会带来许多意想不到的后果。

众所周知,中国城市化的动力主体是政府和广大劳动人民。对于政府来说,城市化的发展必须有利于其政治目标的实现。对于广大劳动人民来说,城市化的发展必须有利于其生活水平的提高。由于中国实行的是以户口管制为核心的城乡双重体制,农民被排斥在城市之外。因此,从广大劳动人民的角度看,中国城市化的动力主体实际上就是城市居民和政府的官员与普通工作人员。这样一来,城市化发展过程的拉动力就由资本家对剩余价值的贪欲,转化为政府官员们对政治目标的追求和城市居民对生活水平提高的期望。如果城市化的进程与此相违,就会受到来自政府和城市居民的双重抵制。不过,政府的政治目标也好,城市居民的生活水平提高也好,没有经济的发展作基础都将难以为继。

与计划经济的特点相吻合,一般来说,政府主导的城市化发展模式能够在短时间内聚集大量的人力、物力和财力,实现城市的跨越式发展,在特定时期内具有高效的特征。但是,从长远来看,依靠行政手段人为干预的城市化进程,反过来又会大大削弱了其动力源,一旦政治因素发生变动,城市化进程随之受到的震动也是极其剧烈的。由于这种城市化发展模式十分容易受到行政人员意志的影响,在决策过程中,人为的因素极强,在很大程度上也会削弱城市决策的科学性和连贯性。由此往往造成以下明显的缺陷:过度重视某种单一功能(如经济的、政治的、军事的),忽视整个城市的协调发展;重视城市规模的扩展,而忽视城市内部功能的有机协调;重视城市的硬件因素,而忽视城市软件因素的建设。从我国现阶段许多老工业城市如大庆、鞍山、攀枝花等地的发展状况来看,计划经济条件下的政府主导型的城市发展模式,在重视其单一功能发挥的同时,往往不够注重城市内在品质的培养,忽视了城市总体协调发展。

中国城市化的行政主导特点,造成中国城市化的发展道路曲折。政府主导化的城市化发展,在指导思想上过度突出政治效果,忽视或人为地扭曲经济规律。在城市化进程中,尽管新中国成立之初仅仅用三年的时间就在全国基本上消灭了私营经济和个体经济,实现全面的中央计划经济,国家垄断工业化。但是,依靠人为的干预,在农村人口和城市人口之间设置户籍障碍,靠剥夺农民和牺牲农业的发展搞工业化,不但使工业化难以实现,而且造成农业十分脆弱的现象。政府主导化的城市化发展,使国家对城市居民的一切予以包办,造成了城市偏向政策,使国家财政的包袱越背越重。城市经济的发展不但未能创造出吸收农村剩余劳力的就业机会,而且城市本身自然增加的劳动力也难以吸收。如此等等。结果是城市失去了拉动城市化发展的作用,甚至产生了非城市化的"反推力",即把城市人口推向农村。

三、城乡二元结构

中国的城市化是在社会主义制度的前提下进行的,而中国的社会主义制度又是在分散、落后的小农自然经济基础之上建立起来的,这就使得中国的城市化具有了某些与其他国家不同的体制特点。中国在城市化的进程中,实行的是城乡有别的双重体制。鉴于中国农村人口过大,所以中国的现代化进程就不得不暂时牺牲农民的利益。这种体制的实质是使城乡居民身份的不平等固定化,使城乡经济的分割获得了制度上的支持,使得中国的城市化体制具有了城乡二元社会结构的矛盾。

(一)二元结构理论与城乡利益格局的形成

第二次世界大战后,一些经济学家开始运用结构分析的方法来研究经济运行模式和运行机制问题。虽然荷兰经济学家博克最早提出二元结构概念,但在该理论上影响最大的还是美国发展经济学家阿瑟·刘易斯的二元经济结构理论。阿瑟·刘易斯认为,在发展中国家一般存在着性质完全不同的两个经济部门,一是资本主义部门,也称为现代部门;二是维持生计部门,或称为传统部门。两个部门的资本运用、生产方式、生产规模、生产率、收入水平都明显不同。在这种二元经济理论的影响下,大多数发展中国家采取了牺牲农业,片面追求城市工业增长的战略。这样的发展模式是二元经济结构和二元利益结构的结合物,从而形成了发展中国家常见的一种现象——城市偏向。

这种城市偏向主要体现在以下几个方面:实行抬高工业品对农产品比价的政策,以此使农业剩余转移到工业中;投资的分配是不均衡的,大都集中于城市和工业;所有的政府诱导如税收等,都是刺激和鼓励在工业而不是在农业中创办企业;为外汇规定低于市场的价格,减少了由农业出口获得的国内货币,以利于工业品进口和工业积累;对一些工业实行关税和配额保护,使农民获得的生产资料和消费品的价格过高;城市居民比农民享受更多的教育、卫生、文化及交通服务等。

这样,二元发展战略凝固了城乡二元利益结构,后者反过来又妨碍着二元经济结构的消除,最终导致以工业文明为内核的城市文明和以落后、封闭为特征的农村文明二元对立、相互困扰的局面。

(二)中国城市化过程中的二元社会结构

我国是一个发展中国家,很难走出二元经济社会结构的窠臼。与其他发展中国家相比,我国的二元经济社会结构不仅显著,而且富有特色——主要是多种双重体制的存在,使得城乡之间的差别泾渭分明。

1. 经济上:城市发展建立在剥夺农村的基础上

中国二元经济社会结构带有计划经济体制的深刻烙印。中国传统的计划经济体制凭借其强大的中央集权力量,强制性地规定农民的产业活动空间,限制甚至取消农村非农产业的自然发展,并且通过"剪刀差"等渠道强制性地过度转移农民剩余。这样,1978 年以前的近 30 年里,中国城乡的产业分工泾渭分明:农村搞农业,城市搞工业。这就人为地割断了农村内部产业间的联系,也割断了城乡间多种产业的自然联系,人为地制造出城乡间的二元格局。

不仅如此,在城乡之间的价格交换当中,所遵循的是不平等的交换关系。长期以来,我国遵循双重价格机制,城乡之间的商品交换在不等价的情况下进行。这种不等价的交换体制,是依据行政而非经济的手段建立起来,并通过工农业产品的"剪刀差"来实现的。新中国成立以来所存在的工农业"剪刀差",虽然为工业发展聚集了大量的资金,但是这种城市化的发展模式,从经济角度而言是一种非等价的交换关系,从政治角度而言则是一种非公正的交往关系。

中国城市化过程中等价交换机制的断裂,一方面大大挫伤了农民的积极性,使农业这个国民经济的基础,同时也是城市化的基础长期处于贫弱状态,使城市化所需的粮食及其他农产品供给推动力不足,大大延缓了中国城市化发展的进程;另一方面,城市的发展不是建立在自身内在效益提高的基础上的,难以形成应有的投入—产出效益,城市的发展既不能创造出更多的就业机会,又不能吸收农村剩余劳动力,从而使城市化失去了对农村劳动力需求的拉动作用。

二元结构制约了经济资源在社会中合理有序的流动。城市化进程是社会各种资源不断整合的过程,也是资源不断集结和聚集的过程。资本的高度集中化和行业部门的规模化、产业化及各种资本和资源快速流动是城市的主要特征,也是城市发展繁荣的主要载体,资本、人才、技术、信息和产品的快速流动和优化配置是城市经济的主要存在形式。而在二元结构条件中,城市和农村则是两个相对封闭的系统,每个系统都有自己完整的资源流动链条,它们之间互不交叉或者很少交叉,互不重合或者交集很少,相互独立又缺乏联系。

二元结构制约了社会资源在全社会领域内的优化配置。社会是一个有机结构整体,其发展完善需要建立在各个部门和地区和谐有序发展、相互促进和共同提高的基础之上。在二元结构中,社会公共资源的配置是不均衡的,重视工业轻视农业、重视城市轻视农村是二元结构体制下资源配置的主要特征,社会公共资源通过国家的各种宏观政策源源不断地流向了大、中城市和工业中心,占全国人口绝大多数的农民社会资源分配数额十分有限。国家为了发展工业和提高工业化水平,通过工农产品价格"剪刀差"政策和低价收购农民的剩余产品政策,使农村的各类资源源源不断地流向大、中城市,造成农村经济发展缓慢和城乡差别拉大。这种资源的非最优化和非效益最大化配置,制约了农村经济的发展,阻碍了农村、城镇自身城市化发展的进程。

2. 生产关系上:城乡双重公有所有制体制

新中国成立后,逐步完成了对农业、手工业和资本主义工商业的社会主义改造。到1956年,参加农业合作社的农户几乎已包括全国农户总数,国营工业产值在全国总产值中占有绝对比重。生产资料所有制的社会主义改造的完成,使中国最终确立了公有制为主体的社会主义经济制度。

社会主义经济制度在城市主要是全民所有制,在农村主要是集体所有制。在城市全民所有制经济中,包括两大部分人员:全民所有制企业、事业单位的职工;国家干部,包括各级政府官员、科技人员、国办学校的教师、国家机关工作人员等。由于这些人的就业、住房、吃粮、劳保、福利等是由国家财政包下来的,因此进入了全民所有制的企业或单位,就等于获得了分享这一切的特权。后来城市集体所有制的职工及其所供养的人口,再后来凡是取得正式城市户籍的居民基本上都能在不同程度和不同层次上享受到这种特权。因为国家财力毕竟有限,便产生了一系列进入这种所有制的政策限制和法律规定,自然,被限制的对象就是身居乡村集体所有制经济中的农民,他们是被排斥在外的。

这样一来,城市化过程中的劳动力流动机制就失灵了。农村劳动力及其所供养的人口,要进入城市,已经不仅仅是经济收入上的变化,更重要的是社会身份上的重大改变。因此,两种等级的公民身份便在这种双重所有制的基础上牢固地建立了起来。这就使中国的城市化发展水平高低,不是取决于城乡经济发展的需求拉动力和供给推动力的大小,而是取决于政府的财力究竟能够养活多少城市人口。

3. 户籍制度上:双重公民身份体制

中国的城市化进程是在严格的户籍制度限制下进行的。户籍是一个人户口的证明。在西方发达国家,户籍只是一个类似于身份证一样的证明,本身并没有实质性的意义。但是,在中国户籍一直发挥着重要的作用,特别是改革开放以前,户籍对人们的影响更是极为明显。

长期以来,中国农村户口和城市户口之间一直存在着清晰明确的区分,户籍背后也具有明显的利益差别。城市居民在居住、就业、养老等方面存在着明显有别于农村的特殊权利。户口簿、副食品本和粮油购买证这"三本"使城市居民享受了农村居民所享受不到的利益。而要得到这三个本,又有一系列十分细致、具体、严格的规定。对于农村居民而言,要想获得这"三本",唯一的途径就是通过升学考试摆脱农村户口。改革开放以后,户籍制度有所松动。除去通过升学考试途径之外,农村居民要获得城市户籍资格,还可以通过购买的方式。为了获得城市居民的优势和特权,很多农民需要花费大量的金钱购买这三个本。具有讽刺意味的是,在很多地方,政府甚至明码标价公开出售这三个本。对于农村居民而言,只要获得这"三本",就可以在粮食供给,副食品与燃料供给,其他生活资料供给,教育、就业、劳动保护等方面得到补贴和优惠。

　　户籍制度上的公民双重身份,使城乡劳动力及其供养人口双向对流机制失去了效力。城市化的关键是农村人口从农村转移到城市,即人口的城市化。在二元结构中,严格的户籍管理制度把劳动力牢牢地限定在其出生地上,劳动力的流动渠道不通畅,市场配置作用不明显,造成社会经济发展的两难局面。一方面,城市化进程需要大批的自由劳动力充斥市场;另一方面,农村有大量的富裕劳动力由于制度性原因而被闲置。据统计,2004 年中国农村剩余劳动力人数达到 1.4 亿,导致农村单位面积土地产出率虽然有了极大提高,但单位个人劳动生产率却依然十分低下。二元结构对劳动力合理流动的制约作用限制了劳动生产率的提高,也阻碍了城市化进程。

　　户籍制度在城乡之间筑起了一道屏障,二元社会福利制度又规定了城乡居民享有不同的权益,保护了城市居民对城市既得权益和城市文明的垄断,剥夺了农村居民分享现代工业文明、现代城市文明和国家福利待遇的权利。公民双重身份制度阻碍了农村生产方式和生活方式的现代化进程,人为地制造了诸多不公平。

四、发展的非均衡性

(一)城市化进程的单向推进

　　城市现代化的重要特征之一就是城市由单功能向多功能转变,尤其是大城市表现得更为明显。城市已不再仅仅是单一的政治中心、军事中心、文化中心,而是在继承了传统的政治中心、军事中心基础上集多功能于一身的,包括制造、金融、贸易、交通枢纽等功能在内的经济中心,科技、教育、文化中心等。因此,一个城市的现代化程度越高,其功能就越多,其所能发挥的综合集聚、辐射效益就越强,对区域的影响也就越大。

　　新中国成立后,一方面在推动城市现代化与城市改造的过程中,无论是传统城市的"变消费城市为生产城市",还是近代以来新兴城市的"充分利用、合理发展",都更注重城市的生产功能,而忽略甚至限制城市其他经济功能的正常发挥。这样一来,在城市工业的发展受到国家投资的大力支持、城市生产功能迅速增强的同时,城市的其他经济功能不断受到来自国家的限制与削弱,因此,城市的金融、贸易、流通功能丧失了进一步发展的内在动力。另一方面,新中国成立后封闭的经济建设环境在将中国的经济循环限制于国门之内的同时,迅速建立起来的计划经济体制又使经济发展的条块分割与地区分割限制了国内不同地区间的经济循环,城市的金融、贸易、流通枢纽功能的发挥又丧失了进一步发展的外在环境。这些都导致新中国成立后我国城市现代化在工业方面的单向突进。

在城市化过程中推动工业发展的情况来看,新中国成立初期工业化也以重工业为主,而忽视轻工业以及其他工业项目的发展。从世界范围来看,社会生产力的不断进步使城市现代化的工业动力也呈现不断演进的趋势。在工业化初期,由于资本的相对稀缺,主要形成以纺织业等产业为主的劳动密集型产业。经过劳动密集型产业的大量发展,积聚起大量资金、技术和对重工业产品产生越来越大的需求之后,再转向以资金密集型重工业为主的工业化时期。这是一个自然升级的过程。但在我国,由于新中国成立后受到西方资本主义国家的封锁,为迅速摆脱落后的农业国状态,以及为建立完整的工业体系和变消费城市为生产城市,因此新中国成立之初便确立了重工业优先发展的经济发展模式,重工业成为国家计划投资与城市工业发展的主要方向。

以追求经济高速增长为主要目标的重工业导向发展战略,使得我国城市现代化超前发展,工业脱离了劳动力剩余和资金短缺的客观实际,向着资本密集型而不是劳动密集型的方向发展。资本密集型的重工业过度发展必然产生"资本排斥劳动"的内在机制,造成资本形成要素中短缺的资金对过剩的劳动力的替代和排斥。重工业的优先发展造成城市现代化对城市化的排斥,城市不仅难以吸收更多的农村剩余劳动力就业,甚至连城市本身的就业问题也难以解决,以致出现城市知识青年上山下乡等城市人口多次向乡村反向流动的"反城市化"现象。由此我们看到中国的城市化进程不仅没有形成有效的劳动力的集中,没有发挥城市的吸纳功能,反而造成了相反的现象。这种表面的悖论,实际上蕴涵着内在的经济结构发展上的不平衡。

（二）城市发展行政区划的指令性

如果说城市化进程中工业发展动力不足或失调现象,是计划体制在经济运行中的体现,那么,计划体制在城市区划上的特点则又从另一个方面展示了中国城市化的行政指令性特征。

中国的城市发展水平,在很大程度上是与行政区划关系相吻合的,即行政区划中级别越高,其城市化发展水平也就越高。所以,我们可以看到中国城市发展呈现出"首都或直辖市—省会—地区中心城市—县城—乡镇"这样逐步衰减的特殊现象。在一个省内,行政区划等级越高的城市,其发展水平也越高。因此,中国的城市化发展具有行政区划指令性的鲜明特征。

如前所述,城市从本质上讲,是经济发展到一定历史阶段的产物。城市是社会经济活动聚集的结果,其中既包括因经济的发展出现的人口的集中,也包括资金和技术的集中。城市化的发展要依赖于周围地区人口和经济因素的聚集,也有赖于对周边地区的辐射和扩展。城市化进程中,城市与周边地区的这种相互作用,导致了城市区域圈的形成。城市化的这种发展,主要是一种经济行为或经济发展的动向与趋势所使然。与之相比,行政区划主要是一种国家政权建设行为,是国家对行政权力的分配与调整。行政区划和设置国家政权,这两者之间相互依存,互为目的。

城市化与行政区划之间具有很大的联系。一方面,城市化发展水平的提高,能够在很大程度上提升某个城市的发展水平,增强它在行政区划中的地位。另一方面,行政区划也在很大程度上影响城市化的发展进程。如果行政划分不合理,它会在很大程度上影响资金和人才的流动,进而影响城市化的发展。但是,行政区化和城市化又有着本质的区别。前者主要以进行行政管理为目的,后者以适应经济的发展为宗旨。因此,从城市化发展的角度来看,不应该因为一些人为的行政区划而影响其发展。城市化的发展从根本上来说是具有普遍意义的东西,它要冲破地域、人群和行业的限制,将一切不利于现代化和城市化的特殊性因素荡涤掉,当然也要保持和发扬有利的特殊文化和城市个性,从而为城市吸引人、财、物创造良好的条件。

传统的计划经济,赋予了中国的行政区化过多的经济功能。政府组织在社会资本中占据绝对的主导地位,在经济上处于主导位置。这就造成了基层组织以及市场发育的相对不完善甚至畸形化。在这种条件下,城市的发展必然以行政级别作为划分标准。级别越高的城市在经济等各项资源中处于绝对的优势地位,最终造成了大城市工业项目集中,级别较低的城市相对弱小、发展后劲不足的被动局面。

（三）城市内在规划的不均衡

中国的城市化进程,更多的是借助政治的、社会的力量推动起来,而不是借助市场的自发力量逐步演化而成的。它不仅对城市整体分布产生了影响,而且在城市内部规划方面也出现了鲜明的特色。在城市内在功能布局上,往往采取中心至外围的发展模式,而非采用多中心的发展模式。

中心至外围的这种发展模式,体现了中国城市规划在理念上的一大局限。从人的生存和发展的角度来看,城市的发展主旨是为人的成长和自由的生活创造良好的环境。从城市治理的角度来看,城市的发展应该遵循秩序化的原则。因此,我们就面对着人的自由需求与城市治理的秩序化之间的矛盾。

秩序,是每个特定的群体生存和发展所必需的。在此,我们可以借鉴学术界关于"自发的秩序"与"组织的秩序"两种类型来加以说明。所谓"自发的秩序",是指一种多元中心的状态,其中各个元素在诸中心之间自由活动,互相调和,从而产生一种动态的均衡。与之相比,"组织的秩序"是一种单一中心状态,所有的元素都接受中心所发出的指令,它所产生的是一种有计划的、有组织的秩序。中国在城市规划过程中,在很大程度上是遵循"组织的秩序"、由单一中心的发展模式进行开来的。其规划理念明显积淀着行政等级、中心主义发展等文化理念。

　　从中国的城市规划看，"首都或直辖市—省会—地区中心城市—县城—乡镇"这样的规划方式是典型的单一中心模式。中心对周边具有强大的制约力。但是这种制约力量，不是按照市场的运行规则建立起来的，不是建立在中心与周边之间的良性互动基础上的，而是建立在行政命令的基础上。例如，中心城市所需的必要物资等，需要依靠行政命令强制要求小城市加以满足。这在很大程度上违背了市场经济的等价交换规律。

　　从中国城市内部的规划来看，遵循的是中心—外围的发展方式，而非多中心、多点布局的方式。在中国的许多大城市中，环线的设置就是一个明显的特征。环环相扣，越是中心地区，城市各种功能就越为集中。将城市各种资源聚集在中心地区，必然会在很大程度上剥夺了外围的发展空间，造成外围发展后劲的严重不足。而且，这种城市化的布局方式，造成了一系列严重的城市生存环境恶化问题，北京城市的交通阻塞问题就是其中最为明显的一例。

　　总之，无论是中国城市的发展布局还是一个中国城市的内部规划，都显示了中国城市化进程中的中心主义特征。这种发展模式的背后，实际上忽视了人的平等发展权问题。公平和正义是人类所追求的美好的目标，公平也是社会主义核心价值观之一，在城市化过程中，也应该将公平、多元开放的观念贯彻到城市规划和行政区划中。城市规划和布局中的公平、多元、开放，一方面，要让城市内的所有公民都享受到平等发展的机会；另一方面，也应该为中国的公民创造平等发展的机会。城市化进程中的规划与发展，只有遵循协调、平衡、公平的多点化、多中心化、多维度的发展方式，才能让更多的公民享受到城市化带来的现代文明成果。

第 三 章

线形关系中的经济发展与城市化

　　城市化是人类进入工业化时代以来经济不断发展的必然产物。从根本上说,没有经济的持续稳步发展,也就没有城市化。经济发展是城市化的根本动力基础,城市化则是经济发展的本质体现和空间结果。在现代社会,城市化也是衡量一个国家社会经济发展水平的重要尺度。一般来说,经济发展为城市化程度的提高奠定了基本的物质基础,同时城市化也是推动经济发展的推动器。城市化能够促进经济的快速增长,城市化水平也对经济结构的转型与优化起着一定程度上的结构限制作用。在中国城市化进程的背景下,考察城市化与经济发展的辩证关系和互动机制,对中国未来经济的良性增长以及城市化水平的提高都具有非常重要的实践意义。

第一节　经济发展与城市化的一般规律

一、城市化与工业化的一般规律

　　城市化与工业化、经济增长密切相关,城市化以工业化为基础,以经济增长为动力。从历史上看,现代工业化是现代城市化的根本前提条件。首先,工业化导致了产业结构的变动,在经济总产值中,农业所占比重不断下降,工业的比重则不断上升。由于工业的规模生产性质,工业部门大量集聚于城市,从而导致城市数量的不断增加以及城市规模的不断扩大。其次,工业化水平的不断提高,扩大了对劳动力的需求。伴随着农业生产水平的相应提高,大量的农村剩余劳动力也开始向工业集中的城市迁移,大量农业劳动者向现代产业阶级转变。而人口的不断集聚,客观上要求城市空间和城市规模的扩充。再次,工业化创造了大量的经济财富,经济收入的增加也提高了人们的物质需求。随着人们物质需求的不断增加,工业生产的需求也不断扩大,从而导致对资本投资的需求,资本的空间集聚也加快了城市化的步伐。① 归结起来,可以认为,正是工业化改变了产业结构、就业结构以及创造了大量的财富,使人口、资本、产业大量聚集于城市并为城市的发展提供了基本的经济物质条件,从而推动了城市化进程。

而工业化水平的不断提高,也相应地提高了城市化水平。据调查,发达国家在 1820 年至 1950 年间,工业化与城市化的正相关系数高达 0.997。工业化初期,是以劳动密集型为特征的轻工业化阶段,工业化对城市化产生了直接的推动作用,城市化率为 30%。工业化中期,是以资金资源密集型为特征的重工业化阶段和以技术密集型为特征的高度化阶段,城市化不再以工业比重的上升来推动,城市化率攀升到 70%。而在工业化后期,工业在产业结构中的比重缓步下降,第三产业的比重上升,城市化的速度随之下降。应该指出的是,城市化与工业化的水平并不必然保持一致性。与工业化相比,城市化也可能具有超前性或滞后性,这主要体现在发展中国家中。所谓超前性,是指城市化水平远远高于农业生产和工业生产的增长水平。其中一个重要的原因是,农村人口的大量向城市流动,并不是因农业生产率

---

① 参见程开明:《城市化与经济增长的互动机制及理论模式述评》,《经济评论》2007 年第 4 期。

的提高而导致大量剩余农业劳动者或者工业生产对劳动力的大规模需求。相反,农业人口的大量外流产生于农民因生活贫困而放弃在农村的就业,涌向生活相对比较富足的城市。而所谓滞后性,是指城市化发展水平严重滞后于工业化水平。比如在中国,由于城乡二元结构、户籍制度的限制以及产业结构的不合理等等,城市化水平要远远低于工业化水平。

工业化是城市化的根本条件,而城市化也有助于工业化。首先,城市化有利于提高农业生产率。由于城市化进程容纳了大量的农业劳动力,使农业生产土地利用日益集中,有利于小农业生产向现代农业的规模生产转变,从而提高农业的生产力。而城市的扩大、城市人口的增加,则要求生产更多的农副产品。对农副产品的需求,进一步刺激了农业生产的发展,使它不但能够满足城市的日益扩大的消费需求,也能够满足工业生产的不断发展对劳动力和原材料的需求。其次,由于城市的聚集效应和日益完善的基础设施,为工业生产提供了必需的社会空间地理条件,有助于降低工业生产的成本需求。比如,城市化提高了城市的交通运输条件,为工业生产的原材料供应以及产品的销售等提供了便利的物流技术条件。再次,城市化有利于创造工业化所需的其他“软件”。城市化有利于普及教育、科学和文化,有利于科学技术的发明与传播,从而为工业化的发展提供了大量具有现代工业素质和技术知识的劳动力和发达的技术创新条件,形成推动工业化的强大力量。

从根本上说,城市化与工业化密不可分,在《布莱克维尔政治学百科全书》对工业社会的定义中,我们可以很清楚地看到城市化是工业化和工业社会的题中应有之义:“一种以基于机械生产和工厂组织的劳动分工为显著特点的社会。此定义主要是指这种社会的经济和技术,但是这种社会的特征还包括某些政治和社会方面与之相关的内容,特别是城市化、详尽的契约法则、家庭与经济实业的分裂、人口出生率和死亡率由高到低的转变、正规的教育制度和科研制度以及由各个孤立的核心家庭构成的亲属制度。因此,工业社会这个范畴相应地含有经济、政治和文化三个方面的因素。"①

二、经济发展与城市化的辩证互动

随着第三产业的兴起和发展以及经济产业结构的重大调整,有关城市化与工业化互动关系的探索与研究也日渐超出了原有的局限于工业化水平的视野,而更多地与整个宏观经济的发展水平联系起来。就城市化与经济发展而言,人们一般认为,城市化水平与经济发展水平之间是一种对应的线性关系。也就是说,经济发展水平与城市化水平是一种正相关的关系,工业化的发达程度对应着城市化的发达程度。美国经济学家兰帕德(E. E. Lamnpard)最早指出经济发展水平与城市化水平之间的正相关的关系,以在《经济发展和文化变迁》第三卷中的《经济发达地区城市发展历史》一文而闻名。他在美国城市化进程的历史考察中,发现近百年来美国城市发展与经济增长之间存在着高度的一致性,经济发展程度与城市化水平具有显著的正相关性。1965年,美国学者贝利则试图给城市化水平提供一个定量分析的函数解释模式。他采用了 43 个变量对 95 个国家的城市化水平进行比较分析。在他的研究中,经济增长与城市化之间的线性对应关系进一步得到计量经济学的论证。1981 年,美国人口咨询局在调查了 151 个国家的城市人口资料后,将各国的加权城市化水平与其人均国民收入联系起来作出相应的比较,再次从经验上证明了城市化与经济发展之间的正相关关系。

总的来说,经济发展与城市化之间存在着一种互动机制。一方面,经济发展是城市化的基础;另一方面,城市化促进了经济发展。杨立勋指出,城市化与经济发展水平的互促互进关系主要因为:第一,需求收入弹性机制带动需求结构和产业结构的变化,从而加快城市化进程。经济收入的提高必然导致需求的变化。需求结构的变化,必然带动投

① 戴维·米勒、韦农·波格丹诺主编:《布莱克维尔政治学百科全书》,北京:中国政法大学出版社 1992 年版,第 357—358 页。

入由第一产业向第二产业和第三产业的规模转移,第二产业和第三产业的发展必然加速城市化。第二,城市化过程又促进了经济发展。因为城市化带来了人口集约、劳动集约、产业集约、土地集约和资金集约,使生产各要素由分散无序状态向规模型集约型转变,从而使城市劳动生产率和财富创造率大大高于农村。因此,在第二、三产业高度集中的城市,在促进城市本身发展的同时,也将大大促进整个国民经济的发展。① 就城市经济对宏观国民经济的发展而言,它起着如下几个方面的重要作用:(1)城市的各种经济活动在内部有限的地域空间内以及与外部经济系统之间的分工协作发展,使城市经济在技术、资金、人才和管理等方面都显现出其特有的优势,从而成为整个国民经济和地区经济发展的火车头。(2)城市经济对其腹地的发展有着重要的引导和推动作用。城市腹地区域既为城市的生产提供各类资源,也为城市的基本经济活动提供产品和劳务输出的场所。经济本身具有辐射、带动作用,而这种作用又必须依靠城市这样一个载体来实现。(3)各部门经济的协调发展离不开城市经济的集合和纽带作用,这种集合和纽带在一定程度上形成了部门经济协调发展的外部条件。②

简而言之,由于城市经济的聚集效应以及规模效应,促进了资源的优化配置,对社会经济的发展起着重要的带动和推动作用。因此,从这个意义上说,城市化不但是经济发展的必然结果,更是经济发展的根本条件和本质内容。就城市化促进经济发展的动力机制而言,它主要是在发展城市经济的同时促进产业结构的优化调整,以及实现城乡经济发展的一体化。而城市化的滞后发展则会对经济发展产生消极的影响:(1)影响投资、限制需求,从而导致城市经济发展受阻;(2)限制产业结构的优化发展,造成农村剩余劳动力的大量浪费;(3)限制农业生产的发展,不利于农业经济向现代化规模农业生产的转变;(4)限制城

---

① 参见杨立勋:《城市化与城市发展战略》,广州:广东高等教育出版社1999年版,第44—46页。

② 参见傅崇兰等:《中国城市发展问题报告》,北京:中国社会科学出版社2003年版,第86页。

市经济的辐射、集聚效应,不利于发挥城市经济在促进国民经济中的作用;(5)不利于实现二元经济结构向一元经济结构的转型,不利于消除城乡差异,不利于实现城乡经济的协调发展;等等。但必须指出的是,虽然城市化对经济发展起着促进城市现代化,促进国民经济增长、促进劳动力合理流动,为优化城市产业结构提供必要条件,促进周边农村地区经济发展等方面的积极作用,但是城市化也具有对社会经济的负面效应,比如城市生态环境的压力增大,质量下降;城市运营成本上升,公共支出大;城市管理难度加大,社会问题严重;等等。[①]

　　经济发展与城市化的辩证关系中除了结构性的一面,还存在着策略性的一面。从历史上看,发达国家的经济发展与城市化进程都是一个自下而上的、均衡的历史演变过程,在后发国家,由于推动工业化、经济发展乃至城市化都是属于政府自上而下的政策行为过程,受到国家管理者或政府官员在策略选择时偏好与认识的巨大影响,因此这种策略选择的适当性、合理性问题就有出现导致经济发展与城市化的非均衡性或断裂的可能。就此而言,国家或政府选择的经济发展战略在一定程度上客观地促进或限制着城市化进程,反过来说,国家或政府选择的城市化战略也在一定程度上客观地促进或限制着经济发展进程。在广大后发国家,这种国家或政府决策的策略性作用甚至可能比社会经济条件的结构性作用更加重要。当然,政府的策略性行为对经济发展与城市化的作用也体现在西方发达资本主义国家中。

第二节　经济发展、城市化与政府的作用

一、西方发达资本主义国家:以美国为例

美国是西方发达资本主义国家的典型代表,城市化水平很高,城市

---

① 参见金恩斌:《中外城市化进程透视》,延吉:延边大学出版社 2006 年版。

相当发达。因此,考察美国的经济发展与城市化之间的互动作用以及其中的政府行为,具有普遍的代表性。

1790 年,美国仅有 390 万人口,其中 24 个城市的人口占全国总人口的 5.1%,处于较低的城市化水平。随着美国的独立、政权的巩固和经济的不断发展,城市化水平在 10 年间不断持续上升。1807 年的《禁运法案》以及 1812 年的第二次独立战争造成美国商业的严重破坏,对东海岸城市的发展造成了致命的打击。因此,在 19 世纪的前两个时代,美国城市化水平有所下降。但是随着美国开始独立发展国内制造业,美国经济进入迅速发展阶段,城市化水平年年攀升,经济发展与城市化进程一直持续到 20 世纪 30 年代的大危机、大萧条时代。从大危机到第二次世界大战结束,城市化进展缓慢。第二次世界大战后,随着美国世界经济霸权的建立,在经济持续快速增长的同时,城市化进入高速发展阶段。

一般认为,美国近 200 多年的城市化进程,可以划分为三个阶段:

第一阶段:1790—1870 年之间的起步阶段。这主要是由于美国产业革命的完成,给城市化奠定了主要的经济动力。产业革命使机器生产和工厂制度在美国最终确立,建立起现代资本主义规模生产、规模经营的市场经济,提高了劳动生产率并解放了劳动生产力。随着产业革命而来的交通运输革命,如铁路建设、运河开凿,在交通条件上为城市的聚集准备了物质基础。产业革命同时使农业生产率大幅度提高,解放了大批农村劳动力,新兴城市吸引了大批的农村剩余劳动力,人口大规模聚集。此外,大量移民的涌入,为城市和经济增长提供了丰富的人力资源。到 1870 年,城市人口占到了全国人口的 25%。

第二阶段:1870—1940 年的城市化水平持续上升阶段。美国从自由放任的资本主义阶段进入国家垄断资本主义阶段,世界市场的开辟加速了美国国内工业生产的增长,为城市化水平的持续上升奠定了良好的经济基础。垄断经济的形成,也促使垄断公司和金融市场进一步集中于大城市。第二次技术革命进一步解放了生产力,新兴工业纷纷涌现,并出现了以新兴工业部门为主导的新兴城市的发展,城市规模不断扩大,尤其是大西洋沿岸的制造业大城市迅速发展。而交通运输条件也进一步革新,汽车、海运、航空技术的运用与推广,使得交通沿线上的城市逐渐兴盛。最后,移民人数成倍增加,年增长50.6万人,这一阶段涌入美国的移民总数约达5666.3万人。在这些因素的共同作用下,1920年美国城市人口开始超过农村人口,占全国总人口的51.2%。

第三阶段:第二次世界大战后的高速城市化阶段。战后美国出现了一系列的新兴工业,第三次科技革命使像原子能、电子计算机、宇宙航空这样的新部门、新技术、新科学大量涌现,第三产业也大量兴起和迅速发展,美国经济稳居世界经济的第一位。围绕着新兴工业部门和第三产业部门,美国快速兴起了一批新兴城市。而第二次世界大战后美国逐渐在罗斯福新政的基础上形成了干预主义行政国家,加强了国家对经济生活的干预以及城市公共基础设施的建设,在客观上进一步推动了城市化的高速发展。①

从上述美国城市化的历史进程中,我们不难发现,在城市化与经济发展之间存在着密切的互动关系。首先,经济的不断持续快速发展取决于产业结构的不断革新,城市产业结构状态直接影响着经济发展的水平,而经济发展也势必会对革新产业结构提出要求。其次,科学技术、交通运输技术的革新、发展与运用,既是经济发展的基本条件,也是城市化的动力机制。再次,人口的规模集聚与劳动力的大量涌入,是经济发展与城市化的重要社会条件。最后,政府的适当干预与合理决策能够对经济发展与城市化起到积极的推动和促进作用。归结起来,经济发展与城市化的辩证互动关系中,存在着以下几个基本的要素:产业结构、科学技术、人口规模、政府行为。产业结构的不断革新、科学技术的不断创新、人口规模的不断扩大以及政府行为的合理有效,就成为促进经济发展与提高城市化水平的动力机制中的四个关键内容。

前面说到,在西方发达资本主义国家的经济增长与城市化进程中,

---

①　参见林玲:《城市化与经济发展》,武汉:湖北人民出版社1995年版,第二章。

产业结构的优化、科学技术的进步、人口的规模扩大和集聚体现为一个自然的历史均衡过程,其中政府行为对它们起到一定的积极的或消极的作用,但总的来说,政府行为的影响作用并不是最终的决定性因素。相反,由于后发国家的社会历史条件之使然,从工业化、产业结构调整、科学技术创新、人口流动到经济发展和城市化,都无不是一个高度行政化的政府行为的结果。因此,在这个意义上,在经济发展与城市化的辩证互动关系中政府行为获得了最终的决定性作用,往往是政府的合理决策能够促进经济发展与城市化进程,反之,则会阻碍经济发展与城市化进程。而且也正是政府行为或政府决策的主导性决定作用,在经济发展与城市化的辩证互动中就为两者可能的张力、断裂与失衡创造了存在空间。也就是说,政府决策与政府行为既可能导致经济发展受阻从而导致城市化进程滞缓,也可能促进了经济发展却延缓了城市化进程,或者是不利于城市的持续健康发展。

事实上,政府决策与政府行为的这种反作用,在美国城市化的历史进程中也同样比较明显,当然,相比后发国家而言它不具有那么重要的地位或作用。如在美国城市化的起步阶段,1807 年的《禁运法案》就对美国经济发展与城市化进程造成了重大的破坏作用。而在 19 世纪中叶由美国政府推动的美国人民的"西进运动"则对美国 19 世纪后期中西部工业城市的崛起发挥着积极的历史作用。

1830 年,杰克逊总统通过了《印第安人迁移法》,把印第安人迁到密西西比河以西。这之后,又派军队把印第安人押送出密西西比河以东地区,殖民事业在这一地区得到迅速发展。"旧西南部"(包括今肯塔基、田纳西、亚拉巴马、密苏里、密西西比、阿肯色、路易斯安那诸州)的土地,主要被种植园奴隶主占有,成为棉花的主要产地。"旧西北部"(包括今俄亥俄、印第安纳、伊利诺伊、密歇根、威斯康星诸州)的殖民开发,由于 1785 年通过的土地条例(按低价出售公有土地)和 1787 年《西北准州地区条例》而迅速展开。独立革命开始时这里只不有几千名法国人,1810 年移民已有 27 万多人,1860 年增加到 693 万人,仅芝加哥城人口就有 100 万人。这里是盛产谷物和养育业发达的地区。

与此同时,美国也向密西西比河以西扩张,用购买和战争手段兼并了法国、西班牙、英国的殖民地和墨西哥的大片国土。1803 年,美国乘拿破仑忙于应付欧洲战争之际,从法国手中以 1500 万美元价格购买了称为路易斯安那的广大地区(面积约为 83 万平方英里)。1810 年和 1819年美国从西班牙手中夺得佛罗里达。1846 年,又强迫英国订约,把美国北部北纬 49 度的国界线一直延伸到太平洋沿岸,排挤走了这个地区的英国人。1846 年和 1853 年,美国对墨西哥发动战争,胜利后购买了墨西哥的大片国土,总计约 95 万平方英里。到 1853 年,美国已把它的国境线推进到太平洋沿岸,国土面积达 303 万平方英国(约 785 万平方公里),比宣布独立时的版图增加了 7 倍多。密西西比河以西的人口在 1840 年以前还极稀少,40 年代移民开始多起来,特别是 1848 年加利福尼亚发现金矿,对西部的开发是一大推动。1850 年以后,这个地区的移民和经济发展,在美国发展中居于重要地位。此外,美国还继续向西扩张到与它本土不相毗邻的地区。1867 年以 720 万美元的代价从俄国购买了阿拉斯加,其面积等于美国原来的 13 个州的 2 倍;1894年,美国在檀香山推翻夏威夷国王,1898 年爆发美西战争后,又兼并了夏威夷群岛。美国领土不断扩大,吸引来外国移民的洪流。外国移民在 1790—1860 年有 500 多万人,1861—1913 年达 2700 万人。阿巴拉契亚山以西的人口,1790 年时只占全国总人口的 3% ,1890 年时已增长到占 49% 。国外来的移民,对西部的开发,对美国整个经济的迅速发展,都起到巨大的作用。移民使美国能够进行大规模的农业生产,能够以巨大的力量和规模开发其丰富的工业资源,以致很快就摧毁了英国的工业垄断地位。美国政府的土地政策,横贯大陆铁路的建筑,加速了西部的开发。美国向西部的领土扩张和开发,对美国的政治、经济生活都有重大的影响。广大的西部土地并入美国,使美国成为幅员辽阔、自然资源丰富的国家,具有发展经济的极优越的自然条件。它大大扩大了耕地面积,而且地处宜耕的气候带,使农业迅速发展起来;西部的开拓,带动了大规模铁路的建筑和大批移民的流入,使美国形成了广大的国内市场。

　　随着工业化向中西部的推进以及移民的大量流入,中西部的城市化由此日益兴盛,并有其鲜明的特色。首先,从中西部城市化的速度来看,从 1870 年至 1910 年,美国城市化比例由 25.7% 上升到 45.9%,仅 1880 年至 1890 年 10 年间,中西部城市化比例就上升了 10.4%,超过城市化速度一直遥遥领先的东北部,这在美国历史上是空前的。其次,中西部原有的城市较快地完成了由商业性城市向以大机器工业为基础的工业城市的过渡,同时又涌现出为数众多的新兴工业城市。以制造业雇佣人数为例,1869 年,中西部制造业雇佣人数占全国制造业雇佣总人数的 18.36%,至 1899 年这一比例上升到 22.65%,其上升速度超过其他任何地区。再次,中西部城市逐渐形成多种类型,如综合性的全国性中心城市芝加哥,以某种产业为主、其他产业为辅的专业性地方性中心城市圣路易斯,隶属于某一大城市为其生产某种产业服务的芝加哥南部的卫生城普尔曼城,专为疏散大城市中过分密集的人口而建的芝加哥城外的福莱斯特城。最后,这些不同规模、各种类型的城市,在市场机制作用下,分布日趋均衡,进而形成了以综合性城市与专业性城市相结合、大中小城市相结合,相互依存、同步发展的城市体系。中西部城市的迅速崛起,与美国工业化向纵深发展密切相关。工业化促进了科学技术的发展,后者反过来也促进工业化的发展,而工业资本的高度集中造成生产资料和劳动力的集中,企业规模扩大,并为专业化生产创造了条件。专业化城市围绕着综合性城市而相互联系、协作从而形成整体城市效应,城市经济的发展也吸引了大量移民从而形成了人口集聚效应。这些都有利于中西部城市化的迅速发展。中西部城市的崛起反过来强有力地促进了美国的经济发展。这种作用体现如下:其一,以中西部城市体系为基础,形成一个相对独立的工业中心,加速了美国工业化进程。中西部工业区的形成,得利于中西部城市体系所特有的专业化、整体化优势,这种专业性和整体的功能是东北部城市所不可比拟的。其二,中西部城市的崛起也促进美国经济重心西移,由于有日益雄厚的工业做后盾,中西部的商业、贸易和金融地位也相应提高,成为美国经济的一个独立组成部分,而不再依赖东北部。其三,中西部城市带动了整个西部的开发,巩固了西进运动的成果。①

由此可见,美国中西部城市化水平的迅速提高,不仅得利于工业化和产业革命,也得利于美国政府在推动"西进运动"中的一系列政治、经济、军事的决策与作为。但是,由于这一阶段美国政府奉行自由放任政策,对城市事务疏忽管理,造成了严重的城市社会问题,如交通、住房、卫生、社会公平等方面的问题日益突出,以至于中西部成为当时美国社会矛盾的旋涡。这也再次证明了经济发展与城市化的辩证关系或动力机制中政府行为与政府作用的重要性,在后发国家的城市化进程中不能单纯依靠市场调节机制来推动城市化。

二、东亚后发国家:以韩国为例

韩国作为亚洲"四小龙"之一,其经济发展与城市化都成为发展中国家值得借鉴的典范。第二次世界大战后,韩国进入了国民经济迅速发展、工业化高速发展的时期。韩国的城市化水平也迅速提升。从总体上看,在1960—2005年间,韩国城市发展保持了很快的速度,城市化水平以年均2.4%的速度上升。1960年,韩国进入了快速的城市化发展阶段,城市化水平上升到28.3%。从20世纪60年代到90年代的三十年间,韩国城市化水平提高了50多个百分点。到2004年则达到90%左右。1980—1990年间城市数量增长最快,涌现出29座城市。在城市人口增长方面,1966—1970年间以平均5.1%的速度增长,甚至一度以7%的比率增长。

韩国的城市化进程明显地表现出大城市超先发展的特征。首都首尔和釜山两大城市的发展推动了各大经济圈和地方城市的经济发展和城市化进程。韩国的经济发展水平与城市化水平反映了明显的正相关关系,呈现出"S"曲线的运动轨迹。韩国的城市化水平得益于20世纪60年代开始的迅速工业化和经济增长,在1965—1984年间,韩国的工

---

①　参见王旭:《美国城市化的历史解读》,长沙:岳麓书社2003年版,第128—145页。

业增长率是农业增长率的 6.3 倍。随着经济的增长和工业化进程的加快,无数的农村人口流入城市,政府为适应出口导向的经济发展战略,扩大了工厂的生产能力以便扩大商品出口量,城市人口随之日益增长,城市人口数量直线上升,进入急速的城市化阶段。韩国城市化的另一个特征是城市化先在特定的地区集中进行。韩国政府以经济效率为首要原则来衡量经济活动的区位,从而确定了可以获得高规模效益的空间集中式格局,决定了城市发展的空间高度集中模式。这种模式表现在三个方面:一是在城市化高速增长的初期,全国几个主要的中心城市集聚增长。二是在城市发展中,首位城市的集聚度和优先增长非常突出。三是城市在国土空间分布上的高度集中。这种做法在一定程度上提高了大城市的经济集聚效益,推动了经济增长,提高了大城市的经济发展水平,但也造成了城市间的不均衡。

在第二次世界大战后韩国的城市化进程中,政府发挥着重要的引导作用。这是与韩国政府在经济活动中的作用程度相匹配的。第二次世界大战后,由于韩国受美国扶持,因而深受美国行政体制的影响。在美国的支援下,作为同盟国的韩国开始进入经济建设阶段。但在 20 世纪 60 年代初,经济发展开始停滞,出现了严重的社会经济危机,经过军人政变,建立起军事独裁统治,行政管理体制开始由原来早期的地方自治与分权化体制替代为高度中央集权的威权主义政体,强化了行政管理人员的权力。20 世纪 90 年代以来,民主化运动的蓬勃兴盛,韩国行政体制开始向民主化、分权化方向发展,地方和社会对公共事务的治理权扩大。从第二次世界大战后到 21 世纪初,随着国民经济的起飞并创造了所谓的经济奇迹,韩国的城市化在同期也进入前所未有的历史新阶段。与韩国的经济奇迹依靠于一个基于官僚精英治国理性的集权官僚行政体制一样,韩国的城市化体现出高度的国家主导模式。韩国的工业化、现代化、城市化都体现出高度的政府推动和指导的特征。自 20 世纪 60 年代开始,韩国政府正式启动了各种法律、制度的修改和完善工程,为工业化和城市化制定了各种灵活的法律、制度、计划和政策。

就城市化而言,韩国的城市化进程与中央政府制定的三次国土综合开发规划中的城市政策密切相关,其基本目标都是综合开发、利用、保护国土,合理进行产业布局,改善环境,提高居民生产水平,促进全国均衡发展。正是一个强有力的中央集权政府借助其官僚精英的治国理性及其制定的合理的城市化政策,使得第二次世界大战后韩国的工业化与城市化水平获得迅速的提高。当然,韩国的城市化也存在着社会二重结构深化、大城市与周边城市发展不平衡、城市环境污染严重、城市基础设施建设落后、政府城市化政策的刚性、政府高度干预和指导不再适应新阶段的经济发展与城市化等严重的问题。①

　　而以促进城市化的城市政策为例,在20世纪50年代,城市政策主要体现在城市分区规划中,重点在于战后的城市重建,以城市重建来促进经济的现代工业化增长模式的形成。60年代以来,经济发展成为韩国国家活动与功能的集中体现,这导致城市规划新框架的产生。新的城市化战略体现了高度中央集权的模式,体现了中央政府对优先工业化的政策目标,但限制了地方政府的城市开发与城市规划。70年代韩国城市政府在发展与环境保护之间的矛盾与冲突中艰难地选择和徘徊。一方面,城市政策的核心仍然在于推动工业化和整体经济的发展,另一方面环境保护和平衡发展的可持续性日益提上议事日程。进入80年代,随着韩国经济的快速增长和工业化水平大幅度提高,城市化水平也大大提高,城市化政策的重心从原来的单纯服务于经济增长转向于解决社会问题。城市化对经济发展的推动作用基本持续保持,而经济的持续增长也为城市化提供了不竭的动力,但随之而来的社会公平、城市环境问题日益突出。这些社会问题不但直接影响到城市化水平的提高,而且也日益成为经济持续获得增长的深层限制,而社会公平问题的突出更严重地威胁着社会秩序与国家政权。因此,增加住房供给和提高住房供给的公平性,成为20世纪80—90年代城市政策的核心,国家建立了廉租房制度,对城市规划做出调整,改善交通。在20世

---

① 参见金恩斌:《中外城市化进程透视》,延吉:延边大学出版社2006年版,第四章。

纪 90 年代,韩国推行了民主化改革,地方分权成为行政体制改革的趋势,经济开放的程度更加扩大,城市发展进入全新的阶段。为了吸引更多的资金投资和工业生产,韩国扩大了城市的基础设施建设,达到空前的规模。当然,正是国家对资本市场的过度放纵,以及盲目的吸引外资而不加强监督管理,最终导致金融危机的出现。它不但不利于经济的进一步发展,而且在某种程度上破坏了城市发展的良性运行。

此外,在韩国的经济发展与城市化进程中,国家对区域经济的发展进行了高度干预,这尤其表现在韩国的特别开发区政策上。在经济发展的早期阶段,韩国政府对工业发展所要求的基础设施建设给予大力支持,制定了工业特别开发区规划。为发展大规模的工业聚集地,韩国政府于 1962 年规划了蔚山特别区;为适应出口导向的经济发展战略,又于 1965 年在首尔市的九老洞建立出口工业聚集地;1974 年在仁川市又建立了浦坪免税区,同时大力建设韩国第二大港口城市——仁川港。针对欠发达地区,第一个国土综合开发规划(1972—1981)把整个韩国划分为三级规划区域,即大发展区、子发展区、小发展区。通过统筹规划,合理划分,借助具体的开发计划,促进工业化,促进地方经济发展和居民生活福利。而第二个国土综合开发规划(1982—1991)把四个地区划分为特别开发区,开发旅游资源和推动落后地区的综合开发。在实施第三个国土综合开发规划时期的 20 世纪 90 年代,基本上是对原来城市化政策的总结和理论提升,并使之更加具体化。从韩国的经验中,我们看到发展中国家对经济发展与城市化的强烈干预是实现经济增长和城市化水平提高的关键因素,在尊重客观规律和具体国情的基础上制定合理的经济发展战略和城市化战略是重要保证,战略的正确选择与适时调整是获得持续经济增长与促进城市发展的根本前提。

美国与韩国的案例比较,说明了经济增长与城市化水平提高之间的正相关关系,也说明了在促进经济增长与城市化进程中政府及其政策活动、管理活动的重要作用。而韩国在 20 世纪 90 年代末的经验教训也表明,一个缺乏民众民主参与的中央集权政府,最终会在经济发展与城市化道路上付出沉重的代价。这意味着,在经济发展与城市化的进程中,平衡市场、国家与社会的权力或者说实现三者的互动参与是根本的保障。这也意味着,发展中国家的经济发展与城市化,既不能完全市场化,也不能完全依赖政府主导,在尊重基本客观规律并发挥市场的主导调节机制的作用下,国家要积极地与公民社会合作,在互动合作中理性地制定适应新形势的经济发展与城市化战略。

第三节　计划经济条件下的中国城市化

1949 年新中国成立,百废待兴,工业化、现代化与城市化同为新国家首先要实现的三大目标之一。1949 年全国城镇人口为 5765 万人,城市化水平为 10.6%,远远落后于当时世界城市化平均水平(28%),甚至还没有达到发展中国家城市化平均水平(16%)。新中国成立后,即开始了对农业、手工业和资本主义工商业的社会主义改造。从 1951年 12 月开始,党中央颁发了一系列决议,规定了我国的农业社会主义改造的路线、方针和政策,到 1956 年底,农业社会主义改造在经历了互助组、初级社、高级社三个阶段后基本完成,全国加入合作社的农户达到 96.3%。手工业的社会主义改造从 1953 年 11 月开始至 1956 年底结束,全国 90% 以上的手工业者加入了合作社。资本主义工商业的社会主义改造,从 1954 年至 1956 年底全面进行。党采取了"和平赎买"的政策,通过国家资本主义形式,逐步将其改造成社会主义公有制企业,而且将所有制改造与人的改造相结合,努力使剥削者成为自食其力的劳动者。我国对农业、手工业和资本主义工商业生产资料私有制的社会主义改造,极大地促进了工、农、商业的社会变革和整个国民经济的发展。社会主义公有制与计划经济制度的建立,构成了新中国成立后工业化、城市化与现代化的根本经济前提条件。

一、缓慢、迟滞的城市化

新中国成立之后,在迅速恢复国民经济的基础上,城市化进程开始加快。1949 年新中国成立之初,"国家合理利用了东北、华东、华北等经济发达,解放较早的地区的优势,对原有的城市进行了彻底的改造。变单纯的消费城市为生产、生活协调发展的城市,成为社会主义经济建设的中心,缓和了城乡矛盾,促进了城乡经济的协调发展。党和政府采取了正确的城市工作方针和政策,医治城市的战争创伤,促进了城市经济的恢复发展。"①到 1949 年底,全国建制城市增加到 136 个,建制镇 2000 多个。1953 年,国家制订并实施了第一个五年计划,这一时期成为计划经济时代中国经济建设发展最好的时期,社会总产值平均年增长 11.3%,到 1956 年社会总产值达到 1639 亿元,是 1949 年的 3 倍。在此乐观的经济形势下,真正意义的中国城市化开始正式进入新的起步阶段。然而,由于计划经济体制下经济发展水平和国家战略选择的限制,历次政治运动造成的破坏和阻滞,中国城市化进程一波三折,进展艰难。

　　1949—1957 年,我国城市化发展起步。新中国成立初期,在改造传统工业的基础上,经过国民经济恢复时期和第一个五年计划的完成,初步建立了独立的比较完整的工业体系和国民经济体系,城镇人口增长也伴随着经济发展走上了健康发展的道路。1950 年城镇人口比重为 11.2%,此后逐年上升,到 1957 年城镇人口达到 9949 万人,城市化水平为 15.4%。"一五"期间,工业建设与城市建设结合较好。建国初期的城市体系基本上朝合理方向发展,通过发展工业生产,改善了城市体系的职能结构;重点开发内地中小城市,改善了城市体系的规模结构,并缩小了沿海与内地、西部地区的发展差距。1956 年 5 月国务院发布《关于加强新工业区和新工业城市建设工作几个问题的决定》,明确提出:根据工业不宜过分集中的情况,城市发展的规模也不宜过大。今后新建城市的规模,一般可以控制在几万至几十万人口的范围内。这种"控制大城市规模"和"积极发展中小城市"的指导思想,对中国城市发展和城市规模结构变化产生了相当大的影响,特别是对小城市的

---

　　①　靳澜成编:《中国城市化之路》,上海:学林出版社 1999 年版,第 158 页。

发展起了积极的促进作用。1949—1957 年,全国共增设建制市 44 座,其中东部为 4 座、中部为 23 座、西部为 17 座,中西部地区超过东部地区。1957 年全国建制市数比 1949 年增加 1/3,人口增加 97.5%,平均年增长 25.5%。在城镇人口增量中,56% 为迁移增长,新增的 2700 万人口中约 1500 万人来自农村。由于当时工农业发展形势好,城市人口的剧增没有给国民经济造成压力,因此,国家也没有对乡村人口向城门流动采取限制措施,对农民实行开放,吸收农民进城或进工矿就业,广大农民的进城,为"一五"期间 825 项大型工业建设项目提供了劳动力,同时也大大推进了中国城市化进程。截至 1958 年底,百万人口以上的特大城市从 1949 年的 5 个增加到 10 个,由占市人口数的 3.8% 上升到 5.4%;50 万—100 万人口的大城市由 1949 年 7 个增加到 18 个,由占市人口数的 5.3% 上升到 9.8%;20 万—50 万人口的中等城市由 18 个增加到 48 个,占市人口比重由 13.6% 上升到 26.1%;20 万人口以下的小城市由 102 个增加到 108 个,占市人口比重由 77.3% 下降到 58.7%。

1958—1965 年,我国城市化出现大起大落。"一五"计划之后,由于经验不足,对经济发展规律和中国的基本国情缺乏清晰的认识,加之中央与地方领导人急于求成,夸大人的主观意志和能动作用,中国的社会主义建设遭受了严重挫折。1958 年,违反客观规律的经济建设"大跃进"开始,城市发展也不可避免地出现了急躁冒进。全国有 2195 个城镇都在建设工业项目,1958—1959 年间,国家在建制市一级城镇建成了 1000 多个限额以上的大型企业,1958 至 1960 年三年"大跃进"期间,全国固定资产投资占国家财力的 60% 以上,大大超过国家负担能力,三年共吸纳 1950 万农村劳动力进城,新设 33 个市,新设县城以上建制镇 175 个,城镇人口增加 3124 万人,达到 13073 万人。1960 年底比 1957 年底城镇人口增加 31.4%,其中 90% 为机械增长,城市化水平由 1957 年底的 15.4% 上升为 1960 年的 19.8%。1961—1965 年为城市人口机械减少时期,国家为减轻城镇负担,精简企业,停建缓建大批项目,企业数从 1959 年的 31.8 万家减至 1962 年的 19.7 万家,加上三

年自然灾害,国家调整政策,动员 2000 万城镇人口回乡参加农业劳动,
1961—1964 年全国城镇人口净减 3188 万人,城镇人口降至 1957 年的
9885 万人的水平。同时,为了减轻城镇人口,1963 年 12 月中共中央、
国务院发出了《关于调整市、镇建制,缩小城市郊区的指示》,提高了市
镇设立标准,以减少设置数量。市镇人口标准由 2000 人提高到 3000
人,非农业人口由 50% 提高到 70%,因此,城镇数由 1961 年的 208 个
减至 1964 年的 167 个,净减 41 个,比 1957 年还少 9 个。1961—1965
年,城市人口净迁入负值时期。1961 年精简城市人口,1964 年国务院
批准公安部《关于户口迁移政策规定》,开始对迁入城市人口实行严格
控制政策,导致 1961—1965 年平均每年城市人口迁入率为 35.9%,而
迁出率高达 53.5%,将迁入率为 - 17.6%,这个时期是中国城市人口
迁移史上的特殊时期,大批城市人口向农村迁移,被称为人口倒流期,
城市化处于倒退时期。

　　1966—1978 年我国城市化基本处于停滞阶段。在 1966 年至 1976
年间,十年“文化大革命”,使国民经济处于崩溃边缘。1967 年工农业
生产总值为 2104.5 亿元,比上年下降了 10%;1968 年又进一步下降为
2015.3 亿元,只相当于 1966 年的 86.6%,国家财政收入也逐年锐减。
这对城市化带来了灾难性的影响。1966—1970 年全国停止了人口统
计,但据有关部门统计,1968—1970 年,城市知识青年上山下乡和机关
干部下乡达 2000 多万人。1965—1978 年的“三线”建设,大批沿海城
市工厂迁往京广线以西约 1000 公里的范围,包括四川、贵州、云南、陕
西、甘肃、豫西、湘西和鄂西的广大山区,工厂采取“靠山、分散、隐蔽”
甚至进洞的政策,这次“三线”建设致使“基本国力搬家”,30% 的钢铁
生产集中在渡口、重庆、酒泉、六盘水、昆明、贵阳、柳州等市;一半以上
的有色金属采冶能力集中在东川、白银、昆明、水口山、个旧、大厂、金
昌、铜仁、修文、清镇、平果、兰州、连城和青铜峡等地;2/3 的电子工业
集中在成都—广元、西安—宝鸡、都匀—凯里一带;汽车基地集中在十
堰;飞机工业基地集中在西安、安顺、成都;重型机械工业集中在德阳;
还修建了包括成昆、贵昆、襄渝线在内的 1.6 万公里“三线”铁路和 37

万公里的公路。知识青年上山下乡和工业西移的"三线"建设,使这个时期的城镇人口机械变动很大,迁出和迁入率都比较高,城市化水平一直徘徊在 17.1% 到 17.9% 之间,是中国城市化的停滞期。据统计,1966 年城镇人口为 13313 万人,而到 1977 年为 16669 万人,11 年人增 3356 万人,年增率仅为 2%。而同期全国总人口由 74542 万人增至 94974 万人,年增长率为 2.2%,这个时期城镇人口比重呈下降趋势,由 17.9% 降至 17.6%。①

总的来说,在 1949 年至 1978 年间,由于工业发展缓慢以及经济建设和城市建设上指导思想的错误,中国的城市化在相当长的时期内进展缓慢,并且表现出明显的反城市化倾向。尤其是 1966 年至 1978 年,更是基本处于停滞状态。到 1978 年末全国建制市仅有 193 个,比 1965 年的 169 个增加了 24 个,年均增加不足 2 个,农村和集镇的多种经营被视为资本主义而受到批判,农业发展缓慢,企业化程度较低,城镇建制进一步萎缩。

二、城市化进展缓慢的主要原因

导致 1949—1978 年间中国城市化进展缓慢甚至出现"反城市化"倾向的原因是多方面的,这与计划经济时代政治、经济与社会体制以及占主导地位的"左"倾思潮密切相关。在《城市化与中国城市化分析》中,王圣学对此进行了系统而精辟的经验教训总结②:

(1)经济原因。首先,工业化发展速度不快制约了城市化发展速度。1957 年前,工业化发展较快,工业生产平均每年递增 22.4%,城市

① 参见杨立勋:《城市化与城市发展战略》,广州:广东高等教育出版社 1999 年版,第 99—103 页;陈彤:《城市化理论·实践·政策》,西安:西北工业大学出版社 1993 年版,第 73—75 页;何雪松:《社会问题导论:以转型为视角》,上海:华东理工大学出版社 2007 年版,第 60 页;靳澜成编:《中国城市化之路》,上海:学林出版社 1999 年版,第四章。

② 参见王圣学:《城市化与中国城市化分析》,西安:陕西人民出版社 1992 年版,第八章。

人口也因而较快增长,平均每年递增 7.1%。而在 1958—1976 年间,由于经济建设上的大起大落以及"文化大革命"时期在极"左"思潮影响下确立阶级斗争为中心的工作路线,工业化发展缓慢,工业生产总值递增率为每年 8.7%,从而导致城市人口增长缓慢,平均年递增率仅为 2% 左右。工业化是城市化的基础,没有相当的工业化发展水平,城市化也就缺少了最基本的经济支撑。其次,农业发展缓慢、劳动生产率低影响了城市化的发展速度。农业发展水平、农业劳动生产率水平是制约人口城市化的最基本的因素之一。城市化水平高的国家大都是农业比较发达,农业劳动生产率比较高的国家。由于我国农业劳动生产率低,可提供的剩余产品少;但生产力水平又低,经济不发达,人口太多,吃饭问题一直成为困扰新中国的头等大事。因此,这就在基本生活资料方面为人口城市化设置了一个无法逾越的障碍,农业生产率的低下始终是中国城市化乃至现代化的发展瓶颈。最后,商品经济不发达,影响了城市化的发展速度。商品经济的产生,瓦解了束缚生产力发展的自然经济,有力地促进了社会生产力的发展,促进了工业化或产业革命。在社会主义计划经济体制下,国家一直对商品经济采取限制以至消灭的态度,把商品经济与资本主义混为一谈,使原本就没有得到过充分发展的商品经济更加落后。由于商品经济不发达,就限制了生产社会化程度的提高,影响了社会分工的进一步发展,并直接制约非农业人口的增长。

(2)体制原因。首先,长期的城乡隔离政策阻碍了我国城市化的正常发展。城市化的发展是以城乡人口、劳动力及所有资源的自由流动和组合为前提,即通过各种资源的合理配置,优化产业结构,改变传统的经济发展格局,使传统的农业社会转变为现代工业文明社会。然而,我国的工业化和城市化却都是建立在城乡二元结构基础上的,它与我国早期的工业化积累模式密不可分,主要通过工农业产品价格"剪刀差"、牺牲农业的积累而加以实现。国家为了高速实现工业化,人为地压低农产品价格,低价收购大量农产品,再以低价出售或分配给城市工业企业和市民,以此来降低企业工资和原材料成本,从而完成工业化积累。为了适应这种积累模式,国家建立了户籍制度、严格限制粮油副食供应,使大量农业劳动力长期滞留农村。其结果是导致农业社会生产力低下,工业化与城市化发展水平严重不一致。时至今天,原来的城乡体制依然对当前的城市化产生着不可低估的负面影响。其次,在计划经济体制下,企业归各级政府所有,政企不分,政府的财政基本来源于其控制的国有企业。但由于没有引入市场体制,企业缺少竞争和活力,一切生产经营安排依赖于政府的计划和管理。正是政企不分,城市政府的职能也发生了错位,政府的精力和工作重点没有放在城市建设和城市管理上,而主要用于办企业、催计划、抓生产上面。结果,造成城市规划建设、基础设施落后,住房、交通、邮电通信甚至吃饭、购物、儿童入学困难。同时,企业也不以生产为主,而重点放在包办社会生活必需的行业,这种企业办社会、政府办企业的职能严重错位,使得企业和城市的经济效益长期得不到提高,也难以吸引大量的农村人口进城。应该说,这些现象主要是由高度集中的计划经济体制所派生出来的。再次,长期忽视城市的中心作用,奉行消极的城市发展政策。在计划经济时代,我们在经济建设和社会发展中忽视了城市特别是大城市的重要中心作用。在极"左"思潮的影响下,甚至否认城市的中心作用,把城市化与资本主义连在一起,长期奉行一条消极的城市发展方针,严重地影响了城市特别是大中心城市作用的发挥。影响了城市的健康发展,也影响了工业化和城市化的发展速度。为了适应城乡隔离政策,人为地执行着一条不但严格控制大城市发展,而且也控制所有城市发展的消极城市政策,特别是在 20 世纪 60 年代三年经济困难时期以后,严厉限制城市和小城镇发展,限制农村人口进城。

　　(3)人口方面的原因。影响我国城市化发展速度的人口方面的因素主要有两个方面。一是新中国成立以来的大多数年份农村人口的出生率和自然增长率大大超过城镇。在 1963 年前的 14 年间,由于工业化发展迅速,特别是"大跃进"年代工业建设的过速增长,使大批的农村劳动力进入城市;而这些人中又是未婚青年居多,他们进入城市后,从而提高了城市的生育率;加上这一时期城市群众生活水平提高速度快于农村,死亡率低于农村,城市人口增长率高于农村。60年代后,由于没有计划生育工作,农村保持了高出生率,而医疗卫生保健事业的较快发展,使农村死亡率大大降低;加上农村抚养子女的生活费用成本较低,农村人口自然增长率高度超出了城市。二是城市人口机械变动剧烈。20世纪50—60年代随着大规模工业化建设和各项事业的发展,我国城镇人口迅速增长,但这一时期城镇人口总的是以机械增长为主,约有3000万农村人口转化为城镇人口。而由于50年代末60年代初的经济过速增长和随之而来的天灾人祸,近3000万从农村转入城镇的人口几乎又在60年代中期返回农村,所以60年代城镇人口的机械增长一直是负数。在"反右"运动和"文化大革命"期间,因政治原因和上山下乡运动,很多城镇人口也被人为地转移到农村。从我国城镇人口机械增长剧烈变动原因中也可以看出,50年代后期以后长时间的、连续不断的政治运动和经济社会发展中重大决策的失误影响了我国城市化的发展速度。

　　人口方面除上述两个主要因素以外,我国城市化发展缓慢也与人口管理政策大有关系。从人口管理政策方面来看,中国作为一个发展中的社会主义国家,在人口过多特别是农村人口占绝大部分,生产力水平低,经济社会不发达,城乡差别较显著的情况下,对城乡人口的迁移采取计划管理的政策是正确的。这对于防止农村人口盲目向城市流动起了很大的作用。但是,我国的城乡人口计划管理中存在的一些问题也影响了城市化的发展。这表现在长期以来对农村人口向小城镇迁移和流动管得过死,这严重地影响了小城镇的发展,而经济社会发展缓慢也使得剩余农村人口无法转移。

　　此外,就主观的思想认识而言,新中国成立后我国的城市化进程也受到了非城市化理论的错误思想的强烈影响。非城市化理论认为工业化导致城市化是资本主义的特有规律,而并非是一个普遍性规律,因此主张社会主义应摒弃城市化道路,走非城市化的工业道路;这种理论还认为社会主义搞城市化违背了马克思关于消灭城乡差别,实行城乡融合学说,忽视了马克思主义关于消灭三大差别的根本措施是发展生产力的思想,企图通过抑制城市发展,抑制非全民所有制的非农产业的发展,人为拉平三大差别,城市化会引起大城市膨胀病,等等。在这个思潮的影响下,社会主义中国要不要走城市化道路,是一个长期未得到解决的重大理论问题。[①] 王圣学也指出:"非城市化理论带有强烈的空想社会主义色彩,是 50 年代后期空想社会主义思潮在城市理论上的反映,也是六七十年代由于政策失误,国际环境恶化及三年自然灾害导致国民经济全面萎缩而使数千万城市人口倒流农村,城市发展停滞、倒退。"[②]20 世纪 50—70 年代占主导地位的非城市化理论对新中国的城市化进程起到了非常严重的负面作用,它也表明思想不解放、教条不打破、政策不符合客观规律,中国城市化进程就难以获得良性而快速的发展。

　　总的来说,计划经济时代中国城市化发展缓慢与计划经济体制下的政治、社会、经济等原因有关。这一时期的经验教训也表明,发展市场经济是解放生产力、发展生产力以及促进工业化、经济发展和城市化的根本前提,立足国情、尊重规律是促进工业化、经济发展和城市化的重要保障,改革行政管理体制是促进工业化、经济发展和城市化的主要支撑。

第四节　市场经济条件下的中国城市化

　　1978 年 12 月党的十一届三中全会召开,破除了"两个凡是"的错误指导思想,重新确立起实事求是的思想路线,并开始全面纠正"文化大革命"及极"左"错误,把党的工作重点从以阶级斗争为纲转移到以经济为中心,进行改革开放,开启了社会主义建设的新篇章。改革以解

---

① 参见林玲:《城市化与经济发展》,武汉:湖北人民出版社 1995 年版,第 258—259 页。

② 王圣学:《城市化与中国城市化分析》,西安:陕西人民出版社 1992 年版,第 260 页。

放生产力、发展生产力为目标,鼓励多种生产经营,鼓励尊重价值规律搞经济,鼓励由市场发挥资源配置主要机制的作用。随着改革开放的不断深入,我国的经济体制也逐渐从最初的"有计划的商品经济"转到十二大的"计划经济为主、市场经济为辅"、十三大的"计划经济和市场经济并存",再到十五大的"建设有中国特色社会主义市场经济"。而随着市场经济的逐步确立和纵深发展,中国的工业化水平迅速提高,快速的经济增长为城市化准备了丰足的物质基础,中国城市化进入了历史上发展情况最好的时期。

一、改革开放与中国城市化进程的新特点

　　1978 年党的十一届三中全会作出改革开放的决策,改革首先从农村经济体制改革开始,全面推行家庭联产承包责任制。农村改革大力地调整了农业的生产关系,鼓励多种生产经营,并且制定了扶持乡镇企业、专业户的发展的优惠政策。进一步地,根据农产品价格偏低的情况,大幅度提高了农产品的收购价格。1979 年农产品收购价格提高了20%,1980 年又提高了 8.1%,缩小了工业品和农产品之间的"剪刀差"。同时,改革了农产品统购统销制度,使农民在完成合同定购任务后,可将农产品拿到市场上自由买卖。这些重大的改革措施,有力地调动了 8 亿农民的生产积极性,促进了农村经济的繁荣发展。农村生产力的解放,农业经济的发展,为进一步推动工业化提供了坚强的物质后盾,工业化水平迅速提高。1984 年党的十二届三中全会通过了《中共中央关于经济体制改革的决定》,明确提出了中国社会主义经济是在公有制基础上有计划的商品经济,各项经济活动必须自觉地依据和运用价值规律;规定了改革的方向、性质、任务和各项基本方针、政策;提出了增强企业的活力是整个经济改革的中心环节,价格改革是整个经济改革成败的关键,为中国全面开展经济体制改革描绘出了宏伟的蓝图,使经济体制改革进入了一个新阶段。至此,经济体制改革的重点开始转向城市,重点进行城市经济体制改革,实行了多种形式的生产经营责任制。同时,农村进行第二步改革,调整农村产业结构,发展农村商

品经济,把农村改革与城市改革结合起来,促进城乡经济的协调发展。改革促进了中国经济的迅速发展,创造了巨大的经济效益和社会效益。经济体制的改革和经济的发展,特别是工业化进程的加快,既给城市发展创造了有利的条件,奠定了城市迅速发展的物质基础,加快了现代中国的城市化进程,又对国家发展城镇和建设城镇提出新的要求。为适应工业化发展的需要,发挥城市在商品经济和工业化建设中的积极作用,党和政府把发展城市和建设城市工作重新提上了重要议事日程。1978 年 3 月在北京召开了第三次全国城市工作会议,讨论制定了城市建设的有关方针政策。会议通过了《关于加强城市建设工作的意见》,经中央批准下发各省、市、自治区。1980 年 10 月,国家建委在北京召开了全国城市规划工作会议,明确提出了"控制大城市规模,合理发展中等城市,积极发展小城市"的城市发展总方针,确立了全国城市发展的战略思想。① 在改革开放的历史大背景下,伴随着工业化与市场经济的迅速发展,中国城市化进入了新的历史发展阶段。

对应于改革开放的不同阶段,1978 年至 2000 年的中国城市化进程可以相应地划分为以下几个阶段:

(1)1978—1984 年农村体制改革推动城市化的阶段。在中央大力发展有计划的商品经济的正确方针指引下,全国出现了工业化和城镇化两股浪潮,猛烈地冲击着封闭型的农村经济及城市经济和人为分割的城乡关系,整个国民经济结构以及劳动力在城乡之间和不同产业之间的配置。包括人口分布和人口结构都进入了显著变动的新时期。党的十一届三中全会拉动了农村经济体制改革的序幕,家庭联产承包责任制的扩大极大地调动了广大农民的积极性。中国农业的超常规增长对城市化的推动主要来自以下两个方面:首先,农民货币收入激增,有力地扩张了国内的有效需求。其次,经济作物大幅度增加,带动了轻工业的繁荣。这两个因素对非农就业的增长,特别是劳动力较密集的轻

---

① 参见靳澜成编:《中国城市化之路》,上海:学林出版社 1999 年版,第 187—189 页。

工业和服务业就业的增加,起到了巨大的推动作用。农村的改革与发展通过多种途径有力地推动了城市化进程:农村承包制的实施使约2000万上山下乡的知青、干部和技术人员因失去农活而返城就业;城乡集贸市场的开禁使大量有经营头脑的农村商业人员成为城市暂住人口;在当时的几个中央"一号文件"的鼓舞下,部分农民自带口粮发展乡镇企业并由此带动了部分建制镇的发展。与此同时,第三次全国城市工作会议提出了"在部分城市试行工商利润的 5% 用于城市维护和建设费"等规定,这些恢复性城市建设措施使城市建设走出了多年徘徊的局面。总体来看,在这一时期内在农业大发展、乡镇企业异军突起和城市建设等多种因素的作用下,城市化取得了长足的发展。这一阶段,城市个数由 193 个增加到 300 个;建制镇由 2173 个增加到 7186个;市镇人口由 17245 万人增加到 24017 万人,年均增长 5.67%,快于同时期全国总人口 1.36% 的年均增长率;城市化水平由 17.92% 上升到 23.01%,年均增加 0.85 个百分点,快于改革开放之前的任何一个时期。

　　(2)1984—1992 年城市体制改革推动城市化发展的阶段。以1984 年 10 月党的十二届三中全会通过的《中共中央关于经济体制改革的决定》为标志,我国进入了以城市为重点的经济体制改革阶段。城市经济体制在最初恢复奖金制的基础上,引进了农村经济体制改革的成功经验即承包制,从而开启了改革城市经济体制的进程。在这一时期内,经过经济结构的调整,劳动密集型轻工业得到了迅猛发展。其特点决定了特别适合到广大具有原料优势的农村乡镇企业去发展,因此,在沿海靠近大中城市的地区,乡镇企业率先迅速发展并通过聚集形成了大量的小城镇,促进了城市化水平的提高。同时在这一时期国家制定了一系列有利于吸引农村人口进城和设立新城市的政策和标准。例如,1986 年国家有关部门修订了新的设市标准。①非农业人口 6 万以上,年国民生产总值 2 亿元以上,已成为该地经济中心的镇,可以设市的建制。少数民族地区和边远地区的重要城镇,著名风景地区、交通枢纽、边境口岸,虽然非农业人口不足 6 万人,年国民生产总值不足 2 亿元,如确有必要,也可设市的建制。②总人口50万人以下的县,县人民政府驻地所在镇的非农业人口10万人以上,常住人口中农业人口不超过40%,年国民生产总值3亿元以上,可以设市撤县。总人口50万人以上的县,县人民政府驻地所在镇的非农业人口在12万人以上、年国民生产总值4亿元以上,可以设市撤县。自治州人民政府或地区(盟)行政公署驻地所在镇的非农业人口虽然不足10万人、年国民生产总值不足3亿元,如确有必要,也可以设市撤县。这个标准较50年代的标准,聚居人口的数量要求有所降低,且把进城务工的农业人口计入非农业人口,这就更放宽了设市条件,对促进设市城市的发展,起到了一定的积极作用。1989年12月颁布的《中华人民共和国城市规划法》提出"国家实行严格控制大城市规模、合理发展中等城市和小城市"的方针,小城市和建制镇得到了极大的发展。在这一阶段,城市化进程中新建城市占主导地位,城市个数由300座增加到517座,建制镇由9140个增加到14593个,市镇人口由24017万人增加到32373万人,城市化水平由23.01%上升到27.63%,年均增长0.58个百分点,略低于前一阶段。这一阶段存在着城市建设过于分散、城市规模过于狭小、土地浪费严重等问题,城市化处于以量的扩张为主的阶段。

(3)1992—2000年社会主义市场经济体制的确立和完善推动城市化发展的阶段。1992年春天,邓小平南方谈话指出要破除市场经济姓资姓社的误区,我国进入全面建立社会主义市场经济体制的时期。党的十四大正式将社会主义市场经济确立为我国的基本经济制度。这一时期,市场经济迅速发展,经济建设更上新台阶。开发区是这一时期经济建设的主要形式,而开发区建设基本上都是以城市基础设施和房地产开发起步的,它的实质是在原有城市周围建设新城区或对旧城区进行更新改造。这一时期的城市建设呈现出原有城市改造、开发区建设和建立国际大都市并行的趋势,城市化逐渐由量的扩张过渡到量与质共同提高的阶段。1992—1999年间,城市个数由517座增加到667座,建制镇由15805个增加到19756个,市镇人口由32372万人增加到38892万人,城市化水平由27.36%增加到30.89%,年均增长0.51个百分点。到 2000 年底,我国城市化水平已达到 36.09%,城市数量达 663 个,其中直辖市 4 个,副省级市 15 个,地级市 224 个,县级市 40 个。200 万以上的超大城市 13 个,占 2%。100 万—200 万人口以上特大城市 27 个,占 4%。50 万—100 万人口以上大城市 53 个,占 8%。20 万—50 万人口的中等城市 218 个,占 33%。建制镇已发展到 19244 个。①

　　总的来说,随着以经济建设为中心的工作重点的确立,随着经济体制改革的纵深发展以及社会主义市场经济的逐步确立与完善,在工业化和经济发展水平连年持续增长的情况下,中国的城市化进程获得了空前的发展,表现出如下一些新特点和新动向:

　　(1)城市化走出倒退和停滞的低谷,城镇人口比重连续保持增长,2000 年达到了 36.09% 的水平,年均增长量达到 0.53 个百分点。

　　(2)城镇人口增长速度最快的地区已从前 30 年的中国边远小区,转移到沿海省份、经济特区和鄂、晋等内地重点建设省份。这与中国建设重点由中西部向东移动,并实行改革开放的总趋势相符合。

　　(3)大城市和特大城市可比增长率虽然仍比中、小城市低,但和六七十年代的增长率相比,大城市人口增长率回升的速度远远超过中小城市。特别是那些最大的中心城市如上海、北京、天津、广州等,城市人口已经结束了长时期的停滞,有了大幅度的增长。

　　(4)中国的城镇化按自上而下和自下而上两种力量和两种形式并行不悖的发展格局已日趋明显,由乡村工业化所带来的乡村城镇化的势头明显增强,市场化与政府主导型的城市化发展道路日益密切结合。②

　　而以党的十六大提出的"坚持大中小城市和小城镇协调发展,走

---

　　① 参见汪冬梅:《中国城市化问题研究》,北京:中国经济出版社 2005 年版,第 87—92 页;张秉沈等编:《中国城市化道路宏观研究》,哈尔滨:黑龙江人民出版社 1991 年版,第 30 页;靳澜成编:《中国城市化之路》,上海:学林出版社 1999 年版,第 190 页。

　　② 参见靳澜成编:《中国城市化之路》,上海:学林出版社 1999 年版,第 193—194 页。

中国特色的城镇化道路"为标志,21世纪的中国城市化沿着新的发展战略走向未来。

二、动力机制与基本问题

从根本上说,改革开放以来中国城市化呈基本良性的发展态势,这得益于我国经济体制改革尤其是社会主义市场经济的蓬勃发展。从世界城市化的历史来看,市场经济是城市化的根本原动力,市场经济的发展过程也就是城市化的发展过程,而城市化的发展过程也有助于市场经济的壮大和发展。从城市化与经济发展的一般规律上来看,工业化、经济发展的水平与城市化的发展水平呈正相关关系。工业化水平的提高,经济的增长,为城市化奠定了雄厚的物质基础条件。经济体制改革解放了生产力、发展了生产力,以家庭联产承包责任制为措施的农村改革,大大提高了农业生产总值,农业经济的发展一方面促进了工业总产值的增长,另一方面也为城市工业经济的发展提供了所需的农村剩余劳力;而市场经济的确立与巩固,更进一步激活了企业的生产积极性,促进了生产要素的自由流动和市场主导的资源优化配置机制,从而促进了经济增长。随着改革开放向纵深发展,市场不但成为资源优化配置的主导机制,也成为中国城市化的重要推动力。城市经济在市场经济体制下蓬勃发展,客观上推动了城市化进程,而城市化水平的提高,也促进了市场经济的大发展。市场经济体制对城市化的作用主要表现在以下几个方面:(1)市场发挥主要的资源配置功能使资本、劳动力、技术更合理地自由流动,城市集聚效益也在市场的作用下相应增强,城市的发展则反过来有利于吸引更多的资金、劳动力和技术的集聚,正是市场经济体制的运行规律客观上推动了城市化和城市建设。(2)由于市场经济的开放性特征使城市化效应更显著地向周边地区辐射,城市经济的发展带动了区域经济的增长,从而进一步促进整个宏观国民经济的增长,经济的持续增长最终反过来又推动城市化水平的提高。归根结底,正是经济体制的巨大成功以及社会主义市场经济的确立、巩固与完善,解放了生产力、发展了生产力,大幅度地提高了工业化水平以及经济的连年高速增长,为城市化提供了所需的经济基础,从而使城市化水平迅速提高;反过来,城市化水平的提高则进一步发挥着促进市场经济发展的积极作用。从改革开放以来的中国社会经济发展的全局来看,工业化、经济发展与城市化之间的正相关关系以及它们之间的互动机制得到了最显著的体现。

　　市场经济条件下乡镇企业的异军突起,是改革开放以来推动中国城市化迅速发展的一个主要经济动力。党的十一届三中全会以后,家庭承包责任制不仅给农民以经营农业的自主权,实际上也给了农民经营非农业产业、脱贫致富的自主权。随着农村改革的深化和商品经济的发展,乡镇企业发展迅猛。1984 年中央《关于 1984 年农村工作的通知》,正式肯定了乡镇工业的合法地位。此后,以乡镇工业为龙头,带动了建筑业、商业、服务业的发展。乡镇企业从 1978 年的 152.43 万家,上升到 1985 年的 12222.5 万家,增长达 800%,而到 2000 年则增长了 1300%。据统计,中国乡镇企业转移了剩余农业劳动力 1.4 亿人,占全国农村劳动力总数的近 30%。[①] 而乡镇企业的蓬勃发展,则促进了小城镇的迅速崛起。为促进农村小城镇更健康而有计划地发展,国家积极发展了镇的建制。1982 年全国建制镇只有 2678 个,到 2000 年建制镇已发展到 19244 个。

　　此外,行政体制改革、户籍制度的松动以及公民社会组织的迅速发展则是促进中国城市化发展水平提高的社会性和政治性因素。

　　在改革开放的初期阶段,党改革了领导体制,提出建设社会主义法制社会的目标。领导决策体制不再以领导个人的喜好为标准,而是走向法治的、科学的、透明的、民主的集体领导决策机制。这使党在经济建设、社会建设的指导方针、路线、政策的宏观综合决策上更加科学、民主。与此同时,从 1982 年到 1998 年间,进行了五次大规模的政府机构改革,改革以提高政府工作效率和适应市场经济的纵深发展为目的。

---

① 参见谢凤华、缪仁炳:《转型时期我国乡镇企业的发展特点及对策建议》,《农业经济问题》2004 年第 9 期。

经过这五次政府机构改革,国家逐步建立起高效、廉洁、透明、公开、法治的行政管理体制。领导体制改革以及行政管理体制改革,是发展社会主义市场经济的客观要求,不但促进了经济发展,也推动了城市管理体制改革,从而促进了城市化。从决策角度上说,行政体制改革为党和政府制定科学的经济与城市化发展战略提供了政治保障,经济建设与城市化走上了一条尊重规律的发展道路。就城市化的政治支撑来说,通过改革开放以来的政府机构改革,形成了政府引导与市场主导相结合的经济治理模式,相应地也形成了"政府引导,积极发挥市场作用"的独特的城市化发展理念。此外,从"利改税"到"分灶吃饭"再到"分税制"的财政体制改革,也促进了中央与地方财权关系的合理安排。地方自主权的扩大,使得地方政府在地方城市发展上获得了更多的决策与财政支持空间。

随着商品经济的发展,原来城乡二元分割的格局下形成的户籍制度逐渐成为经济发展与城市化发展的结构瓶颈。从 1985 年起,建立一个统一的全国劳务市场已经迫在眉睫,继续保持区分城市居民户口和农民户口的城乡隔离已经不再适应经济体制改革的客观需求。虽然骤然间废除户籍制度并不具备相应的社会经济条件,但国家也逐渐放宽了继承了原来计划经济体制下的人口流动管理政策,并对户籍制度开始了局部的改革。户籍制度的松动,有利于农村人口向城市的流动,对城市化起到了一定的积极作用。

随着社会主义市场经济的发展,政府在生产、经营、民事和文化、艺术、学术领域的大幅度放权,不再履行直接的社会经济管理职能,中国的公民社会获得了空前的发展。公民社会的发育和成长在相当程度上改变了中国的治理状况,尤其对公民的政治参与、政治公开化、公民自治、政府的廉洁与效率、政府决策的民主化和科学化等具有重要意义。① 中国公民社会组织的兴起与发展,逐步建立起国家与社会的良

---

① 参见俞可平:《市场经济与中国公民社会的兴起》,载俞可平等编:《市场经济与公民社会》,北京:中央编译出版社 2005 年版,第 10 页。

性互动关系,在经济与城市化发展战略上向政府献策、与政府合作,使政府的城市建设更符合社会的需求。

　　正是在这些经济、政治、社会因素的综合性结构作用下,改革开放以来中国的城市化发展水平在社会主义市场经济条件下获得了大幅度的提高。然而,仍然必须指出的是,虽然中国经济增长水平与工业化水平不断提高,但是这一时期中国城市化水平依然严重滞后于工业化水平这一现状并没有得到根本的解决。与国际社会比较,1995年发达国家和地区平均城市化水平为75%,发展中国家为38%,最不发达的国家为22%。从我国城市化总体进程看,接近发展中国家的平均水平,仍处于初期向中期过渡的阶段。① 应该说,改革开放以来中国"严格控制大城市规模、合理发展中等城市和小城市"的城市发展战略与现行的户籍制度依然是导致中国城市化发展水平滞后的根本原因。除了城市化水平滞后于工业化水平或与经济发展水平不一致这一基本问题以外,这一时期的中国城市化进程中还出现了一些严重问题。

　　党的十一届三中全会作出"以经济建设为中心"的决定,随后确立了"效率优先,兼顾公平"的原则,并且明确将经济建设作为领导干部考核的主要标准。这在客观上促进了中国持续、快速的经济增长,提高了人民群众的物质生活水平。但是,在改革开放的过程中,一些地方政府形成了"经济GDP主义",单纯追求经济建设,单纯追求经济GDP的增长,结果城市经济是实现了快速增长,经济繁荣起来,但是城市公平问题、城市环境问题却日益突出。从1980年到2006年,我国GDP年均增长率达到9.68%。② 2006年,中国GDP总量达到20.9万亿元,跃升世界第四位,2007年达到了24.66万亿元。但由于只顾效率和GDP增长,而忽视了城市建设中的城市公平问题,导致贫富差距、城乡差距日益拉大。从20世纪90年代以来,中国的基尼系数一直维持在0.3

---

　　① 参见傅崇兰、陈光庭、董黎明等:《中国城市发展问题报告》,北京:中国社会科学出版社2003年版,第29页。

　　② 参见《中国统计年鉴2006》,北京:中国统计出版社2006年版,第57页。

以上,属于贫富比较悬殊的国家之一。城乡居民收入差距比也从 1980 年的 2.503 倍上升到 2000 年 2.709 倍。此外,中国在经济建设取得巨大成就的同时,也付出了沉重的环境代价。据统计,截至 2006 年,我国 1/3 的国土已被酸雨污染,主要水系的 30% 成为劣五类水,60% 的城市空气质量为三级或劣三级。[①] 一些工业化比较发达的城市,环境污染问题已经到了不治不行的地步,"黄龙"、"红龙"已经严重威胁到城市居民的生活和身体健康。

总结改革开放三十多年来中国城市化发展的经验教训,我们要坚持社会主义市场经济,坚持以经济建设为中心,转变经济增长方式,在此基础上推动城市化进程,充分发挥城市经济对区域经济和整个宏观国民经济的积极推动作用。与此同时,需要进一步解决城市化依然滞后于工业化的问题,并且在推动城市经济发展的同时,解决好户籍制度改革、城市环境污染、城市社会不平等、城乡差距日益扩大等问题。解决中国经济发展与城市化进程中凸显出来的这些问题,既需要充分发挥市场的积极调节作用,更需要政府在尊重客观规律和借鉴成功经验的基础上,制定出科学、合理的经济建设与城市化发展战略。

---

① 参见梁从诫:《2005:中国的环境危局与突围》,北京:社会科学文献出版社 2006 年版,第 13 页。

第 四 章

社会转型、观念变迁与城市认同困境

　　城市化,作为走向现代化的社会转型,是对一种新的文明秩序的追寻,本身就伴随着社会秩序的不断完善和生产方式的不断变化。随着人口向城镇聚集和转移,农村生产力的提高所释放的巨大剩余劳动力向第二、三产业转化,使传统农业社会的生产方式、生活方式和社会结构发生了根本性的变化,牵动着人们的价值观、生活态度和行为模式的历史嬗变与转型。随着城市化进程加快,大批农民离开生息的土地,从传统封闭的乡村融入城市文明的激流之中,在接受城市文明熏陶及剧烈的人格转型之后,一种新的生产方式、生活方式和道德秩序渐趋形成并促使传统文明中的某些惯例迅速瓦解。因而,农村城市化时刻牵动着社会与人的变化,不断冲击着传统的社会秩序,并为新的社会秩序的酝酿和生成创造着有利的条件。

第一节　传统社会及其观念模式

　　如前所述,世界各国的工业化发展过程,是与城市化进程的推进密不可分的。城市化进程的推进,解构着前工业化生产方式及其相关的政治和文化形态。在这一过程中,自然经济生产模式、依附性人际关系、传统的价值秩序不断受到削弱。在此,我们首先对传统社会的生产方式、政治方式以及价值观念进行一个总体的梳理,以便为后面的论述奠定基础。

一、小块土地耕作

长期以来,自给自足的小农经济构成了中国经济的主体。中国小农生产的自然经济在发展过程中形成了一套成功适应当时生产条件的经济行为准则,使中国的传统自然经济在世界历史中创造出辉煌的文明。但是,作为最严整、最完善的以自然经济为基础的传统社会之一,中国传统社会的牢固性对于现代化的抗拒也是非常强的。几千年来,在生产条件恶劣、庞大的人口争夺有限生存资源这种经济环境下,自给自足的农业生产与商品性手工业等副业生产的密切结合是维持中国百姓生计的绝佳方法,其牢固性是资本主义性质的商品经济难以摧毁的。美籍华人学者黄宗智认为,近代中国社会之所以发展迟缓是与中国小农经济采用以过度密集劳动投入来获取生产量增长的生产方式直接相关的,提出了"过密化"生产这一核心概念。他的研究发现,由于大量廉价劳动的存在,经营地主甚至不愿意投入多于满足该地区自然条件最低需要的畜力,更不用说机械化了。因此,其利润只能维持在较低的水平上。[①] 在以小农经济为主的社会结构下,经营地主的出现并不必然导致商品经济社会的产生;相反,20 世纪上半叶,长江三角洲地区的经营地主倒由于商品经济的进一步发展而衰落了。[②] 除了地主经营外,以家庭为单位的个体生产在这种自给自足的小农经济中占有突出地位,个体生产除了购买必需生产原料之外,对家庭成员不必付给工资,即劳动力的边际报酬可等于零,这样可以最大限度地减少成本、增加收益。这在以企业为细胞的资本主义商

---

① 参见黄宗智:《长江三角洲小农家庭与乡村发展》,北京:中华书局 1992 年版,第 71 页。

② 参见黄宗智:《长江三角洲小农家庭与乡村发展》,北京:中华书局 1992 年版,第 58—75 页。

品经济中是不可能的。

　　家庭生产不存在失业、福利及由此引起的一系列社会问题。家庭作为基本经济单位，可以获得整体的利益，也能保障每一个成员的基本利益，家庭利益与个人利益基本一致。资本主义商品经济中，总的原则是以个人为本位的，劳动者要求付给个人劳动必需的报酬，劳动者与资本家存在利益矛盾。在中国，传统农业经济直到近代的农村商品性生产中，生产是以家庭为本位的，家庭利益是最高利益，个人利益包含于家庭利益之中，并不存在劳资纠纷。这些都有利于农民的生存但不利于生产方式向现代方向转变。这种自给自足的小农经济一般只是简单再生产，很难发展成扩大再生产。由于家庭劳动者的文化水平低下，也很难进行技术更新。特别是在这种传统的生产中，资本主义经济学中的工资、雇佣劳动、利润、利息、地租等基本范畴基本上不存在，使得它很难发展成现代的资本主义市场经济。

二、聚族而居与家族观念

　　这种传统的、以家庭为单位的生产方式，使整个社会的生产处于简单的重复之中，大规模的、社会化的大生产始终难以从这种生产模式中产生。同时，由于简单的重复性生产模式所需要的人力、物力和资金条件是有限的，并不需要集中机器大生产所需的大规模的人、财、物，因此，人口的流动是十分缓慢的。这种独特的生产方式和经营模式，形成一种特定的家庭观念。

　　在农业社会，传统家庭是其家庭的主流。传统家庭亦即扩展型家庭，在这样的家庭中几代同堂，家庭结构十分庞大，成员极其复杂，成员包括父母及其子女、祖父甚至叔侄和姑嫂等。这种家庭的基础建立在以土地为纽带的血缘关系上，劳动组织决定了农业社会的家庭结构以扩展型为主。人们以土地为生，在同一块土地上共同劳动，家庭成为了经济活动的基本单位。由于传统农业社会以家庭（扩展了大家）为单位，家庭成员能够满足劳动的需要，因而资本主义大生产所需的雇佣和被雇佣的关系，在传统的农业社会中是不存在的。以家庭为单位的传统经济发展模式,呈现出有别于现代社会的独特运行方式,但由此也导致了诸多显见的弊端。

传统家族伦理关系以小农经济自给自足的生产方式为基础,其存在形式是高度稳态的。小农经济的耕作制度决定了农民的生存方式,他们的生活空间限于家庭、村社,狭小的交往空间导致他们的行为墨守成规。扩展型的家庭以及与之相适应的伦理价值观念限制了人口的流动和迁移。与此相应,传统社会中农民很少有社会流动,浓厚的乡土观念使他们恐惧"背井离乡"而坚持"父母在不远游",乡村生活处于超静止状态。于是,家庭具有多重功能,它为其成员提供感情、利益和庇护,传统农民的全部生活寄托就是家庭的稳定和睦,他们奉行"家和万事兴"的家庭本位观念。

在自然经济为主导形式的身份社会中,依附型的小农生产方式是其社会的主要生产方式,在这种以生产自己的生活资料(使用价值)而非交换价值为目的的经济形式中,人们必须直接依赖他们所属的共同体(家族、村落、国家等)。也就是说,他们只有作为某个共同体的成员,才能占有土地而且从事生产活动。"各个小公社彼此独立地勉强度日,而在公社内部,单个人则同自己的家庭在一起,独立地分配给他的份地上从事劳动。"①正是这种简单的自给自足的生产方式"使人的头脑局限在极小的范围内,成为迷信的驯服工具,成为传统规则的奴隶,表现不出任何伟大的作为和历史首创精神"。② 人们局限于血缘、亲情、宗教、伦理、等级所限定的各种身份之中,并在各自特定身份下循规蹈矩,安于现状。由于小农所依靠的主要经济资源是自己的小块土地,他们的生产方式不是使他们相互交往,而是使他们互相隔离。规模狭小的自然经济决定了人们之间的互相依赖性,对土地的依附,对土地所有者的依附,对保护他们不受其他阶级侵犯的君权的依附,因而小农始终难以成为独立的个人主体。可以这样说,传统的非法制社会里存

---

① 《马克思恩格斯全集》第 30 卷,北京:人民出版社 1995 年版,第 468 页。
② 《马克思恩格斯全集》第 4 卷,北京:人民出版社 1995 年版,第 765 页。

在的是人对血缘群体的依附关系,它强化了由长幼尊卑秩序构成的血缘关系,使人们无法突破由以血缘关系为纽带、以家长权为核心构成的身份网络体系。这样,身份制度就达到了维护自然经济秩序的目的,又强化和巩固了自然经济存在和发展的基础。

三、无变迁的社会与"礼治秩序"

中国长达几千年的封建社会一直保持一种"超稳定的状态",两千年的中国传统社会发展极为缓慢。鸦片战争前,中国社会无论是政治、经济还是文化领域都几乎不存在现代性因素,从而使中国社会一直保持一种无变迁的传统状态。当然,这种无变迁并非指几千年以来社会结构完全不变,恰恰相反,改朝换代导致的周期性的动荡一直存在,然而这并不能掩盖中国社会一直是以一种前现代的传统形式存在这一事实。"城头变换大王旗",然而不变的是依存于宗族与血缘关系下的"礼治社会"。按照费孝通的《乡土中国》中对中国乡土社会的经典分析,中国传统乡土社会秩序是一种"礼治秩序"。礼是社会公认合适的行为规范,是经教化过程而成为主动性的服膺于传统的习惯,它由世代累积性经验所维持。因此,"依礼而治"实即不加推究、习惯性地服膺传统经验自然累积形成的规范。传统乡土社会是农业社会,而以农为生的人,世代定居是常态,人口流动的停滞使社区间的往来疏少,社区间通常是孤立和隔膜的。这种孤立和隔膜促成了乡土社会的地方性,村民们在区域间接触少,生活隔离,各自保持着孤立的社会圈子。社区间的孤立使被土地所囿的乡民生活在一个狭小的圈子里,这个由礼而定的狭小的生活环境也决定了他们熟悉周围的生活环境和秩序,只要服膺于传统而定的秩序。这种服膺在长期而封闭的环境中也逐渐成为一种习惯,从而达到孔子所说的从心所欲而不逾矩,生活就能一如既往地延续。代代相传的习俗也就造就了代代如一的社会——无变迁的传统乡土社会。

正如费孝通所言,无变迁的社会状态成全了礼治社会的可能。在一个生于斯、长于斯、死于斯的社会里,"个人不但可以信任自己的经验,而且同样可以信任若祖若父的经验"。① 在传统的中国乡土社会里,礼治秩序、宗族关系之所以有效力,在于乡土社会变迁的缓慢,传统经验和关系足以应付乡村日复一日极少变化的生活。在时间的长河中累积的应对乡土生活的经验,对代代如是的乡土社会总是有着预期的效果,因为前代生活已经证明这些经验的有效,因而对经验只需服膺而无须置疑。经验的积累在乡土的历史中沉淀成传统,这种传统也就成了人人要服从的"礼",乡土社会也就演化为礼治社会。虽然这种"礼"以现代的视角而言未必人道、自由,但它却总能保持着社会的秩序与稳定,因而礼就被固定为社会规范,而维持礼这种规范的是传统。传统是社会累积的经验,是一代代人累积出来的一套帮助人们生活的行之有效的方法,这套方法使得每个人足以用它来应对自己人生路上所可能遇到的问题。社会的无变迁促成了传统经验的有效,传统经验的有效成就了"礼"社会公认的行为规范的地位。正是在这种"礼治秩序"下,乡土中国安逸于自身的传统模式。

四、"长老统治"与"差序格局"

在封闭而少有变迁的乡土社会中,传统经验的累积和熏习依赖于世代的自然继替和年龄的自然增长,于是长幼的自然差别就演为社会关系的等差序列——"长幼有序"。以此推广,父子、夫妇、兄弟、长幼这些自然血缘亲族关系,就有了上下尊卑、亲疏贵贱的身份等级秩序,即费孝通所说的"差序格局"。对传统的服膺同时也是对这种血缘身份等级的遵从,人的权利和义务依人们在此格局中的地位身份而定。乡土礼治社会即是典型的身份社会,控制着这个社会的,是血缘身份差序自然强制的教化性"长老统治"。

费孝通把中国传统社会的人际关系形容为"差序格局","社会关系是逐渐从一个一个人推出去的,是私人联系的增加,社会范围是一根根私人联系所构成的网络","好像把一块石头丢在水面上所发生的一

---

① 费孝通:《乡土中国 生育制度》,北京:北京大学出版社 1998 年版,第51页。

圈圈推出去的波纹"。① 在"差序格局"的网络中,"家庭"的边界是不清晰的,具有"伸缩能力",甚至可以"伸缩自如","'自家人'可以包罗任何要拉入自己的圈子,表示亲热的人物。自家人的范围是因时因地可伸缩的,大到数不清,真是天下可成一家"。② "在乡下,家庭可以很小,而一到有钱的地主和官僚阶层,可以大到像一个小国。"③掌握各类社会经济资源的能力,决定了作为私人网络中心的这个人与其他人之间私人关系的紧密程度,甚至决定了"家"的边界。穷人往往"缺亲少故",富贵人家则"亲友如云、高朋满座"。一个人如果发迹,不但他的亲友必然受惠,甚至会惠及这个家的其他所属生物,正所谓"一人得道,鸡犬升天"。所以,传统中国社会的人际关系体系是"由己到家,由家到国,由国到天下,是一条通路。在这种社会结构中,从己到天下是一圈一圈推出去的"。④ 在这个次序中,波纹最深、与每个人最切身而且最被看重的是每个人"己"的利益,其次是他的"家",然后是他所在的更大一个范围的团体,这样一层一层推出去,最后到"国"和"天下"。在中国传统社会中,"己"是一种关系体,"己"的成长过程也是人伦教化的过程。"己"是从属于家庭的,"己"不仅包括自己,还包括家中某些人。以"己"为中心实际上是以家庭或家族为中心。所以说,"差序格局"的逻辑起点,与其说是"己",不如说是家庭。形式上是以"己"为中心,实质上是无"己",是以家庭为中心的家庭本位主义。

　　传统中国是以家庭为本位的宗族社会,因此家族中的长幼之序就决定了这个宗族社会的伦理原则。社会的无变迁决定了传统的至高无上,而富有生活经验的长者对于传统的理解和掌握使得他们对于年少者有着卓有成效的指导作用,这也就决定了长者自然而然地对社会事务具有了理所当然的发言权。在"无变迁"的中国乡土社会中,"这社

---

① 费孝通:《乡土中国　生育制度》,北京:北京大学出版社 1998 年版,第 26 页。
② 费孝通:《乡土中国　生育制度》,北京:北京大学出版社 1998 年版,第 26 页。
③ 费孝通:《乡土中国　生育制度》,北京:北京大学出版社 1998 年版,第 27 页。
④ 费孝通:《乡土中国　生育制度》,北京:北京大学出版社 1998 年版,第 28 页。

会可以说是没有政治的,有的只是教化"①,"为政以德"的"政"并非现代意义上的政,而是教化性的道德教育。掌握教化权力的正是那些由岁月累积出生活经验的长者。因此,费孝通把乡土中国的权力结构归之为教化权力,称为"长老统治"。

第二节　城市化震荡

一、冲击城乡二元格局

正如本书第二章中指出的,新中国在推进现代化建设的过程中,由于特定的历史环境和现实考虑,在城市和农村之间人为地设置了二元对立的结构。城乡对立的二元社会结构,在特定的时期,对于推进中国的现代化建设有着不容忽视的重要意义。但是,随着社会的进一步发展,其中的弊端逐步开始暴露,甚至构成了社会进一步发展、进一步加快的重要限定条件。城市化的加速发展,最明显的社会特征就是社会流动的加快,社会流动的加速促进了社会结构的演变。改革开放以来,中国的城市化进程,冲击着原有的城乡二元对立格局,使城乡关系出现松动,甚至在某些个别地区出现城乡的一体化。

(一)人口流动的动力机制

人口流动,是城市化进程中一个最为突出的现象。从一定意义上说,城市化进程就表现为农村人口向城市聚集的一个过程。美国经济学家、诺贝尔经济学奖获得者刘易斯第一个提出人口流动和聚集模型。他认为,广大的发展中国家存在二元的经济结构,即传统的农业部门和现代工业部门并存。农业中存在大量的隐性失业劳动力,这些劳动的边际生产率非常低,并且工资较低,而城市的现代工业部门生产率大大高于农村,不存在过剩的劳动力。城市居民收入高于农村,导致农村劳

①　费孝通:《乡土中国　生育制度》,北京:北京大学出版社 1998 年版,第 67 页。

动力不断流入城市,劳动力供给几乎是无限的。随着城市现代化工业部门投资的不断增加,现代工业不断增长,农村劳动力不断进入城市,使农业的劳动生产率和边际劳动生产率提高,农村的收入提高,劳动力实现了充分就业,这时经济就由二元经济转变为一元经济。美国经济学家托达罗认为,促使劳动力流动的基本力量是比较利益与成本的理性经济考虑和心理因素。而人们作出流入城市的决策,是预期的而不是现实的城乡收入差异。只要预期的城市收入的现值看起来要大于预期的农村收入的现值,人们就会从农村流向城市。

　　无论是刘易斯所说的一元经济结构取代二元经济结构,还是托达罗对城乡人口流动所作的心理学分析,都表明了城市对农村有着巨大的吸引力。城市化不仅能促进城镇及基础设施的建设,还能带动相关产业的发展。工业化的发展推动了就业流动,就业流动又必然导致人口迁移,工业化与城市化具有因果联系,这在发达国家的发展历程中早已被证实。也正因如此,城市化是解决城乡二元经济结构矛盾、解决城乡二元劳动力市场不公平竞争所带来隐患的有效途径,尤其在解决传统农业与现代工业、城市与农村分割的矛盾方面,城市化能够从根本上打破原来较为固化、封闭的社会经济结构,"松动"原来城乡二元社会结构格局,激发农民职业流动的意识,改变他们以往的从业观念,通过竞争进行重新选择、重新定位,让农民有机会到城镇中去寻找更适合自己的工作。

　　(二)城乡二元结构的松动

　　改革开放以来,我国城市规模不断扩大,小城镇建设不断加快,使我们多年遗留下来的农业人口问题的解决出现了转机。农业剩余劳动力大规模地向第二、三产业流动,人口也从农村涌入城镇地区,这预示着过去封闭的城乡关系格局已经开始动摇,"农民工"成为中国社会结构分化所产生的一个新的要素,进一步引起社会结构的分化。这就在城市和农村、工人和农民这两大块中产生出一个越来越大的中间层,使城乡之间、工农之间的分离状态开始不断地接近和交融。农民工人在城乡之间的社会结构性大流动,成为一种重要的社会矢量,成为一种推动中国社会结构转型和现代化发展的巨大动力。城市化进程对二元经济结构的冲击主要体现在以下几个方面：

首先，农民的社会流动和分化开始出现，并分离出了一个规模越来越大的"农民工"阶层，或者说是分离出了多种新的职业群体——像农民企业家、建筑承包商、乡镇企业工人、服务工、商贩、营销员等，使人力资源实现有效的配置成为可能，并带动了其他社会资源的流动和有效配置。随着大量农村劳动力人口进入第二、三产业，农民的队伍在缩小，产业工人队伍，包括社会各行各业工作人员出现稳步增长的态势，为实现农业产业化、农村城镇化和工业现代化打下了坚实的基础。

其次，农村乡镇企业与小城镇的迅速发展，工业化与城市化的到来，以及农业人口从不发达地区向经济发达地区流动，打破了城乡之间的壁垒，校正了原本不公平的体制划分，形成了新体制雏形，推出了一个较为温和的人口疏导的新模式。流动冲破了地域、城乡的限制，拓宽了农村的就业空间，增加了农民的家庭收入，促进了地方经济的发展。流动也使农民们拓展了眼界，增长了见识，学到了技能，发展了社会关系，更新了观念，获得了大量的信息，并为他们今后在城镇或回乡村发展打下了良好的基础。尤其是在现代文明、城市文明的熏陶下年轻人的文化素养的提高，这本身也是一种价值观念的改变和文化的交流。

再次，城市化进程中的人口流动有助于实现人力、人才资源等社会资源的有效配置。在市场经济条件下，资源配置观念是一个十分重要的价值理念，它会逐步得到强化。而资源流动是资源有效配置的必要条件。社会成员的社会流动，首先意味着人力和人才资源在社会不同领域的重新配置，同时它也会带动资本、技术等其他社会资源的流动和有效配置。这种有效配置的结果，是获取较高的社会整体的发展质量。改革开放政策的实行，对于我国城乡发展的巨大推动作用，极为重要的表现就在于新的路线、方针和政策的推行，在很大程度上松动了原有的制度安排，打破了一些限制，激活了人力、人才等社会资源的自由流动和优化配置，从而大大改变了城乡社会的面貌，推进了城乡发展的进程。而在此前的城乡二元经济社会结构下，由于固化的、限制流动的制度安排的影响,使得各种社会资源无法"盘活",出现大量的闲置和浪费。

　　从全国来看,农民工流动创造了一个最活跃的劳动力资源配置市场,流动促进了城乡关系改善,也有利于劳动者自身社会价值的实现、提高劳动者生存能力的发展、劳动力资源的合理配置。可以说,改革开放以来中国最大的社会分化就是中国农民的分化,而农民的最大分化就是分化出了一个独特的人数越来越多的农民工阶层。应该说农民工在一定程度上体现了中国社会现代化过程的一个显著特色,农民工的存在和发展,他们的前途和命运,关系到中国社会现代化的未来。不论身份高低,只要有能力,就能找到适合的工作,市场机会与就业能力实现了一种直接的结合。如此一来,一个国家垄断就业市场和经济活动空间的时代已经结束,中国城市化进程下的今天,是一个每个人都能充分发挥自己的能力,进行多样化的经济活动和就业的新时代。

　　最后,城市化过程中的人口流动伴生也催生了社会分化,并对相对不公正的体制安排给予校正。从动态上看,社会流动过程也就是社会成员的分化过程,这两者相伴而生。社会流动的过程以及由流动所引发的结果,构成并实现着社会的分化。社会流动蚕食并化解旧的体制安排,在解构旧有体制的同时,又呼唤和勾画着新体制的雏形。现实社会生活中,在既有的体制和相应的制度安排下,各种各样的社会资源在不同利益群体和个人之间的分配,未必能做到彻底的公平合理。城市化过程中的社会流动,为社会的健康发展提供了一种具有社会稳定意义的疏导机制。只要社会能够允许存在一定的社会流动空间,那么,社会成员个人或群体就可以发挥自身潜力,凭借自身的努力,来改变自己的社会位置,从而进一步改变资本、技术和声望等社会资源的占有和分配格局。这对社会的公平和公正是一种比较有效的促进,对于社会活力的保持也同样具有积极的意义。现代社会倡导的是能力本位的价值观念,个人对自身能力的发挥将获得越来越大的自主性。一个人的进取、努力和才能施展,将成为他在社会上立足和发展的基本依据。随着现代社会的文明进步,我们将会一步步地趋近自由、公正和平等。

二、"从身份社会向契约社会的变革"

城市化的发展使个体在很大程度上消除了对原村落的依附,解构了传统的身份社会及其观念模式,而进入到一个更为广阔的交往体系当中。人们之间的交往摈弃了传统的家族观念与礼治程序的约束,更多依靠独立的法律关系,而非行政的、道德的强制性来进行。中国的城市化进程,在很大程度上瓦解了原有的身份社会,促进了身份社会向契约社会的变革。

(一)传统身份社会的形成与变迁

1. 自然经济条件下的身份制度

在古代,所谓"身份"是指一种个人对父权制家族的先赋的、固定不变的隶属关系。任何人都不能凭自己的意志和努力摆脱这种来自家庭和群体的束缚,而为自己创设权利和义务。在传统社会当中,人们依附性的身份地位是由封闭落后的自然经济基础造成的。英国历史法学的集大成者梅因在《古代法》中描述道,"一切形式的身份都起源于古代属于'家族'所有的权力和特权"。① 梅因在考察了雅利安民族历史的基础上,发现父权或族权是国家与社会秩序的起源。他提出在人类社会的幼年时期,作为社会单位的不是个人,而是由真实的血缘关系结合起来的许多团体的成员。个人并不为自己设定任何权利,也不为自己设定任何义务,他所应遵守的规则首先来自他所出生的场所,其次来自他作为其中成员的户主所给他的强行命令。在这种以身份地位为基础的社会里,人们很少有契约活动的余地,往往不是作为一个个独立的个体而存在,而是被看做一个特定团体(家族、村落、国家等)的成员,这样就决定了个人同团体的不可分离性。因此在这种身份社会中,身份是一种"人格状态",是人们赖以确定其权利能力和行为能力的基准。人们一旦从社会获得了某种身份,也就意味着他获得了与此身份相适应的种种权力。所以,一个人的权利和义务的分配主要依靠身份

---

① 梅因:《古代法》,北京:商务印书馆 1996 年版,第 97 页。

关系而不是法律契约关系来调节,而身份关系的取得、变更和消灭又带有先赋性、人伦性和随意性的特点。因此,这样的等级观念和身份制度就严格限制了每一个人的身份地位和行为自由,时刻要求人们的一切行为必须与自己的社会地位相称,这就有力地保障了非法制社会的专制统治秩序。中国古代就有"天有十日,人有九等"的说法,孔子提出"名不正则言不顺",汉代董仲舒也强调"治国之端在正名",之后历代的专制统治者都不断巩固和完善以"名分"为基础的等级制度与身份观念,进而形成了中国传统社会以家族为本位,家国相通、亲贵合一、长老统治森严的礼治身份社会。而在西方中世纪社会,这种以身份为基础的等级制度与宗教神权相结合,形成了严格的僧侣等级制度和行会制度。

由于传统伦理结构是建立在家庭本位基础之上的,在这种上下有序的差序等级结构中,每一个人都处于一种依附性的社会体系之中,在这种血缘关系的严格界定中,生发出了以"家长、长老"为中心的权力结构和利益分配模式。在家族资源的分配上,所依据的往往是严格的礼治伦理等级,它以约定俗成的制度形式框定了个人的道德地位,个人在这种背景中很难凭自己的才能或贡献改变自己的伦理价值定位。由于"长幼有序"的代际人伦准则主导着家族利益的分配,个人的努力很难突破传统固有伦理关系的束缚,伦理关系的静态和动态形式显得十分稳定。出于对家族的绝对服从的价值取向内化在身份社会里。"身份"是一种常驻不变的"人格状态",是赖以确定人们权利能力和行为能力的基准。凭自己的意志和努力,任何人都不能摆脱这种来自家庭和群体为自己创设的权利和义务。这种伦理精神模塑出以不平等为基础的依附性个体道德人格,"因而也就没有任何多种多样的发展,没有任何不同的才能,没有任何丰富的社会关系"。①

2. 计划经济条件下的单位制

自鸦片战争以来,中国逐步引进西方的先进科学技术,西方资本主

---

① 《马克思恩格斯选集》第 1 卷,北京:人民出版社 1995 年版,第 677 页。

义的生产方式在中国经济领域当中已经有所显现,西方民主政治和思想文化观念也在一定程度上传播开来。但是,从总体来讲,解放前的中国,仍然是一个以自给自足的自然经济为主体的传统农业社会。封建社会的漫长周期为近代中国实现从身份到契约转变戴上了沉重的枷锁,自然经济的超强发达使中国社会出现了高度发达的身份制度。解放前,封建地主的领地构成了一个封闭和落后的保守系统,人们被束缚在各自的土地上,与外界很少联系,人们的活动层层束缚在狭小的权利范围,而无尽的义务却渗透到社会生活的各个领域,人们独立、开放的生活方式和民主观念极为缺乏。这一点与梅因所论述的西方身份社会的基本特征是相一致的。

新中国成立以后,随着社会主义改造的进行,束缚人的生存和发展的旧的生产关系被打破,建立了新的社会主义生产关系,封建主义生产关系下的人身依附关系被彻底打破。但是,在打破这一旧的身份社会的同时,我们又以一种新的社会关系将人们重新"缠绕"起来。

计划经济时代,个人不再依附于家族,而是依附于整个国家。以生产资料国家所有制为基础,国家机构几乎垄断了全部社会资源及其配置权,生产者唯有通过国家机构的中介才能与生产资料相结合。与计划经济相配套的户籍制度、单位制度使这一时期呈现准身份特性。

(1)城乡户籍制度

中国于1958年开始实行的户籍制度将农村人口与城镇人口严格区分开来。在全国普遍实行与之相配套的生活资源按户籍定量、用票证供应制度,计划性极强的人事管理制度和劳动用工制度。它们在城市与单位制紧密结合,在农村与公社制紧密结合,国家把所有的社会成员和生产生活资源置于强有力的行政控制之下。城乡户籍身份制度带有很强的先赋性、稳定性和职业范围的有限性。它造成了我国城市和农村相互分割的二元社会结构,控制了农村人口向城市流动,将农民牢牢地束缚在土地上,失去流动的自由。在城市,人事管理制度和劳动用工制度把招工与招干,把工人与干部的调动和管理严格区分开来。由此形成两种社会身份群体:干部与工人。通常干部编制的待遇要远远高于工人。干部与工人两种身份虽不具先赋性,但同样极难改变。干部与工人的划分及与其密切相关的等级工资制形成了城市中的社会等级,并建构了按等级分配资源的制度。

　　(2)单位制

　　单位制度是中国计划经济条件下的一种特有社会现象,指(城市)大多数社会成员都被安排在一个个具体的单位中,由这种单位给予他们社会行为的权利、身份和合法性,满足他们的各种需求,代表他们的利益,控制他们的行为。在城市社会中,绝大部分社会成员都是单位人,社会资源也被国家根据一定的目标配置在一个个具体的单位中,社会个体必须通过单位来获取自己必要的各种资源,这样,单位就依赖于国家(获取单位存在所需的各种资源),个人依赖于单位(从单位获取个人生存与发展所需的各种资源),但同时国家也依赖于单位(通过单位实现对社会成员的控制及社会整合的目标),单位也要依赖于个人(消费国家配置的各种资源并通过资源的转移与再生来实现国家的既定目标)。

　　在农村,人民公社虽不是严格意义上的单位组织,但是在公社机关却保留了单位的全部特征,因此,人民公社也是一种准单位化的组织。国家、单位与个人之间的相互依赖关系并不是一种平等的契约关系。在改革以前,国家几乎垄断了全部的社会资源,不仅包括物质财富,而且包括社会个体生存与发展的所需各种机会与信息。依靠这种垄断,国家实现了社会整合与控制的目标,对社会成员的行为、思想和社会生活的各个方面进行全方位的控制,极大地压缩了社会成员自我生存与发展的可能空间,这实际上就是一种典型的强国家—弱社会的模式。国家因为垄断资源,就能控制单位,进而通过单位来控制个人,在动员与再分配资源的同时完成社会整合和社会结构的重组。

　　城乡户籍身份制度严格限制了两大阶层的自由流动,通过单位身份制度实现了对社会和个人的全面管理与控制,通过泛行政等级制度和各种政治运动使社会生活高度政治化。它们极大地增强了政府的社会整合和政治动员能力。但是,随着现代化历史进程的不断推进,这种政府全面干预社会和个人事务,国家与社会高度一体化的计划体制模式,日益凸显其无法同时兼顾社会秩序和社会动力、无法平衡秩序与自由的弊端,并开始严重阻碍经济的持续、健康发展。计划体制下的身份社会将整个社会构造成一个超大型的科层制结构,在其顶端是权力中心,它通过自上而下的权力分布网,逐级控制数量递增的下属层次。于是,政府将所有的人编入一个庞大的科层体系,并固定他们各自的位置和角色。改革开放之前,中国由单位制所形成的特有身份社会构成了多重的二元社会体制:城里人与乡下人、干部与群众、国营与私营、单位与个人。不同的身份有不同的权利和义务,"公有"身份享有特权,"私有"身份却不被承认或受到歧视。各种身份所享有的差别性的权利和义务都是预先给定的,个人没有选择的权利。

(二)向契约社会蜕变

1. 契约社会及其基本特征

契约是指个人可以通过自由订立协定而为自己创设权利、义务和社会地位的一种社会协议形式。契约社会的经济基础是市场经济。主体的自由和平等是市场经济存在和有效运行的前提。早在古罗马时期,契约的观念就已经产生,罗马法最早概括和全面反映了契约自由的原则。尽管如此,完整意义上的契约关系的产生则是人类社会发展到商品经济这一阶段的产物。只有在十七八世纪以后的西方社会里,商品经济才成为社会经济的主导形式,契约思想才真正成为社会的主要观念,进而产生出契约关系中的自由、平等、功利和理性的原则。文艺复兴和宗教改革以后,大量的世俗化的契约交易活动已经成为普遍的社会现象,这使得契约的原则首先成为社会经济生活、民商事活动中的核心原则。可以这样说,契约关系是市场经济自由、平等原则的派生物。市场经济是倡导自由竞争、优胜劣汰的开放型经济,商品交换打破了狭隘的时空限制,斩断了传统的宗法血缘纽带,人们从"熟人社会"进入"陌生人世界"。市场竞争使社会从按权力分配财富的零和博弈或负和博弈(权力是排他性的),走向按市场配置资源的正和博弈(市场是可以共享的)。发达的商品经济催生了一种迥然有别于身份社会

的新形态。与身份社会相比,契约社会呈现出以下明显的特征:

首先,契约社会是每个人在法律形式上自主的社会。契约的核心价值是自由。由于任何契约的签订都是自由意志的产物,至少在订立协定的形式上是自由和平等的,即个人作为社会的一个基本单位,而不存在对他人的依附关系。在契约社会里,契约取代身份成为设定权利义务关系的常规手段。当事人通过自由竞争,自己设定权利、履行义务和承担责任。社会关系契约化,从法律上解除了对人的依附,造就了独立自主的个人。

其次,契约社会也是在法律形式上人人平等的社会。缔结契约是以主体地位平等为前提的,缔约双方地位平等,既不允许当事人把自己提升为他人的主人,也反对把自己贬低为他人的奴仆。契约社会反对专制、拒斥特权,把人们的平等要求普遍化。它既包含主体地位的平等、机会的平等、权益的平等,也包含主体及其权利受法律保护的平等。社会关系契约化必然要求根除身份社会里形成的主人与奴隶、等级与特权、权威与依附等不平等的社会格局。契约是人们在社会分工基础上的基本交往方式,因而在理论上契约社会是互相协作的社会。但是,在资本主义经济所有制形式下,契约社会仍然有阶级对立的性质。在社会主义市场经济条件下,契约成为联结个人与个人及个人与社会的纽带,因而契约社会是有机团结的社会;契约使社会交往、变迁和整合机制理性化、制度化、规范化,因而契约社会也是有序和谐的社会。

最后,契约社会是法制社会。契约精神与法治思想密切相关,现代法治所内含的人们对正义之法的渴望、对至理之法的认同、对至威之法的服从、对至信之法的信赖,正是源于契约当事人对公平利益的期待、对合理条款的认可、对合同义务的履行、对有效合同的信守的契约精神。社会关系契约化是步入法制社会的必由之路。法律源于契约自由度的规定,且旨在实现契约自由。法律的制定和实施必须以契约过程为中介,契约过程是人们表达自由意志的过程,是把自由意志注入并提升为法律的过程,也是国家意志与个体意志相结合的过程。

2. 城市化与契约社会的生长

自改革开放以来,特别是市场经济开始以来的中国城市化进程不仅对农村,而且对城市都进行着巨大的革新性的改造。农村城市化是农村人口向城市人口的地域转移,以实现农村大量的剩余劳动力向第二、三产业转化为根本内容的。城市化中大量的被"消解"掉的剩余劳动力带动产业升级、促进城市文明形成的过程,也意味着社会的巨大流动和多元化分化。卷入城市化进程中的广大农民又被历史地抛进了一个新的、陌生的社会环境和生活世界,从而自觉、不自觉地改变着自己的生活方式和价值观念。对于城市"单位人"而言,这种变革的力度也是前所未有的。当中国的城市化进程按照市场经济的基本要求进行开来的时候,城市当中的"单位人"在经济、政治和文化认同等方面也面临着前所未有的挑战。在一个新的、自由的空间当中,无论是外来农民,还是城市居民,都需通过自己的奋斗立脚,进而通过自己个性的充分张扬去实现自身的价值。市场经济推动下的中国城市化,在激烈地变革着自然经济和计划经济所造就的身份社会。

3. 新型交往方式

随着城市化进程加快,人口流动频繁,同时由于聚居方式的变化和产业结构的升级,一方面使人们的土地依附性减弱,传统家族血缘关系弱化;另一方面与传统的建立在封闭的自然经济条件下狭窄的活动范围相比,极大地扩大了人们的交往范围,改变了人们传统的以情感和地域为联络纽带的社会交往方式,从以土地和人情维系的交往转向以经济活动维系为主的交往。在此基础上,人们之间形成日益丰富多样的、建立在次属关系基础上的新型人际关系和社会关系。在城市这种多元异质的复杂共同体中,更多的是间接形成的次属关系,而非传统的直接的亲属关系的交往类型。在这种新型的人际关系中,传统的人情伦理原则日见其弊。人们不再局限于传统的人际关系交往范围,体现普遍主义特征的广泛的"物的联系"代替了"人的依赖关系"并渗透到社会生活的一切领域。因此,利益在很大程度上取代了情感,而成为人际关系的桥梁和纽带。这样随着"社会生活愈发达,人和人之间的往来也愈繁重,单靠人情不易维持相互间权利和义务的平衡。于是'当场算清'的需要也增加了"。① 因此,随着人们行为选择的转变和利益取向的加强,在城市繁华生活中的范示和启发下,消弭了对人们求利行为的贬抑与道德谴责,同时激活了人们世俗主义的成就动机,这一切都使传统人情和礼俗受到挑战,从而必然要求人们以具有普适性的契约理性来面对现实复杂的人际关系,以此来增强处于陌生人社会中人们的信任和交往的确定性。也正是在这种新型复杂人际关系中,意味着新的伦理秩序的孕育与长成。

4. 个体独立与自主的可能

处于城市化进程中的农民,开始向可能使他们致富的一切领域进军,从而促使农村劳动力等生产要素自由流动,动摇了传统家族聚集方式,使家庭传统的农业生产功能弱化,从而削弱了家长在生产生活中的权威。同时,也使个体摆脱了对血缘家族依附而在流动中获得了独立自由的人格。正如列宁所言:"外出到城市去,可以提高农民的公民身份,使他们跳出乡村根深蒂固的、宗法式的与人身依附关系及等级关系的深渊。"②通过自己的奋斗,在感触到现代城市文明的同时,能创造条件和机会而获得经济收入,从而促使人们改变了依附亲族关系来获得安全与利益的想法,认识到个人的能力和贡献在决定一个人的地位和价值上的分量,个人不仅可以决定自身的利益得失,而且可以切实改变自己的伦理价值定位。正是由于个人独立获得经济收入机会的增加,在进一步削弱家长控制力的同时,强化了人们对自身利益与权利的觉醒,使传统血缘家族伦理秩序所蕴涵的人际道德地位发生了实质性的变化。家长权威和经验地位退化,为伦理运行机制增添了平等与民主的价值内涵,这样传统的大家庭就不复存在了,家庭的利益分配功能逐渐退化,传统家族伦理关系运作的核心内涵还原为天然的人伦关系和

---

① 费孝通:《乡土中国　生育制度》,北京:北京大学出版社 1998 年版,第 73—74 页。

② 《列宁全集》第 3 卷,北京:人民出版社 1984 年版,第 531 页。

家人的亲情,家长从原先统治者的地位还原为平常的人伦道德角色。

三、价值观念的嬗变

城市化以其特有的流动性、社会分工以及契约性法理型关系模式,改变着人们的价值观念体系,同时也铸造出城市生活特有的现代性素质。

传统农业社会由于高度同质化的、僵硬的身份壁垒和极低的社会流动率把农民束缚于土地之上,形成了"以农为本"的职业心理;同时单一的社会身份角色体系也使人与人之间的家族伦理生活占据人们伦理生活的全部内容,"五伦"便囊括了人们的一切伦理关系。然而,城市化在使农民走出土地,向第二、三产业的地域转移中,不但实现了角色的"解冻"与转化,拓展了他们的视野,开辟了较为广阔的社会活动空间,而且新的城市生活方式也使他们以自己现实的多元化选择,冲破了传统农本社会单一狭窄的职业结构,从而使血缘关系的"脐带"被产业升级与发展所带来的业缘关系剪断,职业成为人们社会地位的主要标志。正是处于分化与流动中的人们,在他们改变了自身职业观念而实现职业选择多样化的同时,丰富了人与人之间的关系。人们必须以新的目光去审视面对新的环境下人与其工作职业的关系,厘清在职业活动中的义务与职责。与传统农业社会单一化的职业活动相比较,这必然要求人们确立对职业本身新的伦理判断,认知、处理人们在职业活动中的伦理关系和人与职业的伦理关系问题。融入城市生活中的农民,在扬弃旧的生活与行为方式,实现职业和身份的转换,接受现代工业和城市文明的熏陶与训练的同时,又必然要求合乎理性地组织劳动,以现代城市文明的理性来组织自己的生活。随着农村人口转化为职业群体,必然要求确立起提高现代劳动技能、生存能力和竞争意识等现代人的素养。"城镇本身就是'现代性的一个学校'。"实际上,处于城市化进程中的农民也越来越认识到这些基本素质的重要性,并产生设法拥有这些素质的渴望。"时间就是金钱"这种现代性的"新教伦理",也开始内化与生成。新的知识和观念,新的技术资源系统也开始使人们体验到个人的效能感、责任感和成就感。城市以其庞大的科层组织、工作机构、社会位置、制度规范和各类角色等特征,展示出一种不同于乡村的精神,对在其中工作和生活的人提出了严格的要求,因而处在现代化进程中的社会成员,必须成为有良好教育的、积极的、灵活的人,从传统的人过渡到现代的人。正是在这个意义上,如沃思所说:城市改造着人性,……城市生活所特有的劳动分工和细密的职业划分,同时带来了全新的思想方法和全新的习俗姿态,这些新变化在不多几代人的时间内就使人们产生巨大改变。因此,城市化进程是现代性渗入与生长的过程,也是心灵秩序的重整与社会规范整合的过程。

第三节 城市化与城市认同困境

当前中国城市化进程所引发的人口流动,可以说是有史以来最大的人口流动之一。数以千万计的农民离开农村,进入城市开始其新的生活追求。当数以千万计的农民满怀对城市文明和生活的向往与追求来到城市,却因各种社会原因无法融入城市的制度和生活体系,而他们中相当一部分人又不愿或无法回归农村社会,于是在两难和困惑中形成了"双重边缘人"的自我认同。在中国城市化进程中,他者的话语,外在的制度限制,恶劣的生活条件,价值观念现代性转换的困难构成了中国城市化进程中农民工的认同困境,并且从这个侧面展现出了中国现代化过程中的内在矛盾。

一、"他者话语"的形塑

(一)认同和他者

认同(identity),是一个重要的哲学术语和政治学术语。在不同的思想家那里有着不同的理解。从逻辑意义上讲,认同指的是同一性,即一个事物在经过了时间和空间的转化以后仍然保持着自身的同一性。在认识论意义上,认同是一种辨识的过程,即认同的主体要对自身和外在的环境予以观察和了解，以便对自身的处境作出判断。简单地说，认同也就是对"我是谁"这一最简单的问题的理解和把握。这一把握的结果就是确定自己的身份。

辨别自身身份的过程，既是一个同一性确立的过程，也是一个设定差异的过程。同一性的设定就是确立自己的归属，而差异性的设定也就是将他者与自身区分开来。"我们"具有相同的特征、相同的文化、相同的历史和相同的遭遇，并且这些相同的特征或属性将我们与"他们"区分开来。也正是在这意义上，我们认为，认同不仅仅是认同主体内在生活经历的产物，同时也依据他者的话语来加以确立。美国社会学家库利的"镜中我"概念认为，一个人的自我观念是在与其他人的交往中产生的，一个人对自我的认识是关于其他人对自己看法的反映，在想象别人对自己的评价之中形成自我的观念。因此自我人格的出现与发展经历有三阶段：首先，我们觉察自己在他人面前的行为方式；其次，我们领悟别人对我们行为的判断；最后，基于对他人反应的理解，我们评价自我。①

因此，认同的确立就是自我与他者之间相互博弈的过程。外在的评价影响着其内在的感受，构成了城市外来者的认同焦虑。

（二）"他者话语"的形塑

按语言学家索绪尔的理论，在语言的"所指"外，还有丰富的"能指"。哪怕是一种被给定的、其目的仅仅是为了交流和界定用的语言，也总会在他人的解读中生出丰富的含义。在这一过程当中，每个人都参与了对某种语言的"创造"。而在运用某种语言时，人们往往掺进了心理、社会价值观念的因素，因此总会有某种"价值判断"，即好恶贬褒。一些原本不具有特定价值倾向的词语，如"小姐"、"同志"这样的词，在人们的特定的运用过程中，偏离了词语本来的意义，而具有和某种价值关联的意义。如果某些词原初的运用背景一开始就与一种在社

---

①　参见戴维·波普诺：《社会学》，北京：中国人民大学出版社 1999 年版，第 148 页。

会价值排序上很低的身份、生存方式、生活状况联系起来,那么此后对它的"价值否定"将更为强烈。

　　1."盲流"与"民工"

　　"民工"这一词语,它的完整意思虽是"进城务工就业的农民",属于"农民＋工人",但仍然是"农民"。但是,"民工"这一词语一出现,就具有了不同寻常的意义,它现如今已经演变成了一个社会学的标签,成为了人们对进城务工者的一种身份认同。社会标签是一种标识对象特征的符号定义。对于被标识者而言,标签是由外界所给定的,有时是基于某种偏见或制度控制、秩序的需要而外在约定的。

　　对于入城的农民工而言,"他者的话语"加诸他们的标签,在这些不同的标签当中,既有歧视性的称呼,如"盲流"、"乡巴佬",也有带有某种同情意味的称呼,如"打工仔/妹"、"农民工"等。这些不同的话语标签作为外在的评判形式,对城市外来者的身份认同产生着深刻的影响。

　　"盲流"是指农村人口自发地流入城市的现象。在中国现行户籍制度中,长期居民可分为城市户口与农村户口,盲流一般为农村户口持有者。在传统体制下,农村人口转入城市是在统一计划条件下进行的,盲流在进入城市后一般无长期正式工作,亦非城市企事业单位雇用之合同工,其生活无可靠来源。20 世纪 50 年代初期,每年都有大量农村人口因贫困流入城市,1953 年 4 月,国务院发出了《劝止农民盲目流入城市的指示》,首次提出了"盲流"的概念。1956 年秋后,农村人口外流到大城市和工业建设重点区域的现象发展到十分严重的程度,国务院于年底再次发出《防止人口盲目外流的指示》,并于 1957 年初对该指示作了补充再次下发。改革开放以后,由于户口限制相对削弱,人口流动性增强,农村人口流入城市成为普遍的现象。在这一过程中,"盲流"一词被频繁运用,并日益带有鄙视性的色彩,甚至在某种意义上与"流氓"等同起来。

　　无疑,在最初政府所颁布的有关文件当中,"盲流"只是对农民盲目流动的现象的一个简称,没有什么贬义包含其中。但是,在随后的运用过程中,这一词语被人为地加入了许多鄙视的成分。这样的做法无疑是对农村进城务工者的严重侮辱。城市外来务工者不但没有触犯国家的法律,而且还为城市的发展作出了巨大的贡献。在不违反国家法律的前提下,却被归入了合法者与非法者之间的法律范畴;生活在城市,却被冠之以"盲流"的称呼。这种来自权威部门并被社会所广泛运用的话语,势必会对农民工的身份认同产生重要的影响。对于他们而言,自己是一个靠合法劳动生存的遵纪守法的公民,但是却被社会看做具有不光彩的身份的持有者。

为改变这一状况,政府在后来的文件当中,有关"盲目流动"简称的话语被"农民工"所取代。用"农民工"这一称呼,主要是基于他们的流动动机和群体特征(居住的聚合性、劳动的同质性、交往的内卷化等)。现今,"农民工"这一词语已经取代了"盲流",成为社会对这一特定群体的主导性标签。

较之"盲流","农民工"这一新的话语形式无疑是个巨大的进步,是基于城市外来务工者的工作情况所进行的称谓。但是,在现实的城市化过程中,"农民工"这一称呼仍然被作为歧视性话语而运用着。不时见诸报端的某些公共设施,比如,公共厕所、公园不允许农民工入内的事件,就体现得十分明显。尽管在许多城市尝试着取消"农民工"这一称呼,例如,温州将外来农民工称为"新温州人"等,这的确是破除身份歧视的关键一步,但也只是第一步而已。

2. "乡巴佬"、"打工仔/妹"

如果说从"盲流"到"农民工"这一称呼的转变主要发生在政府和学者的层面上的话,那么"乡巴佬"、"打工仔/妹"这些称呼主要出现在民间,特别是在城市原有居民当中。"乡巴佬"是对乡下人的一种称呼,是城市人基于户籍的偏见而对农村人的一种定义。按照话语理论,这种能指背后有着深刻的社会意义。长期的城乡二元社会结构,造就了城市居民在各个层面上的优越感。无论在日常消费品的占有,还是在精神产品的享受,抑或公共物品的占有上,城市人都享有比农村人更多的权利。因此,当"乡巴佬"这一话语一经城市人的口说出之后,背后的这种优越感就得到了淋漓尽致的显示,横亘在城市/农村之间的对立通过"乡巴佬"这一话语得到了彰显。

"打工仔/妹"是对进城务工青年的一种称呼。尽管这一称呼较之"乡巴佬"已经有了很大的进步,其中的贬义和鄙视成分相对较少;但是,由于"仔/妹"本身不是一个具有优势性的词语,同时打工也是相对于正常工作而言的一种流动性的工作,因此,话语中包含着的强者(正式工)与弱者(临时工)的对立也就暴露无遗。

话语作为一种语言符号,其背后包含着深刻的经济、政治和文化背景,内含有一种权力的博弈现象。通过话语的所指,我们可以清楚地看到,无论是"盲流"、"乡巴佬",还是"打工仔/妹"、"农民工",这些称呼都表明,城市外来劳动者是话语和权利中的"他者",只是需要帮助、拯救的"对象",而非权利主体。实际上,只有消除农民工这一话语背后的资源配置的歧视和制度歧视才可能消除社会身份的歧视,使社会身份的不同不至于成为在一个社会政治共同体内的权利的不平等。因此,要对农民工的城市认同进行更为深入的揭示,我们需要进入经济的、政治的、文化的层面,揭示出问题的实质。当然我们还需要指出的一个事实是,尽管城市人对农民工的歧视、反感甚至厌恶,有其内在的优越感以及社会政治、经济、文化的制度氛围等因素影响,但是大部分农民工素质低下、言行举止不文明等他们自身的毛病和主观问题,也是一个重要因素。

二、新移民的城市认同困境

社会认同植根于人内心的心理机制,但它会通过外在的行为实践表现出来。因此,认同存在于自我与他人的互动的人际网络,如组织、工作单位和对社区的归属当中。

（一）双重价值观念和生活方式夹击下的归属困境

城市化过程,使成千上万的农民摆脱了土地的束缚,同时也在很大程度上摆脱了原有的价值观念,促使他们与传统告别而迈向现代化的行列。然而,由于长期积淀的特定行为方式和文化心理,在接受城市

"文明化"的过程时,其根深蒂固的旧秩序观念和行为方式也与现代工业与城市生活存在着各种各样的冲突。本质上,城市化作为一种社会转型过程,并非一蹴而就的,而要经历传统性与现代性此消彼长的转化过程。正是这种过渡性质的城市化过程,使农民工面临着深刻的内在价值冲突。自我已有的生活方式与外在他者的生活方式之间的冲突,造成了其内在心理上的巨大冲击,使其难以积极融入到城市生活体系之中。

城市化变迁中,农村来的新移民还容易形成具有边际性特征的道德人格。处于城市化过程中的农民在实现自身原有职业的转变过程中,都经历着传统与现代两种不同的社会文化熏陶,他们身上所积淀的深厚传统,不但会同现代化及个人现代性的成长发生冲突或矛盾,而且在相当长时间的变迁过程中共处于一个社会文化体系中。因此,这种社会或人生境遇的转型,传统与现代性在社会成员的人格、生活态度和社会行为中的共存状态,使得处在从农村人向城市人转变的个人和群体在不同文化的碰撞中不可避免地具有某种边际性,并形成特定道德人格特征。城市化所带来的社会变迁,城市及其现代生活方式都会开阔他们的视野,激活他们内心压抑已久的激奋、上进的动力,同时也会产生茫然、失范和冲突,以及由于社会文化诸多方面的变迁而引起包括情感和心理在内的抗拒倾向。这时人被分裂成两种倾向,一种力图保存旧形式而另一种则努力要产生新形式。在传统与改革、复制力与创造力之间存在着无休止的斗争。这种过渡性所带来的人们在行为和道德观念的双重性特征,使他既处在传统之中,又置身于传统之外:他既跨进了现代的门槛,又未完全投身于现代的怀抱。

传统约束力量的削弱以及新的约束力量不能发挥有效的作用,造成了城市新人的行为失范。城市化进程使农民融入城市生活,进入陌生人社会,意味着脱离传统家族伦理的外在约束,使曾起过良好约束功能的伦理体系不再适用,而造成功能上的缺乏。同时人们在热切渴望汇入文明生活时,原有的和谐状态失去平衡,新的规范与约束机制尚未完善成熟而形成有效的伦理约束机制,从而极易诱发失范行为的产生。

城市这种富有弹性的生活空间,以自主利益为取向的行为选择,思想与行为方式的多元化,都可能使人们感到没有一个确定可循的行为标准。在人们努力提高生活水平的同时,也诱发了社会成员越来越高的社会期望,就这一期望与现实所提供的实现条件而言,总是难以企及的。因而期望与现实的落差,加上外在的欲望刺激,就容易造成人们的相对剥夺感,萌生出反抗城市文化和城市生活方式的强烈情绪,而这又成为边缘群体越轨行为的直接诱因。当外在的行为框架不足以为自己的行为界定一个行为的坐标时,势必会产生强烈的认同焦虑和对现代城市的归属困境。

(二)制度性歧视引起的逆反心理

认同问题是在某种差异性境遇中出现的,只有将自我与他者,即"我们"与"他们"区分开来时,认同才会出现。认同困境,也是在这二者之间的互动对撞中出现的。

如果说城市外来务工人员由于自身文化、价值观念、技能等方面的原因而不能顺利地融入到城市生活之中——这是其产生城市认同障碍的主观原因,那么城市管理部门的政策和原有居民对他们的态度则是促使其产生城市认同问题的客观条件。在中国的城市化过程中,由于户籍制度背后包含了很多的利益因素,加之城市本身吸纳功能的有限性,导致了制度性歧视等问题的现实存在。

在中国向市场经济转变的过程中,城市自身不仅面临新增就业人口的压力,而且还存在大量富余下岗人员再就业的问题,再加上传统城乡分割的基本格局和偏袒城市居民、限制农民进城自由择业和竞争的观念并未根本转变,因此城市对农民工的外推力就不可避免地存在,并由此而造成了城市居民与城市务工人员这二者之间的对立。

在城市居民的观念中,城市是城里人的城市,不是乡下人的城市,因此,他们在农民面前常常以主人自居。在现实生活中,他们处处歧视农民工,不但嫌农民脏,并且把农民工妖魔化,认为城市中的一切社会问题都是农民工造成的。虽然城市人对农民工的认识和态度与过去相比有所转变,但在日常生活中对农民工的抱怨和歧视还是随处可见的。

这也导致一个令人感到困惑的现象:城市原居民一方面在享受农民工提供的服务和方便,他们的生活越来越离不开农民工(如一些大城市春节期间出现因民工回乡过年居民找不到"钟点工"、垃圾没人清扫的现象);另一方面却在不停地抱怨、鄙视农民工,认为他们扰乱了社会治安,破坏了城市文明和公共卫生。如果瞧不起、敌视别人,可能还只是一个心理的问题,但假如将某种"瞧不起"试图通过某种规则和制度来加以确定下来,那将是一个社会的公平、公正问题了。

改革开放后,二元社会结构虽有所松动,但仍未有本质意义上的突破,农民工仍很难融入城市的制度和经济生活体系。尽管他们在职业上实现了从农民到工人的转化,但在社会身份上很难实现由村民到市民的过渡。"制度安排的惯性使改变了生活场所和职业性质的农民仍然游离于城市体制之外,从而造成了流动农民的生活地域边界、工作职业边界和社会网络边界的背离"①,结果使农民工成为一个巨大而特殊的边缘群体。农民工能否在城市生存下去,关键还在于他们的经济收益情况。如果找不到工作或报酬太低,基本生活得不到保障,他们在城市里就不能立稳脚跟。农民工在城市里所从事的职业多是一些城里人不愿干的脏、苦、累、重活,不仅非常辛苦,而且报酬很低。这固然与农民工相对较低的文化素质和贫乏的专业技能有关,但是户籍对他们的职业选择也起了很大的限制。城市户籍不仅是一种身份的代表,而且这种身份的背后还存在许多特殊的利益,如医疗和养老保险、住房和食品物价补贴等。即使是从事同样的工作,农民工的实际收入也比城里人低得多。一些用人单位在招工时人为地对外乡人设卡,对农民工的报酬任意克扣、拖欠、盘剥。所有这些都增加了农民工在城市生活的成本,加剧了他们的经济困难。

流入地政府管理部门对农民工的态度、行为是这一认同产生的外在促动力。很多农民工感到当地政府管理部门在处理问题时偏袒本地居民、欺负他们,对他们动辄罚款。一些部门甚至拿着上级政府有关文

---

① 朱力:《准市民的身份定位》,《社会学》2001 年第 4 期。

件中一般性或模糊性规定,要农民工缴纳各种"培训费"、"证件工本费"、"卫生管理费"等,从外地农民工那里获取利益。一些基层派出所的干警或联防队员可能出于职业上的偏见对农民工态度十分粗鲁、恶劣,歧视也很深,这也是导致农民工在流入地难以安定的重要原因。

由于现实生活的复杂性,城市农民工这种"双重边缘人"自我认同绝非一次简单的两种外推力交锋所能形成,它可能是多次碰撞的结果。这一过程对农民工主体来说是一种情感的煎熬和人性的考验。当他们带着对城市文明的追求和渴望、对城市生活的向往来到城市,却遭到歧视、冷落、排斥,并由此产生失落、无安全感,甚至对城市及居民持一种怨恨、对抗和仇视情绪。如果农民工自我道德法制观念不强,又缺乏有效的社会监督与约束,这种不满足的情绪积累到一定程度,必然会以农民工对城市社会消极甚至破坏的态度或行为表现出来。

(三)"双重边缘人"认同的困境:"物理上的迁移"和"心理上的滞留"

对于城市农民工而言,他们的经济来源主要依靠城市务工所得的工资收入,因此他们的经济和利益渴望在很大程度上是与城市的发展紧密相关的。同时,又由于他们长期在城市当中生活,城市特有的价值观念和生活方式自觉或不自觉地被他们所接受。在很大程度上,他们事实上已经融入到了城市生活节奏之中。也正因如此,农民工每年春节回家,必然给农村带来新的景象和新的思想。但是,这又造成了他们与农村人之间的隔阂。一方面,经过长时间的城市打工和城市化生活,他们在很大程度上已经脱离了原有的生活方式,对城市的新的生活节奏有一种眷恋感。这种新的体验,反映在他们与自己原有乡里乡亲的言谈和交往之中。这在很大程度上也影响了他们与原有乡亲的融合程度,在他们之间树立了一道鸿沟。另一方面,这些准城市人都承载着家乡父老乡亲的过高的期望,因而在其内心当中形成了无形的压力。城市人对其不接纳的现实是其无法用言语所表达的,同时乡里乡亲对他们的这种过高期望,事实上已经将他们推向了城市居民的身份上。这样,对于城市新型群体劳动者而言,他们面临着双重的外推力,是真正的"双重边缘人"。

三、城市认同缺失的后果

当农民工怀着对城市文明的追求和渴望、对城市生活的向往来到城市时,却遭到歧视、冷落甚至排斥,很容易产生失落感和无安全感。他们不能融入城市,就会对城市缺乏认同感,甚至对城市及居民持一种怨恨、对抗和仇视情绪。因此,他们很容易产生一种过客心理。既然是城市中的过客,那么他们就不会对城市负责,就会产生不少社会问题,影响城市社会的稳定。

首先,农民工失范和越轨行为增多,危害城市的社会稳定。

对农民工来说,无论是制度性歧视还是城市居民的社会歧视,都会使农民工对城市缺乏认同感,与城市社会产生隔阂。对农民工的歧视使农民工在城市中感到孤独和无助,产生认同危机,导致反社会情绪和失范行为取向。可以说,农民工对城市认同感的缺失是许多农民工在城市中的反社会行为的重要原因。由于农民工歧视等原因,许多农民工都认为自己最终是要回家乡。这说明农民工对城市认同感不高,这样也直接导致了农民工在城市中的过客心理。因为不必对城市负责,农民工在城市中很容易产生行为失范和越轨行为,从而引发城市社会的不稳定。

其实,在现实生活中,许多农民工不注意城市卫生,不遵守城市秩序,这一方面与他们自身的素质有待提高和没有尽快从农民角色转变过来有关,但更重要的是,与他们不在乎城市居民的评价有关。我们注意到,许多农民工从城市回到农村时都非常注重穿着。这说明,他们并不是不注意自己的形象,只是不在乎城里人的评价,而在乎村里人和家里人的感觉和评价,因为在他们的意识里没有把城市当做自己的"家"来看待,这就是对城市认同的缺乏造成的结果。同样,农民工在城市中的犯罪问题基本上也可以作类似的解释。当然,农民工犯罪行为的增多,不仅仅是由于城市人对农民工的歧视或农民工对城市的不认同感所致,还有许多其他因素。改革开放以来,中国农村剩余劳动力或者说民工流的主要部分,几乎都是流向经济比较发达的沿海城市和经济特区,但是这些城市和特区的劳动容纳力毕竟有限,民工流不自觉地"盲流",本身增加了农民工彼此间的就业压力,很多进城务工而找不到工作的农村剩余劳动力,为了生存不惜铤而走险,以非法活动谋生,从而导致经济发达城市严峻的社会治安问题。

其次,农民工与城市居民关系难以融洽。

城市居民歧视农民工使农民工对城市的认同感下降,也使农民工与城市居民之间的关系处于十分敏感的状态,非常容易激化两者之间的矛盾。即使农民工在城市中受到少数城市居民的歧视,他们也会认为是整个城市居民歧视他们,结果对城市不认同。农民工对城市认同的缺乏很容易产生对抗情绪,通过各种手段来报复城市居民,造成城市居民与农民工关系不融洽。同时,农民工欠薪问题也造成农民工城市认同感的降低,是农民工与城市居民关系紧张的重要原因。每年因拖欠农民工工资而形成的罢工、游行及其他暴力冲突时有发生,这也说明农民工认同感不强,会造成两者关系的不和谐。另外,当农民工在城市里受到歧视后,不仅他们受到了伤害,同时农民工在农村的父母、妻子、儿子,甚至是其他亲属、邻居都会受到伤害。对农民工的亲属来说,他们的亲人在城里受到歧视,无疑也会增加对城市居民的不满。也就是说,农民工对城市认同感的缺乏会影响农民工与城市居民之间的关系,也直接影响到乡村与城市居民两大群体之间的关系。

最后,延缓我国的城市化进程和现代化速度。

农民工对城市的缺乏认同,一方面使农民工难以形成城市居民应有的规范和法制观念,难以形成市民观念;另一方面农民在城市生活工作中经常受到挫折,也会诱发不同程度的认同危机,使他们更难以融入城市。从一定意义上来说,农民工的前途其实只有一个,这就是变成城市居民。但农民工在城市中受到的各种不公正对待产生的对城市认同感的缺乏,客观上阻碍了他们变成城市居民。毫无疑问,这不仅不利于增强农民工对城市的认同感,也不符合现代化的趋势,不利于我国的城市化。

从整个社会发展来看,社会成员对社会共同体的存在价值、发展目标的共识,即文化认同的形成,无疑是任何一个社会存在、发展的精神基础。与之相对应,城市认同是城市存在与发展的文化根基和精神支柱。城市人员对城市的文化认同程度对于城市秩序的形成、城市形象的提升、城市的可持续发展,具有重要的作用。在城市化进程中,能否形成城市成员对城市的文化认同,无疑也将从文化支撑的意义上决定一个城市的存在样态与发展潜力。城市化的推进,不仅意味着城市空间的拓展、城市经济总量的增长、城市人口比例的增加,更意味着深刻的文化转换,意味着新型城市文化、城市认同的建构。在推进城市化的背景下,如何建构城市认同,如何将城市中的自然松散的个体组织整合为有为、有序的市民,如何唤起人们对其生存与工作的城市的责任意识、公共意识、依恋感、归属感,已经成为我国城市化进程中必须要加以认真关注的重要问题。

通过分析,我们可以看到,中国城市化进程中的城市认同问题,是在一个特定的历史条件下产生的。在现代化过程中,人们从经济、政治、文化和内在心理方面发生的激荡和冲击,在农民工这个特定的群体当中集中地展现了出来。中国的二元社会结构没有从根本上得到改变,这在很大程度上造成了农村居民很难顺利地融入到城市之中。在城市与农村、农民与城市居民之间的这条鸿沟,需要借助制度化的手段加以摈除。只有这样,才能为城市化的发展奠定良好的文化基础,形成良好的社会氛围。

第 五 章

城市化与城市异化

　　城市必须满足人的生存要求,应具备提供衣、食、住、行等最基本的条件。更为重要的是,城市还要有满足人的发展要求的各种物质设施,这些物质设施是人们精神追求的基本保障。在很大程度上人类建造城市的初衷是为了生活更方便、更自由、更安全,为了让人的本性、人的需要、人的情感得到充分张扬、满足与实现。但从人类城市化进程来看,往往事与愿违,在历史演进中,城市越繁荣、越华丽,人的精神家园却似乎越贫瘠、越世俗;城市堆积的商品与财富越多,环境污染、犯罪、吸毒、卖淫、疾病等现象似乎也更加泛滥。在现代化推动着城市化的浪潮下,在城市化的快速发展、城市的聚集效应和人的强大物欲驱动力的支配下,城市的体积越来越大,人越来越多,楼宇越建越高,商铺越来越密,社会财富越积越厚,城市聚集效应和城市对经济的推动效益迅速提高,但是,人们的精神家园却在种种城市问题的污染下,日益荒芜与贫瘠。人建设城市的结果与初衷常常背道而驰,美好的初衷换来不良的结局。本来城市是人的力量的对象化存在,人们力图规划和设计建造属于人自己的"美丽的城市",但建造的结果是城市在一定程度上成为人的异己力量,这便是所谓的"城市异化"。

　　在西方发达国家以及发展中国家的城市化过程中,都不同程度地出现和存在着城市异化现象。中国作为后发国家,在其城市化进程中也很大程度上存在着城市异化问题。在本章之中,我们将从多个维度揭示城市化进程中的城市异化问题。

第一节　人的需要与城市的应然

正如我们在"城市的本质"小节当中指出的,城市的主体是人,满足人的需要是城市化开启的基本前提。人的需要的满足,是城市化以及人类整个社会发展的基本前提和内在动力。也正因如此,我们就必须提高到人的需要的角度来认识城市的本质。城市的各项基本条件能否满足人的生存和发展的需要,是考察一个城市是否健康、全面、协调、可持续发展的基本指标。也正因如此,我们有必要从人的需要的角度来考察城市化过程中是否存在违背人性和人的需要的问题,亦即是否存在异化的问题。

一、人的存在与人的需要

(一)人的"三重存在"

在马克思主义的视野当中,人总是现实的人,是受肉体组织制约具有各种自然需要的人,是为了满足生存需要而进行着各种实践活动的人,是受着各种社会关系制约又不断根据自己的需要而改变着这些社会关系的人。现实的人的社会实践活动构成了社会,构成了历史。而人的本性则展现为"三重生命的存在",即"人直接地是自然存在物","个人是社会存在物","人是自由的有意识的实践活动"的存在物。

人的自然属性决定着人需要依赖自然界生活,人直接地是自然存在物。人作为有生命活动的自然存在物,一方面,具有自然力、生命力、创造力,这些力量作为天赋和才能,使人成为能动性的自然存在物;另一方面,人作为自然的、肉体的、感性的对象性的存在物,是受动性的存在物。人需要依靠自然界生活,人是自然界的组成部分。在满足最基本的自然需要这一点上,人与其他动物没有本质的区别。对衣、食、住等生活资料的需要是人的第一个需要。一个需要满足了,又引起新的需要。它是在实践中不断扩大,不断增长的。对此,马克思、恩格斯在《德意志意识形态》当中曾明确指出:"我们首先应当确定一切人类生存的第一前提也就是一切历史的第一个前提,这个前提是:人们为了能够'创造历史',必须能够生活。但是为了生活,首先需要吃喝住以及其他一些东西。因此,第一个历史活动就是生产满足这些需要的生产资料,即生产物质生活本身。而且正是这样的历史活动是一切历史的一种基本条件,人们单是为了能够生活就必须每日每时去完成它,现在和几千年前都是这样。"①

　　人不仅具有自然属性,还具有社会属性。个人是社会存在物,人的自然性存在和社会性存在、属社会的人与属人的社会是一种有机的统一。自然界的人的本质,只有对社会的人来说才是存在的,因为只有在社会中,自然界对人来说才是联系人与人的纽带,才是人自己的存在的基础。现实的个人具有社会属性,参与社会交互活动是人的本性需要。个人只有在现实的社会活动中才能成为现实的人。因为现实的个人,在各自需要的推动下,发生了一定的社会交往和联系,形成一定的社会关系,以一种社会的形式来满足各自的需要。也就是说,人的需要只能在社会中得到满足,每一个人用来满足需要的方式、途径,所要满足需要的对象,都是由他所处的时代与社会地位决定的。人的需要本身的性质和特点是由社会历史条件决定的,不同时代、不同历史时期的人有着不同的需要,同一时代处于不同社会地位的人也会有不同的需要。社会生活作为无数个人的共同生活,又产生了一定的共同需要和共同利益,产生了个人需要、个人利益与共同需要、共同利益的矛盾。

　　人和动物不同,人有自我意识和目的性,能意识到自己的需要;动物不能意识到需要,它的需要永远是直接的、本能的需要。在作为一个物种而存在的动物那里,需要是先天的、与生俱来的,而且只要这个物种存在,它就永远是这样的需要。与动物相比,人类的特征恰恰是自由

① 《马克思恩格斯选集》第1卷,北京:人民出版社1995年版,第78—79页。

自觉的活动。人的自觉意识决定着人需要"按照美的规律来建造"未来。人是具有自为性和创造性自觉意识的"类存在物"。由于人具有自为性和创造性意识的类特性,所以,向往和追求美好未来、创造和享受美好未来便成了人的全部生命活动的重心。马克思指出:"动物只是按照它所属的那个种的尺度和需要来构造,而人懂得按照任何一个种的尺度来进行生产,并且懂得怎样处处都把内在的尺度运用于对象;因此,人也按照美的规律来构造。"①具有自觉意识的人,在其生命活动中,能够把握自己所处的自然环境和社会历史环境。在人与自身的关系中,即从主体自身方面来说,能够按照自己在对象化活动中展示和确证的本质力量或能力,按照自己本性的需要,在自我意识中作为内在的尺度——价值尺度和评价尺度来安排生产和生活。

人的自然属性、社会属性和意识自觉性,这三重本性互相交织、互为作用。人的自然需要产生于并体现着人的自然生命本性的存在和发展,人的社会需要产生于并体现着人的社会生命本性的存在和发展,人的精神文化需要则产生于并体现着人的精神文化生命本性的存在和发展。这几个方面是交织在一起,综合地发展着的。

(二)人的需要:一个"生存—享受—发展"的辩证过程

在马克思看来,人的需要是一个不断发展着的过程,是一个"生存—享受—发展"的辩证过程。当代心理学家马斯洛在《动机与人格》一书中提出了"需要层次论",认为人的基本需要有五个层次,即生理需要、安全需要、社交需要、尊重的需要、自我实现的需要。马克思向来反对空谈人的需要,他总是把人的需要的发展同社会生产力的发展结合起来考察。因为人的需要不仅受社会生产力条件的制约,而且也受社会生产关系的制约。马克思这里把人的需要分为三个层次:生存、享受、发展。

众所周知,马克思一生的两个伟大发现是唯物史观和剩余价值学说。恩格斯谈到马克思的第一个伟大发现时,指出:"正像达尔文发现

---

① 马克思:《1844 年经济学哲学手稿》,北京:人民出版社 2000 年版,第 58 页。

有机界的发展规律一样,马克思发现了人类历史的发展规律,即历来为繁芜丛杂的意识形态所掩盖着的一个简单事实:人们首先必须吃、喝、住、穿,然后才能从事政治、科学、艺术、宗教等等。"①所以,衣、食、住等生活资料的需要是人的第一个需要。原始人的需要很简单,主要是为了生存所必需的物质生活资料。随着社会生产力水平的提高,人的需要也发展了。

享受的需要就是在生存的需要得到基本满足以后逐步发展起来的。人吃饭不仅要求能够维持生命和体力,而且讲究美味可口;人穿衣不仅为了遮体和保暖,而且讲究衣料、式样、颜色、装饰,能显示自己的仪态、身份或尊严,并满足人的审美的需要。

人们不仅要满足生存和享受的需要,还具有满足个性和能力全面发展的需要。享受不仅是物质的,还是精神的、文化的享受。要得到高级的享受,就要具备高级的享受能力,即文化艺术修养。这就表现为人的更高级的需要,就是表现自己的生命力,发展自己,实现自我。人的聪明才智和创造能力不是生下来就有的,而是在一定的环境当中通过学习和劳动开发出来的。人把自己的潜在能力发挥出来,就是实现自我,这就是人的发展需要。画家必须绘画,作家必须写作,科学家必须研究科学,企业家必须经营企业,否则他们就不会快乐。很多城市和乡村精英青年人追求的主要不是物质享受,而是事业的成就和自我价值的实现。纵然他们的工作很辛苦,他们还是在工作中得到一种满足。认识这种需要,启迪这种需要,至关重要。

二、城市的应然:需要的满足

人类社会的发展,是在需要的推动之下进行的。人的需要是事实,然而世界不会自动满足人的需要,这也是一个不争的事实。因此,在这两个事实之间就必然产生了矛盾,人的实践活动就是为了解决这个矛盾而产生的。没有需要,就没有生产。需要的满足是通过生产活动最

---

① 《马克思恩格斯选集》第 3 卷,北京:人民出版社 1995 年版,第 776 页。

后落实在消费上。消费作为生产活动的环节和要素又把需要再生产出来。消费创造出生产的动力。所以，人的自由自觉的活动首先是为需要所驱使，并且同需要处在互为前提、互为因果的辩证关系中。城市的出现，源自人们的需要，与人们对于衣、食、住、行等基本生存需要以及享受和发展的需要是密切相关的。

从农业到手工业的发展是城市形成的关键因素。在这其中，人的需要因素起着至关重要的作用。对此，马克思主义经典作家关于工厂手工业产生的描述就表明了这一点："织布业是最早的工厂手工业，而且一直是最主要的工场手工业。随着人口增长而增长的对衣料的需求，由于流通加速而开始的自然形成的资本积累和运用，以及由此引起的并由于交往逐渐扩大而日益增长的对奢侈品的需求，——所有这一切都推动了织布业在数量上和质量上的发展，使它脱离了旧有的生产形式。除了为自身需要而一直在继续从事纺织的农民外，在城市里产生了一个新的织工阶级，他们所生产的布匹被指定供应整个国内市场，而且大部分还供给国外市场。"①可见，纺织业这个城市产业的出现，是与人们对于纺织品的需要密切相关的，并在这种需要的推动下，形成了城镇。

在纺织业的带动下，现代大工业生产逐步发展开来，农业、农村以及农民也被迫地或自愿地卷入了城市化进程之中。大批失去土地的自由人，为了吃、穿、住、行等基本的生活需要，离开农村和农业，来到大城市之中。在物质需要与金钱和利润的驱使之下，人口、资金、生产技术等越来越向城市集中。

如果说，城市仅仅满足人们最基本的需要话，那么，它的产生和发展还不具备内在的合理性。因为，在传统社会之中，这些最基本的需要在农村同样是可以满足的。城市之所以出现和快速地发展，其内在的合理性绝不仅仅局限于上述基本需要的满足之中，它同时还应该满足人们的享受需要和个性与能力全面发展的需要。

---

① 《马克思恩格斯选集》第 1 卷，北京：人民出版社 1995 年版，第 108 页。

也正因如此,一个健康、协调、可持续发展的和谐的城市,除了应该为人们提供良好的基本物质生存环境之外,更重要的是要提供给人们一个空气清新的自然环境,提供一个宽松、民主和自由的社会工作和创作环境,从而为人的全面协调的发展奠定基础。只有这样的和谐城市,才是真正满足人的全面需要,以人为本、合乎人性化的城市。否则,就是一种异化的城市。

第二节　城市异化

如前所述,一个和谐的城市,应该为人的全面而自由的发展创造良好的条件。但是,应然的东西并不代表实际状况。在通往人的自由而全面发展的道路上,到处充满着人性的扭曲,人的合理需要并不是时时得到满足;相反,却是在很大程度上得不到有效的满足,由此而带来了城市异化问题。

一、马克思的异化理论

在探讨城市异化问题之前,我们需要首先考察一下马克思有关"异化"问题的理论。

早在马克思之前,一些思想家就已经对"异化"概念作过探讨。但是在德国古典哲学以前,"异化"一词还不是一个专门的哲学术语,而指的是权利的转让、关系的疏远和精神错乱等等。到了德国古典哲学时代,它被扩展为分析人与整个外部世界的主客体关系,从而具有了特定的哲学内涵,即主体活动的后果成了主体的异己力量,并反过来危害或支配主体自身。在西方哲学史上,黑格尔在他的《精神现象学》一书中第一次把"异化"作为专门的哲学概念引入哲学。不过,黑格尔是从唯心主义出发得出"绝对观念"的异化。费尔巴哈第一个把异化概念运用于考察人的本质,得出了上帝是人的本质的异化。在费尔巴哈看来,不是上帝创造了人,而是人创造了上帝,但他所指的人却是抽象的人而非现实的从事实践活动的人。

马克思扬弃黑格尔和费尔巴哈的异化观,创造了异化劳动理论。马克思在早期著作,如《1844 年经济学哲学手稿》、《关于费尔巴哈的提纲》及《德意志意识形态》等著作中,花了相当大的篇幅来论述资本主义社会条件下人的异化现象。他主要从以下几个方面来探讨这一问题。

(一)劳动者和劳动相异化

劳动作为人类实践活动的主要形式之一,是自由自觉的创造活动,是充分展现人的类本质的活动。然而,在资本主义社会里,这种类的活动变成了维持人的肉体需要的一种手段,劳动对工人来说是外在的东西,也就是说,不属于它的本质的东西。因此,他在自己的劳动中不是肯定自己,而是否定自己。所以,劳动者在劳动中"不是感到幸福,而是感到不幸;不是自由地发挥自己的体力和智力,而是使自己的肉体受折磨、精神遭摧残","这些劳动不是满足一种需要,而只是满足劳动以外的那些需要的一种手段"。① 人只有在运用自己的吃、喝、生殖、居家打扮等动物机能时,才觉得自己在自由活动,而在运用真正人的机能——劳动时,觉得自己只不过是动物。"动物的东西成为人的东西,而人的东西成为动物的东西。"②作为劳动成果的劳动产品,本应该是人的类本质的确证,然而,在异化劳动情况下,它成为不依赖于生产者的异己力量,与劳动者相对立。就意味着劳动者在劳动中耗费的力量越多,他亲手创造出来的反对自身的、异己的对象世界的力量就越大,它自身、它的内部世界就越贫乏,归他所有的东西就越少。

(二)劳动者与劳动产品相异化

劳动产品是劳动者创造的,它本应属于劳动者。但在资本主义社会里,劳动产品却作为一种不依赖于劳动者的力量,同劳动相对立,劳动者同自己的劳动产品的关系就是对一个异己的对象的关系。正如马

---

① 马克思:《1844 年经济学哲学手稿》,北京:人民出版社 2000 年版,第 55 页。
② 马克思:《1844 年经济学哲学手稿》,北京:人民出版社 2000 年版,第 55 页。

克思所指出的:"工人生产的财富越多,他的产品的力量和数量越大,他就越贫穷。工人创造的商品越多,他就越变成廉价的商品。物的世界的增值同人的世界的贬值成正比。"①"工人生产的对象越多,他能够占有的对象就越少,而且越受他的产品即资本的统治。"②

(三)劳动者与他的类本质相异化

马克思认为人是类存在物,生产生活本来就是类生活。正是在改造对象世界中,人才真正地证明自己是类存在物。马克思从劳动对象、劳动活动、类的意识三个方面论述了人的类本质的体现。马克思认为,劳动的对象是人的类生活的对象化。人不仅像在意识中那样理智地复现自己,而且能动地、现实地复现自己,从而在他所创造的世界中直观自身。但是,在异化劳动状态下,人对人的类本质的体现完全发生了变化。异化劳动从人那里夺去了他的生产的对象,也就从人那里夺去了他的类生活,即他的现实的、类的对象性,把人对动物所具有的优点变成缺点。异化劳动把自我活动、自由活动贬低为手段,也就把人的类生活变成维持人的肉体生存的手段。人具有的关于他的类的意识也由于异化而改变,以致类生活对他而言变成了手段。如此一来,异化劳动使得人的类本质变成人的异己的本质,变成维持他的个人生存的手段。

(四)人与人关系的异化

人同自己的劳动产品、自己的生命活动、自己的类本质相异化,所造成的直接后果就是人同人相异化。马克思认为,人同自身的关系只有通过他同他人的关系,才成为对他说来是对象性的、现实的关系。在他看来,如果劳动产品对工人说来是异己的,作为一种异己的力量同工人相对立,那么这只能是由于产品属于工人之外的另一个人。如果工人的活动对他本身来说是一种痛苦,那么,这种活动就必然给另一个人带来享受和欢乐。至于这另一个人不是神也不是自然界,恰恰就是工人通过异化的、外化的劳动所生产出来的资本家。人和人相异化则说

---

① 马克思:《1844 年经济学哲学手稿》,北京:人民出版社 2000 年版,第 51 页。

② 马克思:《1844 年经济学哲学手稿》,北京:人民出版社 2000 年版,第 52 页。

明,在资本主义这个异化的社会里,每一个人,不仅工人而且包括与其相对立的资本家,都与合乎人的类本质的真正的人相异化。

(五)人的个性的丧失和片面发展

异化劳动中,在资本主义工业化大生产"同质化"的人的发展变得"愚蠢而片面",人的全面而丰富的需要仅被一种需要——物质生产需要所代替。"人的一切肉体的和精神的感觉都被这一切的感觉的单纯异化即拥有的感觉所代替","以致一个对象,只有当它为我们拥有的时候,就是说,当它对我们来说作为资本而存在,或者当被我们使用的时候,才是我们的"。① 结果,人变成了片面、畸形发展的偶然的个人。对此,马克思指出:"明显的阶级差别、过分细致的分工以及报界的婆罗门制造的所谓'舆论',已经把人们的性格弄成了千篇一律,连莎士比亚恐怕都认不出自己的同胞"。在这种情况下,所谓的个性只能是"怪癖和胡闹"。② 在这一过程中,人的自由自觉的活动变成了异化受动的活动,人的个性丧失了。

在马克思看来,异化状态是人类社会生产力发展到一定阶段,但又不足够发达的阶段的产物。异化问题的产生有其必然性。人类社会在创造的过程中必定会付出一定的代价。人们在劳动实践中将自己的本质力量外化、物化到对象上去,由于私有财产的存在,使这一物化过程带有"异化"的性质,从而导致了各种各样的代价。对此,马克思指出,"在我们这个时代,每一种事物好像都包含有自己的反面。……技术的胜利,似乎是以道德的败坏为代价换来的。随着人类愈益控制自然,个人却似乎愈益成为别人的奴隶或自身的卑劣行为的奴隶。甚至科学的纯洁光辉仿佛也只能在愚昧无知的黑暗背景上闪耀。"③

虽然马克思承认了异化劳动存在的历史必然性,但这并不意味着他承认了异化劳动存在的合理性和永恒性。相反,马克思批判了异化

---

① 马克思:《1844 年经济学哲学手稿》,北京:人民出版社 2000 年版,第 85 页。
② 《马克思恩格斯全集》第 15 卷,北京:人民出版社 1965 年版,第 490 页。
③ 《马克思恩格斯全集》第 12 卷,北京:人民出版社 1962 年版,第 4 页。

劳动的不合理性,并指出:"共产主义是私有财产即人的自我异化的积极的扬弃,因而是通过人并且为了人而对人的本质的真正占有。因此,它是人向自身、向社会的即合乎人性的人的复归,这种复归是完全的,自觉的和在以往发展的全部财富的范围内生成的。"①马克思认为,共产主义是人对人的本质的占有,是人向社会的人的复归,这种复归是通过扬弃人的自我异化实现的。马克思还指出,产生异化劳动的社会关系本身就包含着扬弃异化的条件。因此,异化劳动的扬弃和异化劳动走的是同一条道路。同样,代价的扬弃与代价的产生走的也是同一条道路。因为,在产生代价的异化劳动所形成的社会关系中,包含着扬弃异化劳动的条件,从而也就包含着扬弃代价的条件。

　　马克思关于异化理论问题的分析,尽管所指向的是资本主义社会条件下被扭曲的人与自然、人与人和人与自身的关系。但他的这种分析思路为我们考察当代中国社会的发展,考察现代性背景下城市化的历史进展与当下的城市发展,提供了一个总体性的思路和方法论的指导。它引导我们注意到城市化发展过程中所存在的与人的发展不相协调的诸多方面,并引导我们在城市化的发展中积极予以纠正。

二、城市异化现象

　　正如前所述,人是具有生物特征和社会特征的统一体。城市不断发展的过程也就是人的需要不断发展的过程,人的需要结构和需要层次也随着城市物质财富和精神财富的发展而不断完善。不容否定的是,对于人的需求的满足,必须要用历史的、辩证的观点来看待。从今天的观点来看,古代的城市,无论是在物质财富上,还是在满足人们精神需求上,都与现代的城市不可比拟。但是对于城市的评价,我们也应当坚持以人为本,应当从人性,即人的需要的角度来作出评判。我们还应当将人的整个需要体系的发展乃至人的全面发展的要求,作为目前城市发展状况的应然尺度。

---

① 马克思:《1844年经济学哲学手稿》,北京:人民出版社2000年版,第81页。

但是,从近代工业化以来,由于受到经济至上等相关错误思想的指导,很多国家和地区在城市化过程中,出现了严重违背人性的现象。例如,城市规划失衡、城市空间结构设计与功能定位的偏废、土地资源开发无序、环境污染、交通阻塞、社会治安混乱、粗俗文化充斥、人际交往异化、人们精神追求缺失、理想信仰真空等,造成了大多数人幸福感觉的下降、生活压力持续增加等城市问题。这些问题的存在,与城市的本质和城市化的目标不相符,背离了城市的本质和城市化的目的,从而出现城市异化现象。概括起来,城市异化现象主要体现在以下几个方面。

(一)淡漠的生态观念

环境对城市的进化有着举足轻重的作用。环境与城市的关系本质上是环境与人的关系。环境创造着人,人也影响着环境,两者是统一的整体,彼此依赖而又彼此共存。人是环境之子,但人在环境面前不是处于被动的地位。城市环境是由人创造与设计的。它应该体现出人性化的特征,体现出人的主观能动性。

人的聚居方式的演进和发展,是人工环境逐步代替自然环境的过程。城市无疑是一个人造的空间聚居环境,而且是一个较彻底的人工聚居环境。早期的城市人工建设并未显示出这种彻底性,只是由于建设项目的不断集中和增加,更主要的是人造环境之间不断地有效结合,最终使城市环境产生了新的质变,成为彻头彻尾的人工环境。城市人在这个环境中可以长期生存,而且由于这个人工环境是根据城市人的需要建造的,因此有着其他聚居形式不具备的舒适性和方便性,城市人的工作效率和生活质量也因此大大提高。相比之下,乡村农民则更多地生活在自然环境中。

城市人几乎日日夜夜生活在不断完善的人工环境中,城市的人工环境越是完善,就越使居住在城市的人们与自然环境相隔阂,人们似乎生活在一个超越了自然的环境之中,他们对自然环境的变化变得麻木和迟钝。因此,自然环境对城市人的影响也就不断消减,城市人对自然环境的认知能力也就相应地受到影响。与农村人相比,城市人对自然环境缺乏应有的尊重,更重视人工环境,认为自然环境总是可以改造的,而且技术进步是无止境的。因而,城市人对自然生物环境的生态平衡往往采取漠不关心的态度。城市人对自然环境的漠视态度,成为城市环境污染的主观因素。在早期因工业化带动的城市化进程中,人们对城市污染的轻视达到了顶峰。第二次世界大战以后,随着人们对自然环境认识的提高,一些发达国家的城市已经开始意识到城市污染对城市以及周边地区自然环境的破坏,采取了一定的有效措施,并取得了一定的积极效果。但是在一些发展中国家,城市居民对自然环境的轻视态度依然普遍存在,城市污染不但未得到有效治理,而且有不断扩大的趋势。如垃圾的分类处理尚未普及,垃圾的无害化处理的比例很低;城市私人汽车急剧增加,汽车尾气排放不断增高,空气及噪声污染十分严重;许多企业仍源源不断地将大量污水排放到城市的河流中,城市的水污染已到了惊人的地步。由于城市发展的功能定位、城市空间结构设计的缺失、城市区域经济结构形态与分类发展的盲目性,以及城市的快速扩张和规划建设的无序与短视,为缓解城市交通拥挤而架设的环城立交桥以及市政中心高架桥,严重影响到城市日常工作和居民生活,以至于产生了"城市病"。

　　以上这些,与城市人以及城市规划建设管理者对自然生态环境的轻视态度密不可分,城市人群中的这种自然观和城市发展漠视城市生态环境的观念是影响城市未来进一步发展的主要障碍之一。

　　(二)消费欲望的无限膨胀

　　毫无疑问,工业化是推动城市化发展的强大动力,没有工业文明也就没有今天的城市发展。然而工业文明所塑造的城市消费者,是一种典型的与生产相脱节的、以资源挥霍为特征的消费者。

　　在工业文明的条件下,生产者所追求的并不是消费者要求的使用价值而是利润,这就使生产经营者的目的与消费者的需求发生了分离。但是生产经营者要实现获取最大利润的目的,又必须获得消费的支持,即必须把生产的东西卖出去,让人们消费掉,否则利润的获取便无从谈起。从这个意义上讲,城市消费者成了只不过是为了生产者利润的被操纵者。工业文明通过刺激挥霍性的物质消费来维持和扩大生产,通过控制消费把消费者引向崇拜物的方向上去,往往使城市消费者陷入异化消费之中,模糊了自己的真正需求,使人成了消费机器。

城市消费者追求的是一种一次性的消费方式。这不仅仅表现在像一次性筷子、一次性茶杯、一次性塑料袋等典型的一次性用品的消费,而且即使所谓的耐用消费品如家用电器乃至汽车等等,也往往因为市场上出现功能更多、样式更新颖的新产品,旧的消费品就被抛弃了。现代城市中几乎所有的消费品都具有类似的性质,即都是"类一次性消费"。城市经济发展程度越高,一次性消费和类一次性消费就表现得越突出。这种消费的实质是迫使仍具有使用价值的消费对象退出消费过程,作为废弃物被抛弃,其结果大大增加了资源消耗,也污染了人类生存的环境。

以城市消费为代表的现代消费,实际上将消费变成了人们自身身份的一种确证,消费成为炫耀自己身份的一种资本,从而使消费偏离了人们的真实需求。正如马克思曾经说过的:需要也如同产品和各种劳动技能一样,是生产出来的。如果说贮备粮食和积存消费资料是农业社会农民的特点,那么贮备需要就是工业文明下城市人的特点。

面对琳琅满目的商品以及无处不在的网络信息和商品广告宣传,城市人的消费欲望不断地被调动起来,潜在的消费欲望成为现实的消费需求,而从未有过的消费意识和需求也被创造了出来。城市人的这种不停息的需求创造,以及对物质产品的永不满足,加快了城市化的发展进程,但是也使自然资源的消耗不断增加,而且不必要的物质消费也造成了大量的资源浪费。

片面追求物质消费的结果,必然导致城市社会畸形发展。高度的物质文明和相对低下的精神状态,突出地表现在人们的进取心减弱,精神颓废甚至道德堕落,出现各种社会危机。更可悲的是,发展中国家的许多人现在仍然把工业文明的消费模式作为衡量生活水平得到提高的唯一标准。这种生活模式所形成的标准带来的是城市消费者对物质财富的过度消耗,并不利于城市人的健康生存。如果城市消费者的需求长期停留在物质享受层面上,不但会破坏自然环境,最终也会影响城市的健康发展。因此,工业文明的消费方式是一种不可持续的消费方式,对城市人而言存在不利于城市全面、健康、可持续发展的缺陷。

（三）人际交往的异化

城市是一个人口密集居住的社会,人们的社会生活及行为也必然受到相应的影响,而显示出某种不同的特性。人类具有社会性,其社会性是基于人际交往存在的,城市人口密度的增加,无疑会导致人际交往频率的增高,从而引起社会关系由量到质的变化。在人口密度低的乡村环境中,人们在很大程度上生活在一个熟人社会之中,进行着亲密的接触。这是一种面对面的交往方式,村落中的人们大多彼此相识,且彼此是以道德观念为指南。在这些村落中,常有古朴淳厚的民风、民俗,人们之间的关系和谐融洽,情感、友谊是相互接触的准则与基础。

与农村社会的生活方式相反,在大规模、高聚集的城市社会中,人生活在一个次级群落当中,交往是一种割裂式的、非完整的社会交往。城市众多的居民在文化上和职业上的分化,必然导致分工很细的职业结构,这种分化和分工增加了人们之间的交往,然而这种交往主要不是一种私人友谊,而是一种必要的职业往来。而这种接触大量地、典型地见于医生与病人、律师与委托人、店主与顾客、教师与学生、领导与下属之类的社会关系之中。在这种交往中,人们主要关心的不是你是什么人,而是你是干什么的。也就是说,人们往往以其扮演的职业角色出现,或者说,人们之间的关系往往是一种功利关系。这种交往关系实际上是人际交往的异化,城市人之间交往虽然频率较高,但是人与人之间的交往具有表面性、短暂性、局部性和匿名性,人们彼此间的认识常常凭"印象"与"人格面具",也就是说,城市居民往往有凭职位、职业、衣冠、汽车、住宅、财富等取人的倾向,这是导致人们的势利和世故的重要原因。

在城市人际关系当中,值得注意的是由阶层化之间利益的不同所引发的冲突与对立。城市人具有的一个明显的群体形态特征,那就是城市人的阶层化。每一个城市人都属于某个特定的阶层,而每个阶层在城市生活中都有其特定的社会属性和社会功能,当然每个阶层也都有其特殊的阶层群体利益。由于不同的阶层具有不同的利益追求、文化和价值观念,这使不同的阶层比以往更为关心自己阶层的利益,对其他阶层的利益采取漠然的态度;同时,各阶层之间的利益分化使得阶层利益之间矛盾相对尖锐,利益冲突不断扩大,特别是利益本身所具有的排他性,容易引起阶层的潜在和直接的对立,甚至造成城市阶层利益冲突的连锁反应。这些现象在近年来的城市化进程与发展中可时常见到。

（四）生活方式的急剧转变带来的道德失范

城市社会形成伊始就是由异质性群体所组成的,不同群体的价值观构成了城市社会文化的多元性,没有单纯的一种超越所有群体结构的价值模式。在任何一座特定的城市里,某群体中的人们所表现出的行为,常被其他群体看成是不可思议的或是异常的。但根据本群体或相近群体的价值来判断,异常往往是能够得到合理解释的。在乡村环境中,由于人们的价值观相同,异质价值观支配下的行为是不能容忍的,它将破坏村民价值观的一致性;而维持和控制人们行为的手段就是共同的道德规范及礼俗习尚。然而在城市中,这种非理性规范的作用越来越小,异质性群体难以对特定价值观下的道德及礼俗进行规范,即异质性和规范化结构的多样性决定了没有可用来监督和控制人们行为的单纯的"道德秩序"。从结果来看,原来遵奉的道德、习俗等非理性规范逐步让位给正式的控制手段——法律、政治、法庭、规章、律令等等。在此背景下,城市人较乡村村民更多地受到了这种理性规范的约束,从而成为"有限的道德"群体。但是在城市社会生活中,我们往往会发现城市似乎比农村的传统社会更易于产生异端行为,特别是高度城市化社会中屡见不鲜的城市弊病,如青少年犯罪、娼妓、吸毒、酗酒、自杀、骚乱、精神病、政治动荡等等,这在很大程度上都要归结于城市社会中群体的"道德秩序"的丧失,而社会的正式控制手段在控制、管理与调节人的行为方面又远远不如前者有效。目前中国正处在大规模城市化的历史进程中,数以亿计的农民涌入城市。但是城市的道德秩序"真空"使刚刚进入城市的农民一方面感到了"自由",另一方面也感到了某种失落。在失去道德制约的同时,他们对城市的"规则"尚不十分了解,因此对城市社会很不适应,于是他们的越轨行为不断发生。

城市物化环境的建立,实际上是人类为减少自然环境下生存的缺陷,克服自然环境对人的制约而努力的结果。城市作为人类建造的人工环境,实质上是为了更好地满足人类生存与发展的需要。如人们在城市中建立工厂,是为了生产更多为人类所需的产品,商店的建立是为了满足人们的购物需求,纵横交错的交通设施以及文化娱乐场所的建立,是为了减少人们用于交通上的时间和满足人们的精神需要。在这样的人工环境中生存,比自然环境下更为舒适、更能提高人们的行为效率。

然而,人类在城市化过程中所出现的上述问题,却使城市的优越性大打折扣。小到公共生活空间的缩减,城市规划建设与城市生存空间与建筑样式的同质化、大到污染环境、土地资源的过度开发与浪费、片面的物质享受与膨胀的消费等等,无一不是人们盲动的产物,无一不是城市的创伤。

第三节　城市化进程中的城市异化问题

城市化无疑是社会进步的体现,它推动了社会经济的发展并使人们得以享受丰富的现代城市文明生活。但是它也带来了众多的经济、社会、环境问题,即所谓的"城市病"。不同时期"城市病"的严重程度及其表现有所不同。在不同时期、不同国家,由于所处的时代不同,所面临的资源、人口、经济发展等压力有所差别,在城市化进程中,所出现的城市异化问题也相应地有所不同。在此,我们选取英国工业化时期的城市问题和拉丁美洲 20 世纪后半叶以来的城市异化问题,作为考察重点。而后,我们再具体考察中国城市化进程中的城市异化问题。

一、国外城市化进程中的城市异化问题

(一)英国工业革命时期的城市异化问题

英国是第一个实现工业化和城市化的国家。英国城市化大约始于1775年。在商业化和工业化的驱动下,人口从农业区向工业区迁移,形成大规模的人口流动。随后小城市变成大城市,大城市形成城市群。到19世纪晚期,英国大约70%的人口居住在城市中,成为全世界第一个初步实现城市化的国家。一批规模大、产业结构新的近代城市崛起。如伦敦1545年只有8万人口,1700年增至67万,超过巴黎成为欧洲第一大城市;1901年达658万,成为全世界前所未有的繁华大都市。同时,英国还出现了工矿、港口、海滨、休闲、交通枢纽和商业型等具有专门功能的城市。

但是,工业化和与之俱来的城市化如此迅速的发展,大大超出了人们的想象,它所带来的福祉和祸患同样使人们感到措手不及,特别是在一个奉行自由放任经济的国家,这种迅速到来的工业化和城市化,不可避免地引致人口急剧膨胀、住房短缺、就业竞争激烈、公共卫生设施匮乏、环境污染、犯罪率居高不下等一系列城市问题和社会问题。英国大作家狄更斯在《雾都孤儿》中,形象地描述了19世纪30年代英国工业革命后迅速发展的城市化所暴露出来的诸多问题。对此,英国经济史学家哈孟德夫妇用"迈达斯灾祸"("迈达斯"是希腊神话中的人物,梦想点石成金,但是目的达到后却几乎饿死)来形容这段历史。英国早期的城市异化问题主要体现在以下几个方面。

1. 住房短缺

工业化时期由于大量农村人口进入城市,使得原有的基础设施和其他公共服务设施不堪重负,住房严重供应不足。由于当时英国古典自由主义的基本原则占据主导地位,政府的功能被限定在维持社会治安、保卫国家安全、维护司法公正等层面上,而不采取累进税的方式获取大量公共建设资金积极主动地改善人们的生活,因而在当时的英国,

人们的住房,特别是产业工人的住房条件极端简陋。在19世纪上半叶,仅伦敦万人聚居的贫民窟就有20个以上,这些贫民窟成为"霍乱国王的巢穴"。创造财富的工人,住在城市中最糟糕的地区的最糟糕的房屋里。房子质量差,采光、通风及卫生条件都极恶劣。据统计,曼彻斯特市内有2万人住在地下室里,占工人总数的12%。在利物浦,每6人中有1人住在地窖里。

　　对于这一状况,恩格斯在《英国工人阶级状况》作了这样的描述:每一个大城市都有一个或几个挤满了工人阶级的贫民窟。穷人住在紧靠着富人府邸的胡同里。可是总给他们划定了一块完全孤立的地区,他们必须在比较幸福的阶级所看不到的地方尽力挣扎着地活下去。英国所有城市中的这些贫民窟大部分都是一样的。这些城市中的最糟糕的房屋,最常见的是一排排的一层或两层高的砖房,几乎都是排列得乱七八糟,还有许多人住在地下室。这些房屋每座仅有三四个房间和一个厨房,叫做"小宅子"。在全英国,工人住房所在的街道通常是没有铺砌过的,肮脏的,到处是垃圾,没有排水沟,有的只是臭气熏天的死水注。这里的住宅非常集中,以致空气很难流通,特别是很多人挤在一个小小的房间里,空气之糟是可以想象的。

　　2. 环境污染严重

　　英国是第一个实现城市化的国家,没有组织城市生活的经验可供借鉴,一切都是自然发展的。因而在出现问题的初期,往往很少引起人们的注意,直到问题发展到忍无可忍的程度以后,人们才呼吁加以解决,但往往为时已晚。

　　工业革命时期的城市卫生问题,部分来自工业污染,部分来自生活污染。工业废水和生活污水污染了河流,极易诱发传染病。仅泰晤士河就受到400余条污水管道的污染。工业化早期的城市尚未建立清扫垃圾的制度,垃圾粪便随意堆放,严重影响居民的身体健康。詹姆斯·史密斯曾这样描述:在利兹,最不卫生的地区是工人住的狭窄的房屋区,这类建筑物里不具备任何一种排水设施。厕所少且前后无遮无盖,空气污染,造成大批的人体弱多病,养成了依赖烈酒和麻醉剂的嗜好。[①] 根据记载,曼彻斯特的议会街,每380人才有一个厕所;在居民区,每30幢住满人的房子才有一个厕所。在工人的家里,鸡、猪甚至马都挤在同一个房子里。对于城市卫生特别是较大城市的卫生来说,排水是很关键的问题。当时大部分城市都没有良好的排水系统,一般污水都是通过大大小小的阴沟通往厕所或死水塘。情况最好的是将污水排入流经城市的河流。例如,经过曼彻斯特的艾尔克河,成了一条大污水沟。在伦敦,大大小小的污水池和污水沟到处可见。

居住的拥挤和卫生状况的恶化,导致瘟疫横行。对于工人居住区来说,猩红热、伤寒、霍乱等是最容易发生的,而一旦发生就不可收拾,往往危及成千上万人的生命。工业革命时期英国人口死亡率回升,与此有直接关系。在格拉斯哥,1821年工人因疾病而死亡的比例为2.8%,1838年上升为3.8%,1843年达到了4%。[②] 在整个19世纪,农业工人的平均寿命反而比产业工人还要长。

3. 工人处境艰难

工业革命的迅猛发展刺激了城市对劳动力的需求猛增,城市人口呈爆炸性增长。以不列颠的人口为例,1751年为725万人,1781年约为925万人,到1801年增加到1094.3万人,1819年为1259.7万人,1821年为1439.2万人。[③] 城市人口的增长还包括城市自身的人口繁殖,加上英格兰不断吸收因灾荒从爱尔兰迁入的移民,涌入城市的人口如潮水般势不可当,引发了就业问题。奉行"自由主义"政策的英国政府对此却袖手旁观,听之任之。据亨利·梅休的调查,在工业化时期的英国,仅有1/3的工人能充分就业,1/3的工人处于半就业,剩下的1/3

---

① 参见 E. 罗伊斯顿·派克:《被遗忘的苦难——英国工业革命人文实录》,福州:福建人民出版社1983年版,第296页。

② 参见钱乘旦、刘金源:《寰球透视:现代化的迷途》,杭州:浙江人民出版社1999年版,第129页。

③ 参见克拉潘:《现代英国经济史》上卷,北京:商务印书馆1975年版,第81页。

完全失业。①

　　城市化早期,英国工人工作时间一般在 12 小时以上,有时达 15—16 小时。工人进入工厂就像进入兵营或监狱,受到监工的严密监视。占工人绝大多数的女工和童工境遇更凄惨,棉纺厂的女工每天 14 个小时被禁锢在华氏 80—84 度的高温之中。空气流通不畅,到处飞舞棉毛尘埃,对妇女的身心摧残尤其严重。童工的问题更为严重。对童工有时仅仅提供食宿算是唯一的报酬。苏格兰东部偏远地区的小厂由于虐待童工而被称为"恶魔之窝"。因过度疲劳,很多童工在工作时睡着了,手指被砸烂,胳膊被轧断,有的整个人被机器卷进去。从经济发展水平来看,英国在当时所取得的成就是世界其他国家所无法比拟的,但是,它却是以工人身心健康的丧失为代价的。

　　4. 缺乏教育设施,道德堕落,犯罪率高

　　在工业革命进程中,英国产业工人所受的教育是极其贫乏的。在当时的英国城市中,只有为数不多的几个日校,而且教师往往不具备应有的道德品质。尽管有这些夜校,但由于工人白天工作 12 小时,十分疲劳,晚上根本无法学习,因而夜校往往无人问津。受不到良好教育,再加上恶劣的生活环境,工人们的道德自然堕落。酗酒是其中最严重的问题之一。当时英国大城市中有很多"下等啤酒馆"和"私酒店",在这里会聚了社会最底层的各色人等,如小偷、骗子、妓女,这些酒馆对作为他们主要顾客的工人所起的伤风败俗的影响是不难想象的。在工人中间,纵欲现象严重。这导致了卖淫的普遍化,每天晚上充塞于伦敦街头的有 4 万个妓女。② 对此,恩格斯指出:"只要那些使工人道德堕落的原因起了比平常更强烈集中的影响,工人就必然会成为罪犯。"从1805 年到 1842 年,因刑事罪而被捕的事件从 4605 件提高到 31309 件,前后增长了 6 倍。③

---

　　① 参见钱乘旦、刘金源:《寰球透视:现代化的迷途》,杭州:浙江人民出版社 1999 年版,第 129 页。

　　② 参见《马克思恩格斯全集》第 2 卷,北京:人民出版社 1957 年版,第 414 页。

　　③ 参见《马克思恩格斯全集》第 2 卷,北京:人民出版社 1957 年版,第 416 页。

(二)拉美城市化进程中的城市异化问题

长期以来城市化被视为经济和社会进步的重要标志。拉美的城市化改变了该地区国家的经济结构、社会结构和就业结构,在很多方面提高了人民生活水平,改变了人们的一些传统观念,推进了社会的进步。但拉美国家在城市化过程中也产生了一些失误,留给人们许多教训和思考。

1. 城市化"失控"现象严重

城市化发展与工业化和农业现代化有着密切的联系。城市化将工业化和农业现代化有机地联系起来。农业现代化、产业化把农村富余劳动力排挤出来。工业化推动城市经济发展和城市规模扩张,把农业剩余劳动力吸收过来。剩余劳动力的产出和吸收,二者之间需要保持一个动态的平衡。如果剩余人口产出得过多、过快,城市化就可能超前或失控;相反,则城市化可能滞后。但是,在拉美,城市化的发展遵循了一条超大城市化发展道路。在拉美城市化过程中,大量土地和其他农业资源被少数人垄断,大大压缩了中、小农户的发展空间。拉美各国政府不是通过社会变革来调整农业资源的配置,而是提倡走农业"技术现代化"的道路,即提倡私人大地产通过机械化、化学化、绿色革命等演变成现代大型私营农牧场,进一步减少农业劳动力。拉美各国政府几乎都把农村向城市移民视为缓解农村社会冲突最有利的方式,于是就出现大规模的自发移民潮。

1950—1980 年,拉美经历了一个城市化加速期。城市化率由41.6%提高到65.6%;100 万以上人口的大城市由 7 个增加到 48 个;有 10 多个国家的首都分别集中了全国人口的40%—66%;墨西哥城的人口由 300 万人增加到 1500 万人,圣保罗由 250 万人增加到 1350万人,里约热内卢由 290 万人增加到 1070 万人,布宜诺斯艾利斯由 530万人增加到 1010 万人,都成为了世界级超大城市。

这种高速度的农业人口转移速度与工业化发展水平又极不相符。拉美城市化与工业化的比率偏高。国际上通常用城市化(城市人口占总人口比重)与工业化(工业增加值占 GDP 比重)之比衡量城市化的合理程度,把这一比率的合理范围定在1.4—2.5之间。根据世界银行的统计,1999 年拉美城市化与工业化率之比为2.50,达到了上述合理比率的极限。这种超前和过度城市化造成自然、社会和生活环境恶化。在城市发展进程中,城市内部产生了一系列经济、社会和环境问题,如城市空气质量恶化、水源被污染、交通堵塞、住宅拥挤、贫民区无序扩张、犯罪率上升,等等。尽管这些"城市病"是几乎所有国家曾经或正在面临的问题,但"城市病"的轻重可以因政府重视程度和管理方法的差异而有所不同。由于城市化发展失控的缘故,拉美国家的"城市病"比发达国家更严重。

2. 过于强调"生产性就业"而忽视非正规就业

农村剩余劳动力能否实现向城市的有效转移,关键是能否在城市获得就业机会。拉美国家在解决城市就业问题上有两点教训:一是对正规经济部门,特别是现代工业部门创造就业的能力估计过高;二是忽视非正规就业。在第二次世界大战后,拉美的主流思想是片面强调进城农民应在城市正规部门获得"生产性就业",轻视甚至排斥非正规的其他就业途径,如对自主创业规定过高的"门槛"和繁杂的手续,第三产业和服务业就业途径的缺失,对非正规的其他就业不给予政策支持等。但实际情况是,拉美国家在城市化的发展中,包括现代工业在内的城市正规经济部门根本满足不了农村剩余劳动力就业需求。这样,在很大程度上使城市失业和半失业状况变得异常严峻。

3. 城市贫民窟现象严重

城市化率高,人口过分集中于大城市,城市就业问题又解决得不好,结果造成大量城市贫困人口。大批农民来到城市后,并不能得到充分就业,收入水平很低,又得不到住房信贷,不能得到合法的住宅。导致这些贫民大都在城乡结合部自行搭建简陋住所,逐渐形成大规模的贫民窟。这些贫民窟并不在市政和政府有关部门规划之中,政府甚至认为这些住宅不合法,很少在这些居住区内进行基本建设投资,致使这些住宅区基础设施极度缺乏。

2001 年,拉美城市贫民窟居民达到1.27 亿人,占城市人口的1/3。

一些大城市(如墨西哥城、里约热内卢、加拉加斯、利马等)都被大片贫民窟包围。贫民窟通常没有正规的道路或街道,水电供应往往是从城市供水、供电系统"偷"来的,也没有公共环卫系统,形成了"一个城市,两个世界"。贫民窟居民在物质与生存层面难以与所在城市融合,在文化层面上的融合就更难了。更严重的是,这类地区不仅"外人"不敢涉足,而且往往是法律管不到的地方,黑恶势力横行,各类犯罪活动猖獗。贫困人口在大城市大量集中,也是拉美国家容易发生社会动乱的重要原因之一。

4. 城市"边缘群体"现象普遍

农村人口大量流入城市,但城市工业并不具备创造吸收所有劳动力就业的能力,进入城市的这些移民长期处于失业和半失业状态,或主要以在城市经济的边缘自我就业谋生,许多人长期生活在官方确定的贫困线以下,长期不能合理分享城市化与经济增长带来的利益。这些人逐渐成为城市地区的"边缘群体",且规模越来越大。

1990年城市贫困家庭占家庭总数的36%,比1980年增加了11个百分点。1990年拉美城市贫困人口绝对数量比1980年增加5790万。城市贫困现象成为拉美国家的主要社会问题之一。边缘群体和大量贫困人口的存在,突出了拉美国家城市化进程的混乱,对社会稳定构成现实的威胁,不利于城市经济与社会的和谐发展。

从总体上看,无论是工业革命时期的英国,还是20世纪70年代以后的拉美,都处在一个经济社会的激烈转型过程中。原来的农业生产方式被打破,大量的农村剩余劳动力潮水般地涌入城市。急剧的社会转型无疑是各种"城市病"空前爆发的根源之所在。快速发展的工业化和城市化使城市人口、经济规模暴涨,超过了城市自然和生活环境的承载能力,从而造成城市基础设施的短缺和环境的恶化。城市人口大大增加了,然而与其生活密切相关的城市社会各项事业由于受各种因素的制约,并没有以同样的速度发展,由此带来了住房拥挤、交通堵塞、公共卫生设施奇缺、失业问题严重、犯罪率急升等社会问题。城市规模的扩大同样给环境造成巨大压力,大量的工业污染和居民生活污染超过了环境的自净能力,从而造成严重的环境问题,极大地影响了城市居民的生活质量。

　　同时,在城市化过程中,工业革命时期的英国和20世纪70年代至90年代的拉美都采取了一条自由主义的经济政策。政府对经济的发展和城市化采取了放任自流的态度。这在很大程度上弱化了政府在其中的管理和服务职能,造成了城市化过程中的诸多问题。实际上,城市化的发展尽管是一个自然的发展过程,但是离开了政府必要的调控,就会流于无序状态。在城市化与经济社会转型的结构性调整中,过度地人为控制,将农业人口紧紧地束缚在农村,限制其自由流动,与完全采取放任自流的态度,让人口的流动过于盲目化,这两个极端都是不可取的。无论是早期的英国城市化进程,还是20世纪后半叶以来的拉美城市化进程,都充分说明了这一点。

二、中国城市化进程中的城市异化问题

　　自20世纪70年代以来,中国城市化步伐开始加快。特别是1978年改革开放以来的30多年间,我国城市化进程呈现出日新月异的新发展趋势,城市化发展内涵也发生了质的飞跃,老城市的改造提升,新城市迅速崛起。如老城市上海由于浦东新区的开发获得新生;重庆由于提升为中央直辖市,并全面实施"一圈两翼"的城市化发展战略而快速崛起;小渔村深圳由于国家政策的支持和现代城市规划新理念的"超常"定位设计,30年后发展成为了走向世界的名城。中国城市化进程的加速发展,给中国经济、政治、科技、文化建设,人民生活的改善带来了巨大的成果。中国改革开放以来的城市化极大地促进了区域经济、政治、科技、文化、教育诸多方面要素的高度聚集,形成了新城市区域经济增长极。城市经济的快速增长,也使城市的信息中心、城市的空间系统属性功能大大增强。但同样不可忽视的是,城市化的推进中所出现的城市异化问题也伴随着中国城市化的推进日益严重起来,它给城市居民的身心健康,给大中城市的全面、协调、可持续发展带来了极大的挑战和威胁。

现阶段,中国城市化进程中的异化问题主要凸显为以下三大矛盾:一是城市化与人民日益增长的物质文化需要、城市空间、人口密度和城市负载能力不相适应;二是城市化与工业化、城市化与区域经济发展不相适应;三是城市化与城乡居民机会平等、身份平等、公平正义的基本需求不相适应。

(一)城市空间、人口密度和城市负载能力的冲突

人的生存需要特定的自然环境和社会环境。城市为人的生存提供了一个特定的空间。在这一空间中,有着特定的建筑、道路、公共与生活娱乐设施等。一个健康和谐的城市环境,无论对于人们的生理还是心理都具有正面的推动作用。但是,在中国城市化发展过程中,不少地区和城市往往为了片面追求速度,采用了摊大饼的方式盲目加以进行。缺乏规划,定位偏失,急功近利,不顾长远,超速超标准强求发展,是我国城市化进程中的通病。它使城市发展偏离总体规划布局,规模盲目扩大,人口无节制增长,导致城市发展空间迅速缩小,基础设施严重超载,城市人口密度与城市空间结构布局的失衡矛盾日益突出。公路上持续上演着车挤车、车上人挤人的交通闹剧;城市住房的密度越来越高,人们的公共活动空间持续减少等问题十分突出,表明城市基础服务设施功能的脆弱。"山上城"、"坡上楼"、"钢筋水泥摩天楼",表明城市发展空间受阻的现实;流感、非典等传染病在城市无规律地爆发蔓延,表明城市人口密度高,病因复杂,受害人群广的必然性。

人们采用人工化的方式,对自然环境进行改造,创造了人工化的城市环境,其初衷是为了满足人们更好地生存和发展。但是,在当下中国的不少城市当中,人们所感受到的并不是环境的优美、心情的愉悦和交通出行的方便。相反,由于持续的城市定位混乱、城市管理滞后,以及土地、水资源等环境问题给人们带来了严重的不良影响。城市发展的目的是为了人的发展,满足人的需要,但是,中国当下不少城市的发展却给人们的生存与发展造成了严重的障碍。这是当代中国城市异化的一个典型表现。

　　(二)低工业化水平与城市化的巨大压力

　　城市化是工业化的必然结果,城市化与工业化相适应是经济持续发展的客观要求。20世纪末特别是近十多年来,在国家现代化与城市化发展战略相关政策的推动下,我国城市化进程的发展速度达到前所未有的水平。无论是城市发展的规模,还是城市人口的增长速度,城市人口在整个人口中所占的比例,城市经济对社会经济的贡献率,都超过了以往任何时代。但是,从世界各国城市化发展的过程来看,城市化的发展必须要有强大、先进的生产力推动,特别是工业化的推动来进行。不过,城市的发展都必须把握一个"度",城市化与工业化必须协调发展,既不能超前,又不宜滞后。在我国很多地方,为了片面地追求城市化发展速度忽略了这个问题。不少区域不顾经济发展实际水平,一味追求城市化的高速发展,使城市化速度大大超过了工业化速度与经济发展实际水平,造成城市人口的过度增长。同时,许多地方由于城市建设的步伐跟不上城市人口的增长速度,日益庞大的城市不能为居民提供必要的就业机会和生活条件,结果造成城市用地紧张、房价上涨、交通拥挤、污染严重、犯罪率上升等严重的城市问题。这是一种不利于经济社会健康、协调、可持续发展和人的全面发展的城市化。

　　改革开放以前,由于长期实行计划经济体制,中国的城市化速度远远低于工业化的速度,出现了所谓的"滞后的城市化"。这种滞后的城市化使城市本身的集聚效益和规模效益不能充分发挥其功能,使社会经济染上城市人口增长过慢的"贫血病"。当下不少地区为追求政绩工程、单位GDP增长和城市建设形象,倾注地方财力,透支土地与环境资源,不顾经济发展规律的城市建设,使不少的城市在发展速度上超过了工业化速度,出现了"过度的城市化",其结果是城市公共管理缺乏、财政与经济增长停滞不前、土地与资源严重浪费,同时也给城市居民的出行、住房、医疗、教育等造成了很大的压力。无论是"过度的城市化",还是"滞后的城市化",都制约了城市化的进一步发展和现代化的深入。"过度的城市化"和"滞后的城市化"虽然是城市发展的两种截然不同的表现形式,体现的却是共同的问题:城市化必须与工业化同步,否则将制约城市化的进一步发展和现代化的深入。因而要为城市居民创造良好的生活环境,满足人们多层次的需要,在推动城市化与工业化以及城市发展与产业结构调整布局的进程中,必须要把握好一个度,在城市规模建设、城区规划发展等各个方面,切不可片面地追求数量和面积,而忽视了经济发展规律以及满足人的多元需要这一根本性的问题。

(三)缺乏良性流动机制的人口大流动

人口的流动,是推动城市化发展的根本要求。随着我国改革开放的深入和城市化与工业化的快速推进,城市对劳动力的需求日益增加,这极大地刺激了我国农业人口的流动。农业人口流动是社会资源优化配置、社会结构合理调整、推进我国现代化进程的必然要求。然而,目前我国农业人口向城市流动过程中还存在着诸多问题。

如前所述,由于工业化发展水平比较低,我国城市的内在吸纳能力相对较弱。改革开放以前,重工业超前发展和城乡隔绝制度下的城市化进程,形成了至今仍十分明显的"二元社会经济结构"。目前,农村中小规模、低效率的粗放式的农业生产和乡镇企业的衰落拉大了城市和农村的收入差距。现代的集约式生产越来越成为时代的需求,这也导致了农村所需的劳动力减少,形成了一股所谓的"民工潮"。而此时的城市,由于产业结构调整,技术水平的提高,国有企业注重保值增值的改革和裁员增效的深入,城市普通劳动力供过于求的"结构性矛盾"十分突出,城市根本无法大规模吸收农村流动人口。

人的全面发展,需要有一套外在的制度保证。对于城市化与人的发展之间的关系而言,同样也是如此。对于进入城市的大量农民工而言,他们进入城市是为了寻求更好的发展机会,满足自身的生存需要、享受需要和发展需要。但是,在中国城市化进程中,由于一些特定的制度安排,阻碍了他们通过努力实现这一发展的需要。在中国城市化进程中,进入城市的农业流动人口,一开始就是以一种不平等的社会角色进入城市的,他们虽然居住和工作在城市,但在制度上他们不是城市社会生活的一员,而被称为"农民工"。他们更像是过客,在城市生活中他们是"下等人",其基本权利经常得不到应有的保障。农民工进城务工存在着诸多歧视性政策,包括户口、身份、工作岗位、子女上学、教育培训、社会保障等方面的限制,从而使农民工无法享有城市居民同等的权利。这种城市化发展的方式,不仅没有使城市发展的成果惠及所有人,相反,还侵犯了人与人之间应有的平等、公正、自由的权利。

城市化的主要目的之一是解决人的衣、食、住、行,是不断完善和满足人的物质与精神生活需求,为人的生存与发展,为人们的丰衣足食、安居乐业创造优良的环境。在城市中,人们应该能够获得自身存在的意义和价值,能够满足自身生存和发展的需要。对于中国城市化进程中所出现的上述矛盾或城市异化问题,需要我们加快通过城市发展模式的战略选择,合理的经济结构调整与增长方式变革,城市区域功能分区的战略规划、城市管理制度设置,以及农民工社会保障、人口素质提高、合理的教育与技术培训,城市文化理念的培育和社区文化的建设等一系列新的发展观来加以解决。对于这些问题,我们将在第六章展开详细论述。

第 六 章
求索解决之道

第一节　马克思主义关于城市化的理论启迪

　　马克思、恩格斯、列宁、毛泽东等经典作家的理论发展与城市发展有着密切的联系。马克思、恩格斯在《德意志意识形态》、《英国工人阶级状态》、《政治经济学批判》、《论住宅问题》、《资本论》、《共产党宣言》、列宁在《俄国资本主义的发展》，毛泽东在《论联合政府》等著作中，对资本主义历史进程中的城市化现象、城市化过程中存在的城乡对立的矛盾，以及未来城市发展问题都有极为丰富的精辟论述和理论总结。虽然马克思、恩格斯、列宁、毛泽东等对城市化问题没有进行系统深入研究，没有系统解释现代资本主义城市社会和城市空间结构的变化，也没有从城市的维度解析现代资本主义与社会主义城市化的变化，甚至在他们的著作里没有独立使用过"城市化"一词，但他们结合生产关系和阶级关系的变化以及无产阶级革命理论、共产主义思想策略论及城市问题，特别是城市化进程中的城乡关系问题，为我们建设中国特色社会主义现代化城市，解决当下中国城市化进程中的各类矛盾，确立正确的城市化发展战略提供了重要的理论依据。

一、对立与融合——马克思主义的城乡理论

　　一部人类发展史就是一部城乡关系的历史,城乡关系特别是城乡对立与融合的关系,始终是马克思主义经典作家主要研究关注的焦点问题之一。马克思、恩格斯对城市问题的论述主要是从城市分离和城乡对立的关系研究开始,并进而提出消灭城乡对立、实现城乡融合的理论。

　　在马克思、恩格斯的论述中,城乡分离有时是等同于城乡对立的,它是对劳动分工和生产关系之间矛盾状态的表述,但更多的是指城市发展的过程与趋势。在马克思、恩格斯看来,人类历史经历了两次大的城乡分离,第一次城乡分离是由于"某一民族的内部分工,首先引起工商业劳动和农业劳动的分离,从而引起城乡的分离和城乡利益的对立"。① 城市与乡村的第一次分离也是第一次社会大分工,但"真正的城市只是在特别的适宜于对外贸易的地方才能形成,或者只是在国家首脑及其地方总督把自己的收入(剩余产品)同劳动相交换,把收入作为劳动基金来花费的地方才能形成"。② 第二次城乡分离是伴随着产业革命的诞生而出现的,也就是现代意义上的城市化过程。近代以来大工业的迅速发展使"现代化大工业城市(它们像闪电般迅速地成长起来)代替从前自然成长起来的城市。凡是它所渗入的地方,它就破坏了手工业者和工业的一切旧阶段。它使商业城市最终战胜了乡村。"③"物质劳动和精神劳动最大的一次分工,就是城市与乡村的分离。城乡之间的对立是随着野蛮向文明过渡、部落制度向国家的过渡、地方局限性向民族的过渡而开始的,它贯穿着全部文明的历史并一直延续到现在。"④从马克思、恩格斯在论及城市起源与劳动分工的关系,

---

① 《马克思恩格斯全集》第3卷,北京:人民出版社1960年版,第57页。
② 《马克思恩格斯全集》第46卷上册,北京:人民出版社1960年版,第474页。
③ 《马克思恩格斯全集》第3卷,北京:人民出版社1960年版,第68页。
④ 《马克思恩格斯全集》第3卷,北京:人民出版社1960年版,第56—57页。

城乡分离的合理性、必然性来看,城乡分离是历史的进步。马克思在《资本论》中指出:"一切发达的、以商品交换为中介的分工的基础,都是城乡的分离。可以说,社会的全部经济史,都概括为这种对立的运动。"①在这里,马克思实际从本质上认为城乡分离就是城乡的对立运动,而这种城乡对立运动是人类社会历史的进步。

从马克思、恩格斯关于城乡分离和城乡关系的一系列论述来看,马克思、恩格斯清楚地看到,两次城乡分离对人类社会物质劳动和精神劳动的积极意义与巨大贡献。恩格斯在《反杜林论》中指出:"第一次大分工,即城市和乡村的分离,立即使农村人口陷于数千年的愚昧状态,使城市居民受到各自的专门手艺的奴役。它破坏了农村居民的精神发展的基础和城市居民的体力发展的基础。"②同时,由于城乡的分离所带来的一系列社会矛盾与负面效应,造成了城乡之间的"对立"。但这种"城乡之间的对立只有在私有制的范围内才能存在。这种对立鲜明地反映出个人屈从于分工、屈从于他被迫从事的某种活动,这种屈从现象把一部分人变为受局限的城市动物,把另一部分人变成受局限的乡村动物,并且每天都不断地产生他们利益之间的对立。"③马克思在《〈法兰西内战〉初稿》中也指出:"在法国,像在绝大多数的欧洲大陆国家一样,在城市生产者与农村生产者之间、在工业无产阶级和农民之间是存在着深刻的矛盾的。大规模的有组织的劳动,生产资料的集中,这是无产阶级追求的希望,也是无产阶级运动的物质基础……另一方面,农民的劳动则是孤立的,他们的生产资料是零星分散的。在这些经济差异的基础上,作为上层建筑,形成了大量互不相同的社会政治观点。"④由于城乡之间不同的生产方式,造成了城乡劳动者之间的某些利益的对立。马克思、恩格斯在《德意志意识形态》中指出:"随着工场手工业的出现,工人和雇主的关系也发生了变化。在行会中,帮工和师

---

① 马克思:《资本论》第1卷,北京:人民出版社2004年版,第408页。
② 《马克思恩格斯选集》第3卷,北京:人民出版社1995年版,第642页。
③ 《马克思恩格斯全集》第3卷,北京:人民出版社1960年版,第57页。
④ 《马克思恩格斯选集》第3卷,北京:人民出版社1995年版,第101—102页。

傅之间存在着一种宗法关系,而在工场手工业中,这种关系由工人和资本家之间的金钱关系代替了;在乡村和小城市中,这些关系仍然带有宗法的色彩,而在大城市、真正工场手工业城市里,这些色彩在最初阶段就几乎完全消失了。"①

在马克思、恩格斯看来,城市分离与城乡对立的发展过程中,城乡分离和城乡对立不仅仅表现在个人劳动方式、生产方式的对立,而且也因此带来了城乡社会发展中身份、财产、交换、政治关系等诸多方面的深刻矛盾。在城市分离与城乡对立的发展过程中,城市始终是主导并深刻影响着乡村经济社会的方方面面,并进而形成了城乡之间利益差异的巨大矛盾和冲突。

从人类社会发展与现代性的历史角度来说,城乡之间差异形成的矛盾冲突,是现代城市化发生过程的历史必然。这种城市化过程所形成的城乡之间的差异、对立的矛盾冲突,是现代与传统、文明与野蛮的差异与对立,是城市化发展过程的一种特殊历史阶段,是一种社会进步。

由于马克思、恩格斯思想体系中吸收了早期社会主义者欧文和傅立叶的人道主义观点,在立足于资本主义的历史背景下,从人类社会历史发展的逻辑性,解析资本主义城市化这一特殊历史发展过程,对城乡差异与对立的不合理性进行批判的同时,也清楚地认识到消灭城乡差异与对立、实现城乡融合的必然性。马克思、恩格斯不仅对空想社会主义者消除城乡对立、实现城乡融合的思想给予了高度的评价,而且,也提出了消除城乡对立、实现城乡融合的一系列思想。马克思、恩格斯在《共产党宣言》中提出:"把农业与工业结合起来,促使城乡对立逐步消灭。"②恩格斯在《反杜林论》中则提出,大工业在全国尽可能平衡地分布,是消灭城市与乡村分离的条件。同时,在 1847 年《共产主义原理》一文中,恩格斯十分明确地提出了"城乡融合"的思想。他说:"城市和

---

① 《马克思恩格斯全集》第 3 卷,北京:人民出版社 1960 年版,第 64 页。
② 《马克思恩格斯选集》第 1 卷,人民出版社 1995 年版,第 294 页。

乡村之间的对立也将消失。从事农业和工业劳动的将是同样的一些人,而不再是两个不同的阶级。单从物质方面的原因来看,这已经是共产主义联合体的必要条件了。乡村农业人口的分散和大城市工业人口的集中只是工农业发展水平还不够高的表现,它是进一步发展的阻碍,……通过消除旧的分工,进行生产教育、变换工种、共同享受大家创造出来的福利,以及城乡的融合,使社会主体成员才能得到全面的发展。"①在《反杜林论》中他进一步提出:"城市和乡村的对立的消灭不仅是可能的。它已经成为工业生产本身的直接必需,同样它也已经成为农业生产和公共卫生事业的必需。只有通过城市和乡村的融合,现在的空气、水和土地的污染才能排除,只有通过这种融合,才能使现在城市中病弱的群众把粪便用于促进植物的生长,而不是任其引起疾病。"②在这里,我们可以看到,恩格斯提出的"城乡融合"在工业和农业发展达到一定水平的时候,它不仅是可能的,而且也是必然的。城市化的过程中只有实现城乡融合,才能破解城市发展中出现的矛盾和问题,才能取得城市与乡村的协调发展,实现人类经济社会与生态环境的和谐发展。

在马克思主义者看来,"马恩揭示了资本主义发展初级阶段十分突出的城乡对立现象,并提出了若干解决城乡发展不平等和不平衡问题的方案。马恩给予的重要理论启示是,即使在生产力不够发达和富裕的条件下,人类社会仍要通过有意识的努力,创建社会平等制度,改善城乡关系"。③

从马克思主义关于城乡关系的相关文献和论述中我们不难发现,城市化是人类社会的历史性进步。在这一历史性的发展过程中,偏重城市化的倾向所形成的城乡分离与城乡对立,只是城市化历史发展的特殊阶段,随着经济社会发展到一定的程度,城乡之间的分离与对立将

---

① 《马克思恩格斯全集》第4卷,北京:人民出版社1960年版,第371页。
② 《马克思恩格斯选集》第3卷,北京:人民出版社1995年版,第646—647页。
③ 高鉴国:《新马克思主义城市理论》,北京:商务印书馆2006年版,第55页。

逐步消解,进而必然实现城乡融合。其城乡融合的历史必然,实际内涵也就是城乡一体化。

二、城乡一体化——城市化的目标

从马克思主义关于城乡关系的一系列论述来看,城乡分离、城乡对立、城乡融合理论不仅是对资本主义工业化兴起,城市化进程中生产方式变革过程的历史分析,同时也是对人类社会发展历史的回顾与展望。城乡之间相互联系和相互作用的关系,昭示着社会发展、城市历史演变的主要规律:"在农业社会,城乡是依存关系;在工业社会,城乡是统治和被统治的关系;在后工业社会,城乡是融为一体的关系。城乡融合也就是城乡一体化,是社会发展的最高阶段。"①也就是说,从乡育城市经过城乡分离与城乡对立,最终实现城乡融合或城乡一体化的过程,不仅仅是人类社会发展的历史必然,也是人类城市化的理想目标。

马克思和恩格斯提出的"消灭城乡对立"、实现"城乡融合"或城乡一体化的理论,自工业革命以来影响了无数的社会活动家、革命家以及一大批社会学家、经济学家、人类学家和城市学家,他们为消灭"城乡二元结构矛盾",实现"城乡融合或城乡一体化"的理想付诸了大量的实践和理论研究,取得了丰硕的成果,为我们当下研究加快推进我国城市化进程,消解"城乡二元结构矛盾",促进"城乡融合或城乡一体化",具有积极的理论价值和现实意义。

当今时代,随着工业化和城市化的深入推进,发展中国家普遍存在现代工业与传统农业并存的二元结构,二元结构形态存在的"统治和被统治"的内在矛盾,导致经济发展方式与社会结构不断转化与调整,其结果必然是向城乡一体化的现代化结构转变。城乡一体化的现代化结构的转化与调整过程,就是城乡一体化的过程。城乡一体化对我国现代经济的发展、社会的变革具有十分积极的意义,是我国加快实现现

---

① 傅崇兰等:《中国城市发展问题报告》,北京:中国社会科学出版社 2003 年版,第58—59 页。

代化、城市化的必然选择。近年来,我国关于城乡一体化问题的研究不断深入,在这里,我们梳理相关的理论成果,以便于我们的分析研究。

(一)城乡一体化的诸种定义

城乡一体化作为一个专有概念,是中国人的发明,是人们在研习马克思主义经典作家的著作的基础上所提出来的一个规划未来城市发展的理念。在西方的语言中,存在着城乡(Urban-rural)与一体化(Integration)这两个词,但从未结合在一起使用。与城乡一体化相近的,唯有城乡融合(Urban-rural composition)概念。不过就相关的思想而言,我们既可以从马克思主义的经典作家那里,也可以从西方的一些学者那里,找到城乡一体化的相关内容。

最早表述与城乡一体化相关的思想的,应该是恩格斯。正如我们在前面提及的那样,他在《共产主义原理》中明确表达了城乡融合的两个标志:工人与农民之间阶级差别的消失,以及人口分布的均衡化。根据斯大林的解释,这不是说城乡差别的消失,更不是消灭城市,而是城市和农村实现同等的生活条件。之后,英国城市学家埃比尼泽·霍华德(Ebenezer Howard,1850—1928 年)提出了当代意义上的城乡一体化思想,他在 1902 年出版的《明日的田园城市》中,明确地提出要用城乡一体的新社会结构来取代沿袭已久的城乡对立社会结构。他在该书序言中说:"城市和乡村都各有其优点和相应缺点,而城市—乡村则避免了二者的缺点……城市和乡村必须成婚,这种愉快的结合将迸发出新的希望,新的生活,新的文明。本书的目的就在于构成一个城市—乡村磁铁,以表明在这方面是如何迈出第一步的。"①美国城市学家刘易斯·芒福德(Lewis Mumford,1895—1990 年)在为霍华德的这本书作序时,对其中提出的城乡一体化思想大为激赏,认为霍华德书中把城市和农村放在一起加以探讨,可以算做历史性的创举;并且明确指出:"城与乡,不能截然分开,城与乡,同等重要;城与乡,应当有机结合在一

———————

① 霍华德:《明日的田园城市》,北京:商务印书馆 2000 年版,第 3 页。

起。"①他主张建立许多新的城市中心,形成一个更大的区域统一体,重建城乡之间的平衡,如此有可能使全部居民在任何地方都享受到真正的城市生活的益处。

当下国内对城乡一体化的界说,就笔者目前掌握的资料来看,大致可以归类为以下几种:

(1)随着生产力的不断发展,农村人口的城市化,城乡差别的逐步缩小,进而促使城乡经济、社会、文化、环境等诸方面的和谐发展,使城乡平等地共享现代文明的过程,就是城乡一体化。但是,正如有些学者所指出的那样,城乡一体化既不是农村的城市化,也不是城市的农村化,而是在保持差异的情形下使农村和城市和谐共存。这既是城市化的最高目标,也是人类社会发展的最高境界。②

(2)根据洪银兴的说法,城乡一体化是指城市和农村作为两个不同特质的人类聚落空间和经济社会单元,在某个特定区域中相互依存、协同发展的过程。因此,它并不是城乡均质化和齐一化;相反,它的基本含义大致是"通过体制一体化、城镇城市化、产业结构一体化、农业企业化和农民市民化,把城市与乡村建设成一个相互依存、相互促进的统一体"。③ 由此充分发挥城市与乡村各自的优势和作用,使城乡之间的劳动力、技术、资金、资源等生产要素在一定范围内进行合理的交流与组合。

(3)从城市学、经济学和社会学三者的结合来看④,城乡一体化是在高度发达的生产力条件下,城市与乡村相结合,以城带乡,以乡补城,互为资源,互为市场,互相服务,达到城乡之间在经济、社会、文化、生态协调发展的过程。

---

① 霍华德:《明日的田园城市》,北京:商务印书馆 2000 年版,芒福德的"序言"。
② 参见应雄:《城乡一体化趋势前瞻》,《浙江经济》2002 年第 13 期。
③ 洪银兴、陈雯:《城市化与城乡一体化》,《经济理论与经济管理》2003 年第 4 期。
④ 陈光庭:《城乡一体化概念的历史渊源和界定》,http://www.bjpopss.gov.cn/bjpopss/cgjj/cgjj20021224.htm.zh。

由此我们可以看到,中国学者对于城乡一体化的界说尽管有所差异,但基本上把握了以下几个方面:第一,城乡一体化是随着生产力的高度发展、现代化和城市化的迅速发展的必然要求;第二,城乡一体化是一个不断发展着的动态过程,而不是一个一劳永逸的静态结果;第三,城乡一体化不是城市的农村化,也不是农村的城市化,而是城市与农村相互协调,它们彼此吸收有益的健康因素,摒弃有害的病态成分,最终相互促进的过程;第四,城乡一体化不仅仅是指物质方面的相互促进,而且也包括精神方面的相互吸收和推动,还包括生态环境上的和谐、协调发展;第五,城乡一体化力图超越城市与农村之间的鸿沟,但超越鸿沟并非要消除差别,差别是永恒的,并且正是差别的存在使得城市与农村存在,也使得城乡一体化得以可能和具有意义。

综上所述,从马克思主义经典作家们的"城乡融合"与"城市与农村有同等的生活条件",到现代城市学家们的"城乡有机结合"、"使居民在任何地方都能享受城市益处"等理论观点,以及我们中国学者在吸取马克思主义经典作家和西方思想的基础上所给出的诸种定义,都无一例外地清楚说明了世界城市发展的最高境界是城乡一体化。

(二)城乡一体化的科学内涵

围绕着城乡一体化,学者们和实际部门的工作者存在着不同的界说,而他们之间的不同界说,又体现在他们对于城乡一体化内涵的规定上。在这里,笔者并打算列举诸种关于城乡一体化内涵的不同规定,而采用洪银兴对于城乡一体化内涵的规定并稍加引申。根据洪银兴的说法①,城乡一体化的科学内涵包括以下几个方面:

1. 体制一体化

城乡一体化的首要标志,可以说是体制一体化,即消除城乡差别的平等体制,因为这是城乡对立的主要根源。在计划经济时代,由于国家较为注重工业的发展,因此,国家在资源配置上倾向于集中在城市的工

---

① 参见洪银兴、陈雯:《城市化与城乡一体化》,《经济理论与经济管理》2003 年第 4 期。

业。这样,一方面工农业产品上的价格"剪刀差"使农村与城市之间的距离日益扩大;另一方面,计划经济下资源配置的倾向性也加大了城市与农村之间的对立。改革开放之后,经济体制转型,逐渐建立了市场经济体制。但是,城市与农村之间的对立并没有多大改变,这一方面是因为城市在市场经济体制转型阶段转型较快,市场化程度较高,与之相反,农村的转型较慢,市场化程度较低,自然经济和半自然经济仍然占有一定的比重;另一方面,尽管有不少生产要素集中在农村,但生产要素市场却集中在城市。

显然,为了纠正由于计划经济体制下扩大的城乡对立,实现城乡一体化,首先就要在市场经济体制的基本框架之内,采取偏向农村的政策,注重发展和扶持农村市场经济,使之尽快与城市市场经济持平。这是城乡体制一体化的前提和基本要求。实际上,我们应该在观念上打破城乡分治的思维模式,畅通农村与城市在生产要素市场上的区隔,由此才能真正实现城乡一体化。由于生产要素市场集中于城市是一个不可更改的事实,体制一体化的主要内容应在此基础上建立其城乡一体化的生产要素市场,把农村生产要素市场包括在内,使农村与城市成为使用诸种生产要素的平等主体,让生产要素能够在农村和城市自由流通。比如,改革户籍制度,减少劳动力流通的障碍,建立一个城乡劳动力自由流动的劳动力市场。

2. 城镇城市化

作为城市与农村的中间地带,城镇在城乡一体化过程中的地位至关重要。由于城乡一体化的目标是城市化,因而,城镇的城市化也是城乡一体化的关键环节,是城乡一体化的必然要求。

就我国现有的城镇而言,基本上是在两个方向上形成的,一是通过农村发展起来的乡镇企业所形成的城镇;二是通过城市的结构调整,部分工业和居民住宅的转移所形成的城镇。不过,无论是在何种意义上形成的城镇,基本上都是工业城镇。就其在城乡一体化中的功能而言,它不仅是农村剩余劳动力的转移场所,城市工业调整和居民转移的廉价空间,而且也是城市化得以向农村扩散的重要中介。实际上,就城市化作为未来社会的发展趋势而言,不仅农村的城市化,而且城镇自身的城市化,都要求城镇的城市化。

很显然,城镇的城市化水平不仅影响到城镇自身的发展,也对城市化的技术、服务和设施向农村的扩散造成了巨大影响。实际上,若没有城镇的城市化,就无法使农村享受城市化带来的便利和优势,因而从根本上很难实现城乡一体化。因此,城镇城市化意味着城市化在城市、城镇和农村同步进行,使人们在城镇和农村都能享有同等机会。

3. 产业结构一体化

正如我们在上面的定义中所强调的那样,城乡一体化并不是使农村成为城市,或者城市变为农村,而是在一体化的体制下保持着"城市"和"农村",即保持着城市之为城市的特征,农村之为农村的特征。但是,在产业结构上使城市和农村形成一个有机的互补整体,则是城乡一体化的内在要求。

首先,根据城市、城镇和农村的不同特性和发展优势,合理地在城市、城镇和农村之间进行分工,分别形成城市型产业、城镇型产业和农村型产业,同时在不同的区域形成不同的产业群。从城乡一体化的角度来看,工业应该逐步从中心城市向城镇扩散,形成卫星城镇,而分散的农村工业向中小城市汇集,中心城市则主要发展第三产业。通过把工业从中心城市和农村转移到城镇,一方面可以解决日益严重的"城市病"和"农村病";另一方面可以使城市和农村保持其各自的特色,避免因同构而造成的过度竞争,在合理设计的基础上形成城乡互补,在经济技术上相互支撑。这样一来,城镇成了进行生产的中心,作为中介使中心城市的经济技术向农村扩散,使农村的诸要素向城市流通;中心城市则作为金融、贸易、信息等中心,成为周边城镇和农村的发展极;而农村则进行规模化的农业种植,为城镇和中心城市提供所需要的资源和要素,获取整体性的规模效益。

其次,确立农业、工业和第三产业在城市、城镇和农村的连接点,以密切城市、城镇和农村之间的关系。比如,通过自上而下的方式,使城市的工业和服务业通过"墨汁扩散"和空间转移,向中心城市之外的区域扩散,与城镇的工业和服务业连接起来,从而达到密切城市与城镇的效果;农村的农业把其延伸的加工和销售环节放到城镇,从而与城镇形成一种紧密的关系;在技术上形成从城市到城镇、从城镇到农村的服务转移,使得三者环环相扣。

4. 农业企业化

城乡一体化是城市化进程的一个环节,因此,城乡一体化关键的一极在于农村,在于农村的现代化。就目前的情况来看,由于生产力状况的差别,农村落后于城市,农村的生产方式大大落后于城市的生产方式。它的主要特征是经营分散,缺乏组织,几乎无竞争能力。因此,城乡一体化的一个内容就是农业的企业化,提升生产方式,使其与工业、商业处于同等的竞争地位。实现农业的企业化,要做好以下两方面的工作。

首先是农业的工业化,这意味着农业转化为作为工业的农业,使农业与工业在生产经营上显现出同质性。根据我们国家的具体情况,应在如下几个方面推进农业的工业化:第一,进行技术改造,使农业摆脱原始的耕作方式,逐步实现农业耕作的工厂化;第二,实行产业化生产,以满足农业工厂化的需要,即生产过程和产品加工的产业化;第三,树立市场意识,以市场为导向,使农业生产在产业化的基础上日益特色化和专业化。各地区可以按照城乡一体化发展的总体规划,调整农业结构。

其次是农业的组织化,即农业产供销以及市场活动上的有组织性。就我国目前的情况而言,农业组织建设主要涉及三个方面:第一,发展各类中介组织,尤其是农产品销售组织,提供各类信息、资金、技术等服务,以维护农民的利益;第二,确立一体化组织,适应农业产业化经营,建立一体化组织的模式是农户加公司,即建立以农产品加工企业或相应的批发市场,实现农户生产、加工销售一体化经营;第三,规模化经营,通过土地的自由流转,使土地集中,形成少数农场。

5. 农民市民化

城乡一体化的最终目标无非是使城乡居民在各方面达到平等,消

除因城市与农村之间不同的生活区域所导致的差异,而只保留因个人
选择而存在的差异。也就是说,尽管人们在城乡一体化之后依然能够
感受到人与人之间在生活方式的选择上的差异,但这种差异只是因为
个人的选择,而非由于其他因素。就城乡一体化而言,为了使城市和农
村的居民在生活方式的选择上有同样的机会,能享受到基本一致的公
共服务,一个必要的途径就是农民的市民化。

　　就目前的情形而言,长期存在的户籍制度一直分割着城市与农村,
是城乡之间形成巨大鸿沟的主要原因。经验告诉我们,由于存在着城
市居民与农村居民、城市户口与农业户口的区分,农村居民、农村户口
显然低人一等,甚至在诸多公共生活中处于一种道德上的弱势。因此,
农民市民化的第一步就是要取消分割城乡的户籍制度,使城乡居民在
城市和农村之间的流动不再受户籍的限制,加速城市与农村之间的交
往,促进城乡居民的流通。城市人居住在农村,农村人居住在城市,完
全出于他们各自的选择,而不再是其他因素的结果。与户籍制度的消
除相应,还应彻底消除对农民的各种歧视政策,进一步在观念上改变城
市人对农民的"另眼相待",从而使农民不仅在政策上,而且在社会生
活中获得真正的平等。具体而言,在就业上,农民到城市就业应与城市
人享受平等的权利;就受教育机会而言,取消农民孩子在城市入学的诸
种障碍,使其在入学和学校的选择上与城市人享有平等的权利;就医疗
卫生而言,农民应享有城市人同等的医疗保障;就社会保障而言,城市
与农村也应该平等,诸种社会保障应面向全体公民,而不仅仅是面向城
市人;就公共设施的享有上,城市中不应该排除农民进入的歧视性措
施,使农村人与城市人享有同样的机会。

　　当然,以上所述,表达的是城乡一体化的应然情形,基于各种原因,
现实中在诸多方面城乡仍然存在着严重的差别,对于农民也有许多不
当的歧视。正是由于这种歧视的存在,农民群体总是有特别强烈的入
城愿望,而这最终只能导致城市福利的普遍下降。面对这一问题,我们
更应该意识到农民市民化、城乡一体化的必要性和紧迫性,尽可能把提
供给城市人的机会和设施也安排到农村,扩大农村城镇的就业机会,提

升农村教育、文化、医疗卫生的质量,完善公共设施和公共服务。最终,农民无须进城就可以享受到同样的生活质量,也就能在真正上实现城乡一体化。

以上就是城乡一体化的大致内容,尽管还有其他的一些表述,但基本上没有超出上面所述的范围。

(三)城乡一体化的障碍

城乡一体化作为城市化进程的目标,也是社会主义发展的趋势,在过去的实践中已取得了巨大的成就,也积累了许多宝贵的经验。但是,阻碍着城乡一体化的诸多因素也日益凸显出来。在这里,我们根据已有的研究成果,分别从城市化、农村和理论三个方面对它加以概括。

从城市化的角度来看,我国城乡一体化存在着以下一些障碍①:第一,产业与城市化发展之间的不平衡。由于城乡一体化更多强调的是农村的城市化,因此,在城乡一体化的推进过程中,人们更多关注的是农村和城镇的基础设施和投资环境的改善、产业结构的合理调整,而忽视了同步推进城市化,由此导致了经济发展水平、产业结构与城市化水平之间的失衡。第二,中心化功能不够,空间布局太分散。比如,工业经济区域不具有聚集能力,过于松散;城镇的产业和人口在规模上不够大。这样一来,作为中介的城镇就无法承接中心城市转移下来的职能,进而导致城乡一体化无法在更深、更广的层次上展开。第三,缺乏整体性。显然,城乡一体化不是某个部分的一体化,而是包括城乡社会经济生活诸方面的一体化,而且这些不同的方面要有机地结合在一起。然而,目前尚是一种分割性条块的状况,缺乏足够的整体上的宏观调控和协调,以至于在行业、部门和地区之间出现了非常不平衡的发展现象,而且发展的速度和质量上也存在很大差距。第四,生产要素的流动过于缓慢。生产要素在城乡之间顺畅地流通,这是城乡一体化的基础。然而,在现实的社会经济发展中,由于诸如体制、利益等方面的原因,生

———————————

① 参见吴永兴:《上海市城乡一体化建设发展战略探讨》,《经济地理》1997 年第 1 期。

产要素和劳动力的流通受到很大限制,还未能打破长期形成的封闭单元,从而无法实现生产要素和劳动力的优化组合。第五,结构上的日益完整,质量上仍普遍低下。在城乡一体化的建设过程中,城市与农村在结构上的差距日益缩小,但是相应的结构在质量上依然存在着相当大的差距。

从对农村的影响和土地的使用上来看,存在着以下一些障碍①:第一,土地征用所造成的问题。首先是补偿问题,这主要是由于不同时期和地区对土地的征用形成的不同补偿所引起的矛盾,以及征地单位拖延补偿支付所引起的矛盾;其次是就业安置问题,由于征地导致失业的农民的去向问题;最后是保障问题,一部分进入乡镇企业的农村劳动力以及自谋就业的农村劳动力,没有社会保障,也没有医疗卫生保障。第二,土地使用问题。首先是农民得到的利益过于偶然,常常也很少,因为这取决于集体经济和开发商的实力和效益,以及他们的意愿。这样一来,农民实际上获得的补偿往往非常少甚至不了了之;其次是操作的不规范。比如农民对于土地的使用和补偿费用,很多时候并不知情。第三,农民迁移中的问题。首先是对住屋面积的认定,比如农民建房,有些符合政策但未办理相关的手续,有的超出了审批的面积,有些乡镇政府根本就没有办理这样的手续,诸多情况混杂在一起,十分复杂;其次是中介机构评估的不公,不同的中介机构得出的评估结果差异较大,使农民形成了不信任感,增加了农民的心理负担;最后也有农民本身对住屋补偿的期望值所造成的问题。第四,企业转型造成的下岗、待岗和劳资纠纷问题。农村的第二产业、第三产业方面的发展创新,有利于经济的进一步发展,但也带来了一些负面后果。首先是造成了不少的下岗和待岗农民;其次是由于企业的结构性转变,导致了大量年龄大、文化低、技术差的农民成为裁减对象。第五,环境污染对农民的损害。由于环保意识的缺乏,只着眼于当前利益,城市的诸多被禁止项目以各种

---

①　参见张占耕等:《在推进城乡一体化建设中维护郊区社会稳定研究》,《经济研究参考资料》2003 年第 86 期。

方式转移到农村,结果不仅影响了农业生产,也危害了农民的身体健康。

　　从抽象的理论层面来看,则存在以下一些障碍①:第一,观念方面的制约。一方面,各地的领导干部作为地方社会经济发展的决策者和组织者,其中有少数干部未能充分认识到推进城乡一体化的重要意义,没有辩证地看待城镇建设与经济发展的关系,一味地注重招商引资、企业改革、结构调整等直接见效的工作,而对于城镇基础建设、劳动力尤其是农业劳动力的转移等工作不够重视。另一方面,农民作为城乡一体化的实际主体,由于思想封闭和僵化、行动怠慢和消极,也使得城乡融合与协调发展难以推进。第二,体制方面的制约。尽管由于改革开放的巨大成就,农村和城市的经济发展迅速,城乡之间的关系也显著增强。但是,长期以来的工农分割、城乡分离的二元结构体制,对城乡一体化的进程造成了巨大影响,阻碍了城乡一体化的步骤,甚至使得城乡居民的收入差距呈扩大趋势。因而,一直积累形成的城乡二元结构,成为新阶段推进城乡一体化的主要障碍。第三,政策方面的制约。我国长期以来城乡分割的政策体制,加强了城乡二分的社会经济结构,造成了城乡之间存在诸多差异较大的政策,尤其是户籍、粮食、计生、就业、教育、社保、土地、卫生医疗等方面的政策存在很大不同,使城乡经济结构成为两个不同的经济体系,极大地制约了城乡一体化的发展,诸多有形无形的门槛阻碍了农民和农村的发展。第四,资金方面的制约。城乡一体化是一项巨大的系统工程,也是一项长期的工程,不可能一蹴而就,因此,需要大量持续的资金的投入。这单单靠政府的财力是不够的,同时大多数农民又刚刚进入温饱阶段,没有更多的资金来投入。因此,资金的短缺是城乡一体化的一大瓶颈。

　　从总体上而言,尽管城乡一体化还存在着其他的障碍,但以上几个方面是目前城乡一体化实践过程中表现得最为明显的障碍,它们也是我们进一步推进城乡一体化进程需要跨越的门槛。

---

　　① 　参见朱先良:《对推进城乡一体化的思考》,《萧山日报》2003 年 9 月 13 日。

第二节 未来经济发展与中国城市化的战略选择

2002 年,以党的十六大召开为标志,中国进入了社会主义现代化建设事业的新时期,经济建设与城市化发展再上新台阶,并在新世纪提出了新的发展战略和指导原则。党的十六大报告提出了科学发展观,在经济发展战略上要走新型工业化道路,继而提出要建设节约型社会、环境友好型社会、发展循环经济等一系列推进可持续发展的新目标,以及单位 GDP 能耗考核体系的实施等。2007 年党的十七大召开,深刻地总结了改革开放 30 年来的成功经验,提出要进一步贯彻落实科学发展观以及建构和谐社会,实现全面建设小康社会的目标。在这个总的指导思想下,胡锦涛总书记在党的十七大报告中指出:促进未来国民经济又好又快的发展目标,要提高自主创新能力,建设创新型国家;加快转变经济发展方式,推动产业结构优化升级;统筹城乡发展,推进社会主义新农村建设;加强能源资源节约和生态环境保护,增强可持续发展能力;推动区域协调发展,优化国土开发格局;完善基本经济制度,健全现代市场体系;深化财税、金融等体制改革,完善宏观调控体系;拓展对外开放广度和深度,提高开放型经济水平。要走中国特色城镇化道路,按照统筹城乡、布局合理、节约土地、功能完善、以大带小的原则,促进大中小城市和小城镇协调发展。以增强综合承载能力为重点,以特大城市为依托,形成辐射作用大的城市群,培育新的经济增长极。

党的十七大报告为未来中国的经济发展与城市化勾画出新的发展战略与指导原则,即在完善社会主义市场经济、促进民生经济发展的基础上,坚持贯彻科学发展观,并结合经济的可持续发展与建构和谐社会的客观需求,推动城市化更快更好的发展:转变经济增长方式,走新型工业化道路;统筹城乡发展,走中国特色的农村城镇化道路;加快推进主体功能分区,推动区域协调发展。

一、转变经济发展方式,走中国特色新型工业化道路

　　转变经济发展方式,走中国特色新型工业化道路从党的十六大就已经开始了。党的十六大报告中明确指出:"坚持以信息化带动工业化,以工业化促进信息化,走出一条科技含量高、经济效益好、资源消耗低、环境污染少、人力资源优势得到充分发挥的新型工业化路子。"新型工业化道路,也就是一条实现转变粗放型的经济增长方式,促进经济结构优化升级,协调经济发展与环境保护并走可持续发展战略的工业化道路。

　　根据党的十六大报告的精神,走新型工业化道路主要在于以下三个方面:(1)大力推进产业结构的优化升级。通过推进产业结构的优化升级,形成以高技术产业为先导,基础产业和制造业为支撑、服务业全面发展的产业格局。坚持以信息化带动工业化,以工业化促进信息化,是我国加快实现工业化和现代化的必然选择。要把信息产业摆在优先发展的地位,将高新技术渗透到各个产业中去。这是新型工业化道路的技术手段和重要标志。(2)坚持实施科教兴国战略。科学技术是先进生产力的集中体现和主要标志,必须充分发挥科学技术作为第一生产力的作用,鼓励自主创新,培养高科技人才,实现"科技含量高、经济效益好、资源消耗低、环境污染少、人力资源优势得到充分发挥"。(3)坚持实施可持续发展战略。过去粗放经营,导致高增长的高投入、高消耗,严重破坏了生态和环境,因此实施可持续发展战略也就是要转变经济增长方式,加大国土资源综合治理,保护环境,发展环保产业。

　　新型工业化道路对中国城市化发展提出了新的要求,在新型工业化的条件下,城市化也将加速推进。新型工业化将为中国城市化发展提供巨大的动力与机遇。作为一种新的发展模式,新型工业化具有工业化与信息化的双重特点。以信息化带动工业化,利用高新技术升级传统产业,更新、改造和发展传统产业的技术条件,会极大地推动工业化进程;以大力发展高新技术产业为龙头,会带动第一、二、三产业的快速发展。产业结构的升级和优化会大大提高生产力,从而促进经济持

续快速增长,为城市提供物质经济动力。与此同时,信息产业的大力发展会扩大对人力资源的需求,扩大城市的就业,会大大增强城市的扩张能力,信息技术的利用也有利于提高城市政府的城市管理效率。

可见,就城市化与经济发展而言,以走新型工业化道路促进产业结构优化升级,发展高新产业和鼓励自主创新,以提高劳动生产率、扩大有效需求,并最终促进经济持续增长,从而为城市化发展提供坚实的经济物质条件,是 21 世纪城市化最根本的经济动力之所在。

此外,走新型工业化道路也是为了解决我国在工业化水平不断提高、经济不断增长的同时出现的严重的资源浪费与城市环境染污问题。正如董洪运指出的那样,走新型工业化道路的重点就是要解决好经济发展与环境保护的双赢关系,必须转变发展方式,找准加快发展与保护环境的结合点,这对落后地区和欠发达城市而言尤其重要。首先,要以环保优先、科学发展理念为先导。必须坚持把环境承载能力作为确定发展速度、规划布局项目的首要前提,落实"增量一步到位,存量限期削减"的要求,在资源开发中落实环境保护,在环境保护中促进经济发展。在具体工作中,必须着眼于绿色发展、可持续发展,坚持环境保护与经济发展综合决策,努力从源头防治污染和生态破坏;着眼于实现增产减排、节能增效目标,坚持将环境容量作为开发和发展的大前提,把环境准入作为调节经济的硬手段,把环境管理作为转变发展方式的严厉措施。其次,要以深化经济结构战略性调整为根本。城市经济的发展,从根本上必须优化产业产品结构,发展节能减排产业,充分利用资源,促进新兴产业投资,以投资的多元化推动产业结构的多元化、以产业高级化推动增长方式集约化,彻底摆脱能耗高、污染重的城市畸形产业结构。再次,要减少污染排放量,对城市排污量大的企业取缔关闭一批、停产整治一批,限期治理一批,发送城市生态环境。把环境保护当做一个产业,建设以企业为主体、产学研相结合的节能减排技术创新与成果转化体系,采用节能环保新设备、新工艺、新技术,带动产业整体素质提高,从根本上减少污染排放,优化经济发展方式。最后,在城市建设上要严格落实环境保护。凡是城市的新建、扩建、改建项目,必须严格做到环保设施与主体工程同时设计,同时开工,同时投入使用,严格执行环境保护。①

归结起来,走新型工业化道路就是要求城市经济发展以信息化带动工业化,促进产业结构升级优化,加快发展技术含量高的第三产业,降低工业部门的资源消耗与环境破坏,在城市化进程中协调好城市经济发展与城市环境保护的关系,注重城市建设规划的效率与科学性。

特别可喜的是,党的十七大报告在十六大的基础上进一步明确指出:加快转变经济发展方式,推动产业结构优化升级,这是关系国民经济全局紧迫而重大的战略任务。要坚持走中国特色新型工业化道路,坚持扩大国内需求特别是消费需求的方针,促进经济增长由主要依靠投资、出口拉动向依靠消费、投资、出口协调拉动转变,由主要依靠第二产业带动向依靠第一、二、三产业协同带动转变,由主要依靠增加物质资源消耗向主要依靠科技进步、劳动者素质提高、管理创新转变。发展现代产业体系,大力推进信息化与工业化融合,促进工业由大变强,振兴装备制造业,淘汰落后生产能力;提升高新技术产业,发展信息、生物、新材料、航空航天、海洋等产业;发展现代服务业,提高服务业比重和水平;加强基础产业基础设施建设,加快发展现代能源产业和综合运输体系。

加快转变经济发展方式,坚持走中国特色新型工业化道路的时代要求,对中国城市化发展的未来提出了更高的要求。在中国特色新型工业化的指导思想下,中国的城市化发展要走一条城市经济建设与生态建设并重的道路。

二、统筹城乡发展,走中国特色城镇化道路

改革开放以来,我国的工业化战略是在资本积累不足和城乡体制分割的条件下进行的。尽管改革开放后,我国的工业化与城市化水平不断提高,但是农村工业规模不经济,农村产业结构单一,农村人口城

---

① 参见董洪运:《走经济发展与环境保护的双赢之路》,《求是》2008 年第 4 期。

市化进程比较缓慢等问题相当突出。自党的十六大以来,党中央不断强调要统筹城乡发展,建设社会主义新农村,加快改变农村经济社会发展滞后的局面。2006 年温家宝总理在省部级主要领导干部建设社会主义新农村专题研讨班结业式上强调,建设社会主义新农村必须实行城乡统筹,加大对农业和农村发展的支持力度。要认真贯彻工业反哺农业、城市支持农村的方针,坚持"多予少取放活",尤其要在"多予"上下工夫。下决心调整国民收入分配结构,扩大公共财政覆盖农村的范围,加强政府对农村的公共服务,将国家基础设施建设的重点转向农村。要做到国家财政支农资金的增量高于上年,国债和预算内建设资金用于农村建设的比重高于上年,其中直接用于改善农村生产生活条件的资金总量高于上年。今后,要做到财政新增教育、卫生、文化等事业经费主要用于农村,国家基本建设资金增量主要用于农村,政府征用土地出让收益主要用于农村。城市要采取多种形式支持农村发展,推进城市基础设施和公共服务向农村延伸。引导社会资金投向农村建设,营造全社会关心、支持、参与新农村建设的浓厚氛围。

统筹城乡发展,不但是促进我国社会经济全面发展的大事,也是进一步推动我国城市化进程的大事。党的十七大报告提出:走中国特色城镇化道路,按照统筹城乡、布局合理、节约土地、功能完善、以大带小的原则,促进大中小城市和小城镇协调发展。以增强综合承载能力为重点,以特大城市为依托,形成辐射作用大的城市群,培育新的经济增长极。姜绍华指出,统筹发展的关键是实行城乡通盘考虑,统一规划,全面推进,协调发展,在发展方式和工作指导上有一个根本性的转变:第一,统筹城乡生产力布局,在研究和配置生产力时,把城市和农村放在国民经济这个大盘子里一同进行考虑,打通城乡生产要素合理流动的市场渠道,促进农村的劳动力、土地等生产要素和城市的人才、资本和技术等生产要素双向流动和有效组合。第二,统筹城乡产业结构,使城市的产业布局与农村第二、三产业的发展合理分工,形成紧密的产业互动链条,由城市等二、三产业带动农村第二、三产业,由农村第二、三产业的发展,推动城市产业层次的提升。第三,统筹城乡居民就业,把农民就业的着眼点从农村内部转移,就近转移转向跨区域、城乡间的大范围转移,把转移渠道从单纯的农村第二、三产业拓宽到整个城乡第二、三产业,把转移方式从单纯自发的分散式转移转向有组织的、集群式转移。第四,统筹城乡投入,调整国民收入分配格局和财政支出结构,对农村发展给予更多的财力支持,调整农村税负政策,在农村税费改革的基础上,分区域、分阶段取消农业税。第五,统筹城乡社会事业,实行统一的社会保障政策,推动农村教育、卫生、文化等社会事业的发展,最大限度地缩小城乡之间社会事业发展方面的差距。统筹城乡发展的重点则是不失时机地推进城市化,促进城乡结构调整,持续提高城市化水平。从一定意义上说,这也是解决"三农"问题的根本出路,是统筹城乡发展的重要方面和策应条件。①

　　走农村城镇化道路是我国经济和社会发展的必然要求,它有利于缓解农村剩余劳动力的压力,有利于乡镇企业的发展,有利于农业的现代工业化。农村小城镇化也是适合我国国情特点的战略选择,我国大部分人口分布在农村,要实现城市化必然主要靠"离土不离乡"的就近城镇化。改革开放以来,乡镇企业在农村工业化和城市化进程中发挥着积极的作用,而农村的城镇化则是乡镇企业发展的外部支撑。乡镇企业向小城镇聚集,有利于搞活城镇经济,而城镇化也有利于通过其聚集经济效益吸引更多的乡镇企业,从而转移更多的农村剩余劳动力,又可拉动以城镇基础设施建设、房地产开发、运输以及餐饮服务等第二、三产业的发展,最终在促进产业结构优化调整、经济持续发展基础上加快城镇化和乡镇企业的发展。改革开放以来,乡镇企业在提高国民生产总值上发挥着重要的作用,为中国持续快速的经济增长贡献巨大。在当前,统筹城乡发展必然要求进一步发挥乡镇企业的作用,促进小城镇的发展。

　　"小城镇发展,宏观上要有利于集中发展乡镇企业、大规模转移农

---

① 参见姜绍华:《统筹城乡发展是重点推进城市化》,《经济参考报》2004年4月5日。

村人口、保护和节约利用耕地,实现缓解人多地少的基本国情矛盾和保持国民经济可持续发展目标;微观上要实现小城镇自身经济的繁荣和可持续发展;城镇体系要科学规划,实现大、中、小城市与小城镇合理布局和协调发展目标"。① 对于小城镇的发展而言,要从区域经济整体发展规划的高度上来考虑,将小城镇放置于区域经济的整体之中,形成区域内合理、有序的小城镇群体结构。此外,要严格控制小城镇数量,提高质量,重点发展人口规模大、区域优势好、经济实力强、具有发展成为小城市可能的小城镇群。

当然,统筹城乡发展,不但需要我们坚持发展乡镇企业以及促进农村城镇化,还需要我们统筹城乡产业发展,统筹城乡基础设施建设、统筹城乡社会事业发展,共建富裕繁荣的社会主义新农村。

三、加快主体功能分区,推动区域协调发展

推动区域协调发展、统筹区域发展,是新形势下促进经济发展与城市化的一个重要指导方针。我国区域发展战略的选择对城市化产生着重大的影响。改革开放以来,根据邓小平同志提出的"让一部分地区、一部分人先富起来,逐步实现共同富裕"和"两个大局"的战略思想,国家率先发展沿海地区,设立经济特区、开放沿海城市,从而带动内地经济发展。这一时期,沿海地区经济发展迅猛,城市化水平较发达,但开始出现沿海与内陆省份区域发展的不均衡。在 20 世纪 90 年代,国家针对东西部地区发展不平衡,作出了实施西部大开发、促进中部地区崛起等重大决策,区域协调发展问题提上了议事日程。到了 21 世纪初,地区差距、东西部差距已经有所缓解但仍然严重,针对区域发展不平衡以及城市化的盲目性、区域开发的无序性等结构性矛盾,在总结经验的基础上,党的十六大再次明确提出要加强统筹和协调区域发展,提出了一些新的指导思想。党的十七大有了新的升华和概括,总体目标、发展

---

① 孙宏:《城市化与统筹城乡发展研究》,兰州:甘肃人民出版社 2006 年版,第185—186 页。

思路和重点任务更加清晰,协调区域发展步入了新的历史时期。

在新形势下,依据党的十七大精神,要推动区域协调发展,优化国土开发格局。缩小区域发展差距,必须注重实现基本公共服务均等化,引导生产要素跨区域合理流动。要继续实施区域发展总体战略,深入推进西部大开发,全面振兴东北地区等老工业基地,大力促进中部地区崛起,积极支持东部地区率先发展。加强国土规划,按照形成主体功能区的要求,完善区域政策,调整经济布局。遵循市场经济规律,突破行政区划界限,形成若干带动力强、联系紧密的经济圈和经济带。

推动区域协调发展的主要思路之一是加快推进形成主体功能分区,积极做好主体功能区规划编制。2007年,为落实《国民经济和社会发展第十一个五年规划纲要》确定的编制全国主体功能区规划,明确主体功能区的范围、功能定位、发展方向和区域政策的任务,按照2006年中央经济工作会议关于"分层次推进主体功能区规划工作,为促进区域协调发展提供科学依据"的要求,国务院向各级政府转发了21号文件,即《国务院关于编制全国主体功能区规划的意见》。《国务院关于编制全国主体功能区规划的意见》认为:"编制全国主体功能区规划,就是要根据不同区域的资源环境承载能力、现有开发密度和发展潜力,统筹谋划未来人口分布、经济布局、国土利用和城镇化格局,将国土空间划分为优化开发、重点开发、限制开发和禁止开发四类,确定主体功能定位,明确开发方向,控制开发强度,规范开发秩序,完善开发政策,逐步形成人口、经济、资源环境相协调的空间开发格局。编制全国主体功能区规划,推进形成主体功能区,是全面落实科学发展观、构建社会主义和谐社会的重大举措。"

全国主体功能区规划编制工作领导小组组长、原国家发展和改革委员会主任马凯在《构筑协调、和谐、可持续的家园——全国主体功能区规划的总体考虑》的讲话中指出,编制全国主体功能区规划是由我国国土空间开发的现状与问题所决定的。我国幅员辽阔,国土资源丰富。从经济社会发展,特别是从推进工业化和城镇化开发的角度看,我国国土空间具有多样性、非均衡性、脆弱性的特点。这些特点表明:

第一,不是所有国土空间都适宜大规模、高强度的工业化和城镇化;第二,必须节约国土空间,集约开发;第三,不应是所有国土空间承担同样的功能,必须分类发展。推进形成主体功能区,总的战略目标就是要构筑一个协调、和谐、可持续的家园,实现经济持续增长、城乡区域差距缩小、可持续发展能力增强和国际竞争力提高。推进形成主体功能区,就是有区别地针对不同尺度的国土空间,以是否合宜开展大规模、高强度工业化和城镇化开发为标准,根据空间单元的主体功能,划分为不同的开发类型,同时既要突出开发空间的主体功能,也要兼顾和发挥好其他功能。

在坚持科学发展观、统筹城乡发展的指导思想下,空间开发要遵循优化结构、保护自然、有限开发、集约开发、协调开发等基本原则。优化结构指要按照生活、生态、生产的顺序调整空间结构。保护自然指工业化和城镇化要建立在对资源环境承载能力的综合评价上,要保护生态环境。有限开发即要严格控制全国建设用地,保障耕地面积不减少。集约开发,就是要把城市群作为城镇化的主体形态,城市发展要提高单位面积产出率。协调开发即集聚经济区域的人口和经济规模不能超出资源环境承载能力,人口超载区域要促进人口有序转移。在此基础上,推进形成主体功能区、协调区域发展,关键是处理好四类主体功能区的定位和方向。

(1)优化开发区域。在经济比较发达,城市化水平较高,开发强度较高、资源环境问题较突出的区域,要在保证提高增长质量和效益的基础上推动经济持续增长,提升全球竞争能力,提高自主创新能力,实现经济结构优化升级和发展方式的转变。

(2)重点开发区域。在具有一定经济基础,资源环境承载能力较强,发展潜力较大,集聚经济和人口条件较好的区域,要在优化结构、提高效益、节约资源、保护环境的基础上加快经济发展,推进工业化和城镇化,承接优化开发区域的产业转移,承接限制开发和禁止开发区域的人口转移,成为全国经济发展的重要增长极。

(3)限制开发区域。在适宜大规模、高强度工业化和城镇化开发的区域,农业地区以发展农业为首要任务,切实保护耕地,提高农业生产能力;生态地区以生态修复和环境保护为首要任务,从而保障国家生态安全。

(4)禁止开发区域。在依法设立的各类自然文化保护区域,要依据法律法规规定和相关规划实施强制性保护,保持原真性、完整性,控制对自然生态的人为干扰,严禁不符合主体功能定位的开发活动,引导人口逐步有序转移。

《国务院关于编制全国主体功能区规划的意见》指出,实施全国主体功能区规划,实现主体功能区定位,关键要调整完善相关政策,主要有:①财政政策。以实现基本公共服务均等化为目标,完善中央和省以下财政转移支付制度,重点增加对限制开发和禁止开发区域用于公共服务和生态环境补偿的财政转移支付。②投资政策。逐步实行按主体功能区与领域相结合的投资政策,政府投资重点支持限制开发、禁止开发区域公共服务设施建设、生态建设和环境保护,支持重点开发区域基础设施建设。③产业政策。按照推进形成主体功能区的要求,研究提出不同主体功能区的产业指导目录及措施,引导优化开发区域增强自主创新能力,提升产业结构层次和竞争力;引导重点开发区域加强产业配套能力建设,增强吸纳产业转移和自主创新能力;引导限制开发区域发展特色产业,限制不符合主体功能定位的产业扩张。④土地政策。按照主体功能区的有关要求,依据土地利用总体规划,实行差别化的土地利用政策,确保18亿亩耕地数量不减少、质量不下降。对优化开发区域实行更严格的建设用地增量控制,适当扩大重点开发区域建设用地供给,严格对限制开发区域和禁止开发区域的土地用途管制,严禁改变生态用地用途。⑤人口管理政策。按照主体功能定位调控人口总量,引导人口有序流动,逐步形成人口与资金等生产要素同向流动的机制。鼓励优化开发区域、重点开发区域吸纳外来人口定居落户;引导限制开发和禁止开发区域的人口逐步自愿平稳有序转移,缓解人与自然关系紧张的状况。⑥环境保护政策。根据不同主体功能的环境承载能力,提出分类管理的环境保护政策。优化开发区域要实行更严格的污染物排放和环保标准,大幅度减少污染排放;重点开发区域要保持环境承载能力,做到增产减污;限制开发区域要坚持保护优先,确保生态功能的恢复和保育;禁止开发区域要依法严格保护。⑦绩效评价和政绩考核。针对主体功能区不同定位,实行不同的绩效评价指标和政绩考核办法。优化开发区域要强化经济结构、资源消耗、自主创新等的评价,弱化经济增长的评价;重点开发区域要对经济增长、质量效益、工业化和城镇化水平以及相关领域的自主创新等实行综合评价;限制开发区域要突出生态建设和环境保护等的评价,弱化经济增长、工业化和城镇化水平的评价;禁止开发区域主要评价生态建设和环境保护。

协调区域统筹发展,在推进形成主体功能区之外,还必须抓好相关配套的重点工作。国家发展和改革委员会副主任杜鹰指出,要做好四方面的工作。首先,积极推进资源要素价格改革,加快建立起真正体现供求状况、资源稀缺程度和有利于协调发展、可持续发展的价格形成机制,打破地区封锁和贸易壁垒,促进资源要素自由流动。其次,建立资源补偿和生态环境补偿两大机制。加快资源税费改革,增加对资源输出地的补偿力度。再次,完善人口、劳动力流动管理政策。改革户籍制度,逐步建立城乡统一的劳动力市场和公平竞争的就业制度,综合运用经济、法律、行政手段,鼓励人才到欠发达地区工作。最后,适时推动区域立法工作。抓紧制定促进区域协调发展、区域规划等关系区域协调发展的专门法规,力争尽快形成促进区域协调发展的法律基本框架。①

归结起来,推进形成主体功能区,就是要在科学发展观的指导下,通过国家的整体国土空间开发规划,合理地、科学地协调区域或城市发展,因地制宜地发挥区域或城市的主体功能,防止盲目的、无序的高强度工业化和城镇化,避免区域或城市盲目地以自然资源的过度开发来换取区域或城市的经济增长,既要实现促进区域或城市经济发展的目标,又要实现保护区域或城市生态环境的目标。

走中国特色新型工业化道路、统筹城乡发展、推进形成主体功能区

---

① 参见杜鹰:《全面开创区域协调发展新局面》,《求是》2008 年第 4 期。

建设是我国未来经济发展的三大主要战略选择,三者互相联系、互相促进。坚定不移地实现工业化是我国现代化建设事业的必然要求,走中国特色新型工业化道路,以信息化带动工业化,从而促进产业结构优化升级,保持经济持续快速增长。产业结构优化升级与经济持续快速增长,可以带动农村的工业化和城镇化,从而提高我国总体的工业化与城市化水平。统筹城乡发展,有利于农村的工业化和城镇化,走中国特色的农村城镇化道路,反过来会促进农村的工业化,通过小城镇的集聚效应形成小城镇带或群,又有利于促进大中城市的经济发展、工业化和城市化,大中城市的发展则又会带动农村的工业化和城镇化,从而提高我国总体的经济发展水平与城市化水平。推进形成主体功能区建设,则可以防止盲目的、无序的高强度工业化和城镇化,通过国家的总体开发规划,因地制宜地促进区域经济发展,以区域经济的发展拉动区域内小城镇的工业化和经济发展。与此同时,走新型工业化道路、统筹城乡发展、推进形成主体功能区也表明,经济发展不能以牺牲环境和资源为代价,不能盲目地追求高强度的工业化和城镇化,高强度的工业化与城镇化也不适应于全部国土空间,在追求国民经济快速持续增长的同时,我们必须保护生态环境和节约资源,经济发展必须建立在产业结构调整、优化、升级以及有控制的国土开发和城市化之上。防止区域或城市以浪费国土资源、破坏生态环境、重复投资基础设施建设的粗放型经济增长方式,谋求地方经济发展。

　　总之,我们必须坚持贯彻落实科学发展观,实现社会经济发展与环境资源保护,推动经济建设与城市化又好又快、科学而合理地发展。在坚持贯彻科学发展观的基础上,通过"转变经济发展方式,走中国特色新型工业化道路"、"统筹城乡发展,走中国特色的城镇化道路"、"加快推进主体功能分区,推动区域协调发展"等几个重大发展战略的实施和推进,我们相信,中国的经济建设与城市化进程将沿着环境友好型、资源节约型、全面、协调可持续发展的"城乡一体化"的城市化发展战略再上历史新台阶,实现建构和谐社会的宏伟目标。

第三节　构筑中国城市化的体制框架

城市的发展,在外延上表现为城市人口的相对增加,城市面积的扩大,城市相对经济总量的不断增长。但从内涵上来看,城市作为一个国家或地区的政治或经济、文化中心,作为多样生产关系、社会关系的聚集地,则代表着一种生活和生存方式,它的基础是一种制度和规则。城市发展史也就是城市制度文明与物质文明、精神文明相互作用的辩证发展史,是人与人、人与自然交往方式和规则的转换史,及城市制度的转换史。制度是城市的深层内涵与本质。因此,对于中国城市化进程中的矛盾和问题,我们同时需要从制度层面上寻求解决。

一、制度因素与城市化

（一）对制度内涵的一般理解

制度其实是一个很古老的社会现象,因为人类自产生以来就在习俗、命令与非正式约束中处理人与人之间的关系了,这些成文、不成文的习惯和约定俗成的规则便构成了人类社会生活中的制度。但是,长期以来经济发展理论却一直忽视对制度因素的分析,把制度抽象掉,或者把制度当做既定前提。以罗纳德·科斯和道格拉斯·诺斯为代表的新制度经济学以大量的历史和现实的研究为依据,主要运用哲学社会学和心理学方法分析制度的结构以及运行,试图利用主流经济分析去解释制度的构成和运行,并发现制度因素在经济体系运行中的地位和作用,寻求制度分析与主流经济学结合,以建立一个涵盖资源、技术、偏好和制度,即不遗漏任何重要经济变量的经济学分析体系,构筑制度经济分析的新框架,使新制度经济学成为"经济学本来就应该是的那种经济学"。

在新制度经济学中,制度被理解为与具体行为集有关的规范体系,这一简单的理解源于舒尔茨在其经典的《制度与人的经济价值的不断提高》一文中所给出的对制度的简明定义。在该文中，舒尔茨把制度定义为一种行为规则，这些规则涉及政治及经济行为。例如，管束婚姻和离婚的规则、支配政治权力的配置与使用的规则以及确立由市场资本主义或政府来分配资源与收入的规则。在舒尔茨经验分析的基础上，道格拉斯·诺斯给出了更为标准的制度定义：制度是非正式约束、正式规则及其实施机制组成的规范体系。非正式约束、正式规则和实施机制是制度的三个基本要求。正式规则包括政治规则、经济规则和合约。非正式约束是人们在长期交往中无意识形成的，是有持久生命力、代代相传并主要在社会舆论和社会成员自律等非强制力或"软约束"作用下实施的制度，主要包括价值观念、伦理规范、道德观念、风俗习惯、意识形态等。正式规则是非正式约束形成的环境和前提，非正式制度影响着正式制度安排的实施。

　　虽然，不同的经济学家对制度有着不同的表达，但他们对制度本质的认识基本是一致的，即认为制度是人们创造的一系列管束人们利益最大化行为和社会活动的游戏规则的总和，它们规定人们选择空间和相互间的关系，制约和规范着人们的行为。

　　制度环境是一系列用来建立生产、交换和分配基础的政治、社会、法律基础规则。例如，支配选举、产权和契约权利的规则就属于社会制度环境的范畴。制度环境一般体现在一国的宪法上，并且一般不易被改变。特别是在一个既定的社会形态内，它作为实现一定政治理想的工具，一般不易发生激变而只能发生旷日持久的渐变。制度安排是约束特定行为模式和关系的一套行为准则，它最接近"制度"一词最通常使用时的含义。例如，市场制度、公司制度、计划体制、用工合同制、经营承包制、各种行业自律制度等都属于一定的制度安排。制度环境和制度安排的关系可以这样表达：制度环境对于可供人们选择的制度安排的范围，设置了一个基本的界限，从而使人们通过选择制度安排来追求自身利益的增进受到特定的限制，一定社会中的制度安排都是在既定的制度环境下制定出来的。

（二）对制度作用的分析

在既定的制度环境下，设计制定的制度对人的社会生存和发展起到极大的推动作用。首先，制度规范着人们的社会关系，为人们相互之间的交往提供了稳定的预期。制度的规范系统用一整套行为规则规定着人们的关系，为人们之间的交往提供了稳定的预期和框架。制度作为规则，也即限制，它界定了人的活动范围，告诉个人能够、应该、必须做什么，也告诉人不能做什么、禁止做什么。人在规则划定的界限内活动，得到社会的许可、赞赏和鼓励；超越界限活动，则受到社会的排斥、谴责和制裁。制度规定人的活动范围，即人的现实自由的空间，自由以这种限制为前提。制度通过这种强制性的方式为人们的交往活动构建了一套框架和秩序，使人们的交往具有可预见性和可信赖性。一种制度，其规范的公开性保证介入者知道对他们相互期望的行为的何种界限，以及什么样的行为是被允许的。由此，制度压抑着人际交往中可能出现的任意行为和机会主义行为，使他人的行为变得可以预见，使复杂的人际交往活动变得更易理解和更易预见。

其次，良好的制度设计有利于促进人的实践能力的发展。人的发展的核心在于，通过自我创造使人的本质力量得到充分展现。人的本质力量只有通过人的实践活动才能表现出来。实践活动是人按照一定方式来从事有目的活动的行为，这是人作为一种类的存在物的自由自觉的活动，它最为集中的体现是劳动。劳动不仅表现为个体的个人劳动，更表现为整体的集体劳动。这既是人与自然进行物质交换的过程，也是人与人之间相互协调的过程。作为人与自然进行物质交换的过程，劳动并不是被动地适应自然，而是超越自然，主动地构建人与自然之间的协调关系并创造出新的实践方式，从而使人与动物区别开来。而作为人与人之间相互协调的过程，劳动进一步提高了人与自然进行物质交换的效率，使人能够按照人的方式处理自然与人的关系、构建人与人的社会关系，并使人的实践方式的内涵更加丰富。自从有了制度之后，人们的实践活动就都是在一定的制度下进行的，也就是说，任何一种实践方式都是一定制度下的人的实践方式；同时，也只有在一定的制度条件下,人们才能形成一定的行为或实践方式。因此,制度与实践方式在本质上具有一致性。实践方式是制度的运作,制度是实践方式的表征。一定制度代表着某种特定的实践方式,一种实践方式体现着特定的制度。随着生产力水平的提高以及制度的发展和创新,实践方式会朝着有利于生产力提高的方向发生相应变化。换句话说,制度创新能够促进人的实践能力不断地提升。

再次,制度可以有效地调节人们之间的相互关系,促进社会的稳定发展。马克思指出:"人的本质不是单个人所固有的抽象物,在其现实性上,它是一切社会关系的总和。"①人的存在和发展总是在特定的交往空间之中展开的,而这种特定的关系总是通过某种稳固的方式继承和发展下来的。从制度角度而言,每个人一出生就面对既定的制度,生活在已有的制度之中。社会关系实质上是指许多个人的共同活动。在物质生产的劳动中,许多个人的共同活动使人与人之间产生了交往,而人与人之间的交往又在一定时空域内,通过自然与社会的纽带,使人与人之间形成稳定的关系。它通过生产、生活、交换、消费等多种行为,把不同的个体劳动或局部劳动结合起来,构成有组织、有秩序的社会活动。这种社会活动需要一定的财力、物力和自然条件、历史基础等多种因素,同时还需要有一定的办法、措施、途径和手段等,这就意味着在其中存在着许多人相互合作而形成的制度化行为。换个角度来看,如果在交往和共同活动中人们之间经常出现冲突,资源稀缺、利益差异、价值观不同等问题得不到解决,那么就会陷入无休止的争斗和内耗之中,最终导致社会的倒退甚至灭亡。每一种制度的确立或创新,都能使阻碍人发展的机会主义行为在一定程度上得到更有效的限制与约束,从而最大限度地帮助人们避免或缓和冲突,获得自由发展的空间,增进劳动和产业的分工,促进人类社会不断进步。

最后,制度还决定着人们的思想观念,良好的社会制度为独立人格的生成创造了良好的环境。制度体系是在一定的意识形态指导下建立

① 《马克思恩格斯选集》第 1 卷,北京:人民出版社 1995 年版,第 56 页。

起来的,制度本身总是包含着一定的文化价值体系,是一定的价值观念、伦理精神的实体化、具体化。作为社会制度主要内容的规范体系,实际上就是实现价值的规范体系。一般来说,一个社会有什么样的制度就会有什么样的主导价值观念。制度的稳定性、强制性使其规定的内容,对人的品质、德行、思想情操及其他精神状况反复发挥作用。不同的制度,使人们的精神和个性表现出不同的状况和特点,有着不同的发展水平。专制制度禁锢人们的思想,压制人们的个性,而完善的经济和民主制度,不仅使自由、民主、平等的思想和观念深入人心,而且使它们成为个人的基本权利,为每个人的自由思考、精神的自我提升提供了权利保障和制度空间。

总之,有效率的制度和经济组织是各种生产要素投入增长以及总体经济生产增长的关键。它们通过各种方式确定和界定人们的权利,构成合理的激励和约束。它们使经济主体的各种努力和私人收益与社会收益接近,从而使人们将各种资源配置到最有效率的地方;使人们努力地进行创新、资本积累、教育投入以及促进规模经济化形式,最后促进经济的增长。此外,制度供给的有限理性、信息的不完全等原因决定了任何社会都不会存在完美无缺的制度,由此决定了任何一种制度的效率都是相对的。制度有生命周期,任何制度都有一个产生、发展和衰亡的过程。一般来说,任何内涵绩效的制度,起初是生机勃勃的,它所释放的效率曲线是一条斜率为正的曲线,意味着制度边界报酬为正,此时制度将走向衰亡。这就是通常所说的制度绩效的生命周期和递减规律。这一规律要求我们必须不断进行制度创新,适时进行制度变迁,才能不断地释放制度绩效,促进社会经济健康发展。尤其在转轨时期,制度变迁尤为重要,因为只有进行制度变迁才能从根本上改变经济体系的激励机制,才能通过重新构建各种经济制度、政治制度使大量资源从无效的配置状态中摆脱出来,才能减少社会中的冲突和摩擦。从中国现实来看,制度的变革是引起中国经济出现持续高增长的最为核心的因素,这也向人们展示了制度的作用。

二、城市化进程中的制度创新

（一）改变户籍制度对人身的约束,适应城市化对人的自由发展的基本要求

农民工的产生是在市场机制作用下在原有的制度基础上进行分工的一次演化。在计划经济时代没有农民工问题,因为当时施行严格控制人口在城乡间流动的制度安排,而市场经济要求按照效率最优的原则配置人力资源,所以在农业生产率得以提高并且农民客观上有在乡城之间进行重新配置的愿望时,就产生了农民工现象。所以,农民工的出现是资源重构基础上的农业劳动力内部的又一次分工。

农民从本源意义上是一个职业概念,是指从事农业生产劳动和取得土地经营收入的那部分劳动者。但在中国特定的二元社会结构体制下,农民还代表了另外一种身份。在城乡分割的二元制度下,农民被剥夺了向城市自由流动的权利,被严格限制在农村社区内。在渐变的制度安排下乡镇企业开始大量涌现,继之出现了"离土不离乡,进厂不进城"的农民工,即具有农业户口、户籍身份是农民而在工厂工作的工人。20世纪80年代中期,经济体制改革由农村扩展到城市,城市的第二、三产业获得迅速发展,加上粮食、副食品的购销逐步放开,"离土又离乡,进厂又进城"的农民工开始大量涌现。农民工在乡城之间的迁移促进了我国城市化进程的步伐。但中国的城市化所表现出来的一个很重要的特点,就是它与城乡分割的户籍制度联系在一起。中国城乡户籍制度以农业户口与非农业户口作为分界线。户口身份决定了农民工与一般市民的差别:在社会认同方面表现为"农民"与"市民"的差别;在地缘方面表现为"外地人"与"本地人"的差别;在制度方面表现为"体制外"与"体制内"的差别。受城乡二元户籍制度的制约,形成了农民进城方式以及劳动力转移方式的特殊性,即劳动力向城市转移在相当程度上表现为不完全转移。土地不仅是农民最基本的生产要素同时也是其最基本的生活保障,这使得绝大多数进城流动就业的农民工往往是在城乡之间双向流动。这种状态的存在也和二元市场,即进城

农民的就业市场与城市居民的就业市场相关。这两类市场是相互分割、相互独立的。城市的农民工不可能享有城市居民同等的就业权利和就业条件。农民工一般属于非正规就业,传统观念上称为"临时工"。他们由于没有城市户口,不能进入到城市的正式就业体系中来。

目前的制度设计和农民工在城市中的就业机会、经济获得等诸多情况表明,农民工还不是市民,所以中国的城市化进程客观上存在着农民工演化为市民的问题。农民工现象本来只能说是应急性的权宜之计,但却逐渐演变成为一种制度性的安排。从改革发展的全局来看,这种流动既解决了某些先进发达地区的劳动力不足,也缓解了不发达地区劳动力大量剩余的就业压力;同时,这种流动也有力地冲击了城乡分割、区域封闭的旧体制,构造了用市场机制在区域间配置劳动力资源的新体制。但是,农民工作为一种制度性安排,是和城市化的本质要求相脱节的。农民工还是城市的边缘群体,付出同等的劳动却得不到同等的经济待遇。要使进城的农民工逐步转化为市民,首先,就必须改革传统的城乡分割的二元户籍制度,变城乡分割的二元户籍制度为统一的居民身份证一元户籍制度,即逐步建立以居住地划分城镇人口和农村人口,以职业划分农业人口与非农业人口的户籍制度,如实地反映公民的职业和身份状况的本来面貌。其次,必须增强农民工的货币原始积累能力,以及进城安家落户的经济实力。从整个人类社会发展来看,人口的自由流动是资本主义工业大生产的产物。资本主义的大工业生产,需要大量的自由工人。相比封建社会人身依附关系,资本主义条件下的人口流动是社会进步和发展的重要表现。在现代社会,人的迁徙自由,可以促使公民意识到自己有权不断寻找适合自己发展和发挥才干的场所,促进公民争取最大限度地发挥自己的社会作用与价值。每个人都需要并有权利选择适合自己发展的生存环境,只有找到了适合自己生存和发展的环境,才能为人的自由发展奠定坚实的基础。

(二)创新就业制度、土地制度,全面推进农村社会保障体制改革以适应城市化的和谐发展

中国城市化进程又快又好的和谐发展,不仅与工业化和城市经济

的持续快速发展相关,也与城市化进程中就业制度和劳动力素质以及农村土地制度的改革密切相关。事实上,在许多发达国家的城市化进程中,一般在评估或正式出台某些政策制度时,总是对其就业机会和土地资源的有效性利用与可能造成的影响作出具体说明,从而使就业政策和土地政策成为解决城市化进程中的经济和社会政策的核心。

　　傅崇兰、陈光庭、董黎明等在《中国城市发展问题报告》中指出,中国的城市化实际上是劳动力双重意义上的流动,一是空间意义上的流动,即农村劳动力向城市的流动;二是劳动力由第一产业向第二产业和第三产业的流动,其中既包括向城镇第二、三产业转移,又包括向乡村的非农业转移。这种转移的结果,既解决了农村人口就业问题,还会因为城市消费需求的增加而制造更多的就业机会。因此,城市化对就业具有乘数效应,是化解城乡就业压力的重要途径。但是,随着中国城市化水平的提高和城市化进程的加速发展,城市化也给城市造成了巨大的就业压力。

　　目前,中国的城市化发展水平和就业形势仍然处于一个特殊的转型期。随着城市化的快速发展和城市财富的聚集效应,农村剩余劳动力和农民工将会进一步向城市转移并在城市各个产业层面进一步流动。由于城市化进程形成的产业结构升级,城市工业化生产、商品交易、流通服务以及城市社会生活的方方面面对城市劳动力素质提出了更高的要求。由于我国农村新增人口的不断增加,劳动力资源的高峰增上和劳动力素质偏低的矛盾将会造成大量的新增农村劳动力和农民工的"结构性失业"。城市发展如不能化解这一"结构性失业"的矛盾,将导致中国城市化的非和谐发展。因此,在当下中国城市化进程中,除改变户籍制度对人身的约束,为农民工提供平等的人身自由发展外,切实为农民工创造基本的就业制度环境和公平的就业政策显得尤为重要。

　　就业是劳动者最基本的要求,是人类生存和发展的基本手段。无论城市还是乡村,劳动者的失业既是社会人力资源的巨大浪费,又是社会产生的巨大损失;失业本身将会进一步扩大社会总资源分配上的差距,加剧两极分化,使贫困、收入不平等甚至引起人的生存权利以及社会公平、正义等诸多社会问题。对于弱势群体的农民工而言,参与中国城市化的建设发展,就其现实意义而言是参与中国经济的发展,分享城市文明和城市经济发展成果的主要途径,农民工的充分就业是实现中国经济成长与财富再分配的重要手段,将有力地促进社会的公平、平等的价值实现。在当今中国的城市化进程中,农民工的职业技术教育、就业优先或公平择业应成为一项基本国策。

制度创新的作用告诉我们:充分解决中国城市化进程中"农民工"就业问题,也是我国破解"三农"问题的客观需要。因此,在中国城市化的历史进程中我们有必要通过制度确立对农民工入城就业的优先政策,同时,加快制定与城市化进程的结构性调整要求相匹配的人力资源开发政策。因为,随着城市化的迅速发展和经济社会产业结构的升级,农民工(包含城市居民)将更加突出地面临社会发展"结构性失业"的矛盾。而解决农民工和城市居民"结构性失业"矛盾的主要措施,是加快制定与中国城市化进程相适应的人力资源政策,创新实施人力资源开发战略。

人类生存最基本的劳动需求和劳动效率以及劳动质量是推动社会进步发展的关键因素,也是作为社会存在的个体或类的存在的本质要求。现代化水平较高的国家,在城市化的历史进程中都不同程度地面临过"结构性失业"的问题。在中国城市化进程中,劳动者的充分就业、促进整体社会人力素质提高的人力政策的制度性建设,以人为本、科教兴国战略的实施,不仅可极大地解决农民工就业问题,缓解社会发展中形成的"结构性失业"的矛盾,更为重要的是通过新的人力资源开发、科教兴国战略的实施可以使城乡劳动者综合素质获得不断提高,成为促进经济增长、城市发展、社会和谐的源泉。

回顾我国城市现代化的发展历史,一个客观的事实是,中国的改革开放的起始和城市化进程的加速发展是从土地使用制度的改革开始的。农村土地使用制度的改革,引发了中国农村农业生产力水平的大幅度提高,取得了举世瞩目的成就。在中国城市化进程中,城市土地制度已进行了一系列的改革,即从社会化的土地中,分离出土地使用权,并使其实现了商品化,使土地的社会性和商品性之间取得了协调和均衡。土地商品化、资源化和市场化加快了中国城市化的发展速度,推进了城市的社会化经营,有效地实现了加快城市发展的资本的积累。但由于历史的局限和制度设计的非平衡性,土地制度的商品化、资源化、市场化的改革,只是局限在行政区划的城市中进行。因此,农村土地制度的改革严重滞后于城市,造成了中国农村城镇化发展十分缓慢的现象。同时,由于农村土地承包制在制度上的限定性(只有经营权、承包权而没有经营权的流转处置权、流通和交换权、所有权),导致农民工进城务工"离土不离乡,进厂不进城"、"亦工亦农"的文化心理和回归土地的"乡土情结"。农民工在二元社会身份制度、土地承包责任以及文化心理上受到多重约束,使农民工从客观上和心理上难以确认自己的"城市市民"身份。因此,要使农民工真正成为城市的主人,在城市化进程中转换成市民社会阶层,基于平等、公平的城市劳动者就业法的制度建设,农村土地流通、土地经营承包制度的变革就显得尤为重要。① 令人欣喜的是,党的十七大报告提出:"坚持农村基本经营制度,稳定和完善土地承包关系,按照依法自愿有偿原则,健全土地承包经营权流转市场,有条件的地方可以发展多种形式的适度规模经营。"为农村土地承包制、农村土地制度的改革指出了一条光明大道。

　　综上所述,我们认为:要加快推进中国的城市化,提高城市的现代化水平,一方面应加大对城市就业制度和劳动力政策的改革与创新,另一方面也要加快对农村土地制度和农村社会保障体制改革的协调推进。社会保障制度在农村及城市化进程中的有效实现,是最大限度实现全社会"福利共享"和社会公平、协调、和谐发展的保障。

---

① 参见傅崇兰、陈光庭、董黎明等:《中国城市发展问题报告》,北京:中国社会科学出版社 2003 年版。

三、制度创新下的政府行为

如前所述,中国的城市化进程是在二元格局之下进行的。原有的城市化管理模式,是在政府的人为干预下,在城乡对立条件下展开的。从城市内部来看,由于外来农村人口被人为地阻挡于城市之外,因而政府在城市化进程中的功能是相对单一的。原有的城市管理模式是一种典型的对外排除化的模式,即将农村人口严格排除在城市空间之外,因而城市呈现出典型的单一化的特点。但是,随着人口流动性的增强,户籍制度的相对削弱,大量的农村人口来到城市,使城市生活的单一化特征受到了冲击,使城市事务具有了工业社会和农业社会的混合特征。

面对当代城市化的新转变,政府在城市管理手段上既不能简单沿用农业社会的传统管理手段,也不能单纯采用工业社会的管理模式。为适应城市化进程中社会关系的新格局,有序推进城市化建设,政府需要探索一种适合转型期特点的管理模式,在注重刚性制度建设和施行的同时,注意柔性化的、人性化的管理模式,注重对"非正式组织"的管理,用伦理的价值管理手段协调城市化过程中的特殊事务,进而形成"科学管理"和非科学的"伦理管理"相结合的管理新模式。

(一)科学的管理方式

城市最能体现社会组织中的现代原则,如合理性、秩序和效率等。城市化是传统与现代的纽带,在这个过程中,首先必须用科学管理模式解决城市化进程中的城乡二元冲突。

整合社会的多元文化冲突是城市的重要功能,这种整合作用主要在于城市有序的组织系统和强大的管理控制。因而,在城市化进程中,尤其需要改进和完善科学管理手段,构建城市化过程中适合城市特点的现代科学管理程序和技术手段。以科学管理方法完善原有的管理组织系统和就业结构,通过科学的决策,严格的执行和实施,有效的沟通和协调,对分散的利益和散漫的个性进行规约和引导,以科学的管理把农民的行为纳入城市现代文明规范之中。通过科学、合理的规章制度和有效的行政措施,协调城市化过程中的各种利益冲突,整合多元价值的对立。

在管理方式上，逐步实现管理技术和工具的现代化。传统的行政管理手段是经验的，具有原始的朴素性，这对传统社会的单一状态是适用的。但随着城市化带来的变化，城市固有的存在方式和内在结构发生了根本变化，城市事务的复杂性已不能和以往时期同日而语。随着管理内容的深化和管理幅度扩大，局限于传统经验管理方法已无法应对复杂的新问题，存在管理效率无法提高，管理人员陷于文牍事务之中，数字不准，传递不及时，信息利用率低等问题。而城市化进程中的问题是现代化过程中的问题，需要用现代手段加以解决处理。当今世界科学技术迅猛发展，信息空前膨胀，运用高科技手段，如电子计算机信息系统，能为准确、及时的决策和果断迅速的执行创造有效条件，有助于解决城市化进程中的许多管理难点。

（二）人性化的管理方式

在城市化进程初期的相当长时间内，由于民工潮的冲击而弱化了城市或城镇的这种整合功能，原有的政府管理体制和组织机制，已经不足以有效应对农民进城后带来的各种前所未有的社会问题。城市化是从传统向现代的逐步转换，城市事务中大量的问题是与农业社会共生的问题，对此，政府管理存在盲区。因此，有必要用非科学的人性化伦理管理模式协调和处理非正式组织中的矛盾，理顺转型期城市内部的利益结构和关系。

在很大程度上，城市化进程中的城市问题是农民的问题，而农民长期生活在非正式的组织状态中。正式组织是为了有效地达到组织的目的，按照组织的意图、方针政策、规则和规章等明文规定所构成的组织成员及其相互关系的一定组织体系。这是一种职能关系，对于个人来说具有强制性。正式组织遵循效率成本逻辑，它是科学管理的有效形式。与正式组织相对，非正式组织的行为准则不是科学的，而是约定俗成、以情感需要为基础的道德准则。

城市化进程中农民进城后，在解构城市原有正式组织秩序的同时，也把传统农村无组织、无纪律和散漫无序的生存方式带入城市。由于他们不曾接受现代科学管理规则的约束,进入城市的正式组织系统后,必须从头学习科学管理的规章制度。而长期松散的生活习性,使他们不仅对科学管理规则的适应性较差,而且很容易认同以血缘和地缘为纽带的非正式组织,以感情规则排斥科学规则和管理制度。同时,大量农民工基本上处于城市组织系统之外,正式组织的管理制度和规章很难对他们起到约束作用,他们在远离农村家族伦理的管理和约束之后,又无法立即纳入城市现代管理体系。如果他们进城后能继续集居一处,他们就可以凭借家族的传统习俗和习惯道德的外在约束协调行为。然而,城市与乡村的最大区别恰恰在于居住的单独性和私密性,对许多农民工来说甚至居无定所,这使他们从根本上失去了相互支撑和相互监督的环境。

总之,由于城市外来者特殊的生存状况和已有的风俗习惯的影响,正式组织的一系列规则很难对他们产生影响,同时加之已有的价值观念在新的环境中失去约束力,因此,政府仅仅采用科学管理方式很难有效地制止和防范由城市化带来的无序状态。政府管理在以科学方式管理正式组织时,对非正式组织的管理不能简单地只注重科学的效率逻辑,而是应着眼于组织成员的情感和心理需要,用人性化的伦理管理模式协调利益和价值冲突。

为保证城市化的有序发展,政府在加强和完善科学管理的前提下,应辅之以有效的伦理管理模式。伦理管理模式是从人性的现实特征出发,以特定伦理关系为基础,尊重人的需要、利益和情感,用道德手段进行管理。在目前的城市化进程中,伦理管理模式一方面要求管理者在行政决策、执行、沟通和协调时,从城市化进程中主体的需要和利益出发,对现实的利益格局进行合乎现状的分层,根据不同阶层人们的心理需求和利益目标,作出切合实际的行政决策;在行政实施、沟通和协调中,充分利用非理性的情感、需要等人性因素,弥补科学管理对人性的忽略,有效平衡科学管理的非人性倾向,不至于因城市化进程中科学技术和生产力的高度发达而导致人性的丧失和精神的失落。另一方面,人性化的伦理管理模式要求政府在管理方法上充分利用传统伦理管理手段。传统儒家的伦理管理以家族的伦理等级管理为基础,建立人际社会的和谐秩序,其有效性在某种程度上是科学管理手段无法比拟的。城市化进程中出现的重要问题之一是流动人口的行为失范,超生、偷窃、行凶、斗殴,严重扰乱了城市正常秩序。因此,伦理管理模式与科学管理模式并重,才能在规范农民工的行为上实现更优的效果。

第四节　城市文化的培育

如果说制度性安排解决了城市化过程中的外在框架问题,那么要想使这一制度得以贯彻,则需要城市文化这种软性的东西作为城市生活和谐的润滑剂。只有这样,才能使刚性的制度得到有效的贯彻。

一、城市文化与城市精神

世界著名建筑师沙里宁说,"要了解一个地区的文化,先看看这个城市","城市是文化精神的表象"。从广义上说,城市文化,是指城市的主人在城市发展过程中所创造的物质财富和精神财富的总和。城市文化是城市的生动写照,反映着它所处的时代、社会、经济、科学技术、生活方式、人际关系、哲学观点、宗教信仰等等。因此,城市文化是一种以城市为载体的文化形态,城市是文化实体,城市就是文化的体现。城市文化从结构上大致可区分为物质文化、制度文化、精神文化等三个层次。城市的物质文化,由城市的可感知的、有形的各类基础设施构成。城市的制度文化是城市文化的中层结构,是城市文化的制度化、规范化的表现形式。城市文化的变迁必然通过各种制度的变迁表现出来。城市的制度文化以物质文化为基础,但主要满足于城市居民的更深层次的需求,即由于人的交往需求而产生的合理地处理个人之间、个人与群体之间关系的需求。

狭义上的城市文化指的是城市的精神文化。城市精神文化是城市文化的内核或深层结构。城市的精神文化相对于城市物质文化、制度文化而言,指的是城市精神文明的总和,包括一个城市的知识、信仰、艺术、道德、法律、习俗以及作为一个城市成员的人所习得的其他一切能力和习惯。它的核心和灵魂,是城市市民的思想观念、心理状态,是以人脑和文字为载体的理念文化。

城市文化是城市人经过努力创造出来的,城市文化的形成会成为凝聚城市发展的精神力量,对城市的发展起到重要的推动作用。良好的城市精神文化,对城市人具有良好的教化作用,它通过城市新闻、信息传播、媒介等各种方式,对城市人的心灵起到潜移默化的引导作用,帮助人们纠正不良的价值观念,生成积极的价值理想,进而为人们的积极健康和全面的发展奠定良好的基础。

二、文化阻滞因素的消解

在任何一个国家的城市化过程中,文化作为一种隐于其内的观念系统,必定有着深厚的历史积淀和稳定的精神架构。当物质文化发生急剧变化的时候,这种隐于其内的观念文化的变迁往往并非与其同时发生,而有一定的滞后性。由此引发的价值系统的离析、人际关系的冷漠、心理秩序的崩溃等,都对城市的发展造成了严重的影响。由于传统农业文化和计划经济体制的深刻影响,中国当代的城市化运动呈现出一方面城市数量与城镇人口迅速增长,另一方面社会文化心理与城市化进程与其极不适应的特殊而复杂的景象。西方社会在城市化进程中曾经历的物质、精神相分离的社会心理状态,在当今中国表现得更为明显。更新文化系统,建立起与现代城市特征相匹配的现代城市文化,已成为当今中国城市化进程中重要的一环。

通过前面章节的分析,我们知道,城市化进程的推进,对于中国深层价值观念的变革具有重要的作用,它推动了中国社会由身份社会向契约社会的转变,促进了中国传统价值观念的变革和新的价值观念的形成。

但是,我们必须清醒地认识到,中国的城市化发展是在一个特殊的历史情境下进行的。近代中国的现代化是一种外源型的现代化,是被迫进行的一种痛苦的社会发展抉择。这就决定了我们的城市化发展历程是一个异常艰辛的过程。在实现传统向现代的转换过程中，由于文化内在基因中传统观念具有强大的生命力，不可能随着中国城市化进程的推进，就迅速地发生质的变化。很多陈腐的、保守的和落后的价值观念，仍然顽固地占据着人们的头脑。在这一过程中，尽管城市化进程的重要引导者——政府——积极制定了一些政策，进行着有效的制度安排，但仍然没有得到根本的改观。城市化进程所需的效率观念、公平观念、竞争观念，并没有得到很好的贯彻，这在很大程度上影响了政策效力的发挥和制度的有效贯彻。

（一）克服小农文化

当今的中国城市社会，虽然市场经济有了很大的发展，但人们的公民意识还有很大的欠缺。传统中国是一个自给自足的自然经济社会，在这样的社会中，人类个体没有经济自由和人格上的独立性，人与人之间是依附与被依附的关系，这种经济形式和人际关系构成了以严格的社会等级为基本特征的社会结构，并存在以身份界定的财产的、人身的不平等；同时这种社会结构约束着人们用身份来规定和确立人的行为。

中国作为一个有着数千年历史的、农民始终占人口绝大多数的农业大国，其悠久的传统文化是以农业文化为其基本底蕴的，农业文化是中国传统文化的根本，它贯穿古今，渗透于社会生活的各个领域，是历史悠久、生命力顽强的文化。中国传统农村是一个礼俗社会，其社会结构的基本特征为"差序格局"。中国社会又是一个血缘社会，血缘关系的扩张使地域也逐渐血缘化了，由此使得人际交往带有以亲情和人情为媒介的特点。与传统农业社会和礼俗社会相伴随，人们的文化心理结构呈现出明显的农业社会的基本特征：知足守旧、安贫乐道、舒缓闲散、安土重迁。这种传统文化在很大程度上已经内化为社会各阶层的人格核心，进而自觉或不自觉地支配着人们的思维方式和行为方式，维系着自给自足的小农经济和小农生活方式，造就了以小农经济为基础的城市观。在当今中国城市化的进程中，只有彻底消除这种小农文化的思想束缚，才能加快城市现代化的步伐。

(二)消解单位文化心理

如前所述,改革开放之前新中国的城市化进程,是在计划经济体制的条件下进行的。在计划经济体制之下,人们的依附性很强,缺乏现代城市社会所需要的独立意识、主人意识,在快速变化的社会中不能把握自己的命运,往往寄托于自己的单位,从而形成了独特的单位文化现象。在市场经济和现代城市化浪潮的推动之下,单位文化现象逐步为契约化的人际关系所取代,人们的自由程度和个性发挥程度越来越大。但是,文化自身的发展具有相对独立性。政治和经济结构的变革与人们文化心理的变革往往不是同步进行的。心理的变革往往滞后于历史进程本身。

通过前面的分析我们知道,单位是一个自给自足的社会福利共同体。个人进入单位后,个人的权利要在单位实现,单位由此而演化为一种社会福利共同体。也正因如此,单位不再仅仅是人们工作的场所,它是集政治、经济、生活、身份等多种功能于一身的超级群体,是一个名副其实的"大家庭"。个人进入单位后,便获得一种几乎终身不变的身份并且难以流动。单位化程度越高的社会成员,越有可能获得更高的身份和地位。一个人一旦离开了单位,不仅意味着离开了工作岗位,同时也意味着离开了社会。

不难看出,单位在很大程度上带有传统乡土社会的印记。它具有很强的封闭性。对本单位内的人员具有认同感,而将外来者视为对自身利益和价值的剥夺者。这种封闭性,在很大程度上会排斥与外界的有效交流与沟通,从而具有单子化的特征。单位文化也造就了人为的不平等,为资金、人才的交流设置了严重的障碍。这种"单位文化"还最终形成了职工在经济利益上,以及在社会地位和承担的社会角色上对单位的完全依附性。他们的一切利益都要尽可能地从中获得,包括最基本的衣、食、住、行乃至身份与地位。因此,从个人角度出发,不到万不得已的情况下,人们是不会离开这个"大家庭"的。这种对单位的全面依附性形成了职工的依附人格,即所谓"单位人"现象。从而,安于现状、不求上进、消极依赖等成了城市社会的通病。

　　经过多年的政治体制和经济体制改革,单位在人们生活中的作用不断削弱,社会承担起了更多的功能。城市居民的医疗、保险等各项与生活相关的事情更多地交由社会来负担,单位更多地承担起生产的功能。尽管如此,在我国的城市化当中,特别是在一些市场化程度不高的地区、行业和部门,单位对其工作人员的影响仍然是十分巨大的。数目繁多的福利、各种各样的晋升机会,在一些特定的单位当中依然存在着。这在很大程度上违背了现代社会发展的公平、正义原则,也培植起与现代平等观念相左的等级观念,如浓厚的拜官心理、追求和依仗权势的心理等。甚至职工中还出现了一种"贵族化"倾向,例如,在城市化过程中,繁重的体力劳动由进城民工做,而艰苦的工作岗位招聘下岗工人应聘者则寥寥。城市公民的这种依附人格缺乏现代市民意识,是与现代城市生活相悖的。因此,只有从根本上消解单位文化心理对人们的影响,才能建立起社会公平观念和独立的人格意识。

三、中国城市文化的转型

　　随着中国城市化进程的深入和健康发展,实现公民文化心理的转型不仅是必然的,而且是必要的。就社会而言,社会的变迁要通过人格转型来体现。从计划经济社会向市场经济社会的转变以及城市化的新特点,必然反映在人的文化心理的变化上。就个人而言,在社会变迁的同时,如果不能实现文化心理的转型,个人就无法与社会融合和适应。在当代中国城市化的进程中,只有实现人格的现代性转型,才能达到个人发展与社会发展的统一。

　　(一)实现从依附性人格向独立人格的转变

　　自给自足的自然经济社会,由于分工和交换的不发达,个体之间在经济上是一种相互排斥的关系,因而社会关系基本上是一种机械组合的无机关系。国家和社会是同一的,社会和个人是同一的,社会结构处于以政治为核心的领域合一状态。个人在社会中、在狭隘的血缘共同体中处于一种被束缚、被约束的状态,形成了一种依附性的人格。依附性人格是"人的依赖关系"的总和。以政治为核心的领域合一状态,在我国传统文化上体现为总体上追求大一统的整体效应价值,这种大一统的整体社会结构成为一张以政治为中心的经纬参差的网络,每个个体都先在地定格于这个网络中的某一点位,从而被剥夺了人的独立性品格价值,泯灭了个性的自由发展。这种整体性价值的社会效应一味强调社会、集体利益是个人一切行为自始至终的服从目标,只从社会的角度给个人制定规划、规范,根本不顾及个人的发展需要。社会成为能动的主体,个人只是被动的客体,个人应有的个性被政治约束和意识形态所宣扬的价值定位所消解。

以市场经济为主导的城市化进程,需要消除主—奴依附关系,强调和倡导交换者之间的等价交换关系,这种交换关系必然要求交换者之间的主体性自由。这种所谓的"主体性自由"是从"主体—主体"维度看的,也就是作为"权利的自由"。在这种新的社会关系当中,每个人都是以主体的身份与对方发生关系,每个人都处于自主的活动状态。这种建立在分工和交换基础上的人际关系,是以契约为纽带的相互依赖、相互制约、相互影响的有机联系。从社会方面看,由于市场经济是现实个人为自由发展而联合创造的"以物的依赖性为基础的人的独立性"社会,因而社会的价值标识应定位在:以社会形式培育自由个性的主体精神,从而为更高级的"自由个性全面发展"的社会奠定基础。这样,市场经济的社会制度的理想价值功能就应该是:积极肯定个人在市场经济中的主体地位。它首先要承认主体对合法财产、知识、技术的实际占有权,以及相应的使用权和支配权;其次应充分肯定和尊重个人在市场经济中的自由选择权利。个人财产占有权与自由选择权是市场经济条件下个人人格独立、责任感和道德感得以生成的根本前提和重要保证。在市场经济社会中,从传统共同体的诸种约束中独立出来、分化出来,因而具有独立判断能力和行为能力的人格是一种独立的人格。独立的人格是在实践活动中实事求是地分析问题、解决问题的真正开始,是人类有意识地自觉地改造自身、创造历史的重要里程碑。只有具有独立性人格,人才可以自由地追求美好生活。

在现代城市社会中,人们不仅获得了平等和独立,同时也要承担相应的责任,不能再依赖于国家、社会和他人,必须为自己负责。现代社会也不再是金字塔式的身份等级结构,而是拥有同样权利、平等地位的独立社会个体的联合。在这样的社会结构下,社会成员以独立个体的姿态参与社会生活。

(二)促进伦理型文化心理向法理型文化心理的转变

所谓伦理型人格,是指以伦理道德为支点的人格类型。伦理人格形成的社会基础是以非市场经济为主体的伦理型社会。在伦理社会中,人与人的关系是以人对人的依赖关系为基础的,表现在人格塑造上也是以伦理道德作为个人的价值取向,从而最为深刻地反映出个人的伦理生存形态。所谓法制型人格,是指以法律法规为支点的人格类型。法制人格形成的社会基础是以市场经济为主体的法制型社会。在法制社会中,人们之间的关系普遍表现为法律关系,法律法规成为调节社会生活的主要手段,整个社会呈现出一种理性的规范特征。在法制社会中,人对人的依赖关系被人对物的依赖关系所取代。以人对物的依赖关系为基础,社会的人伦化色彩就趋于淡薄,以法律法规为保障的理性的秩序和规范成为市场经济有效运作的基本前提。

从伦理型人格到法制型人格的转型,是社会变迁的必然结果。人格作为个人生存形态的直接反映,在不同的社会中具有不同的表现。在一个伦理化的社会中,造就的是伦理型人格的个人;而在一个法制化的社会中,造就的则是法制化的个人。在一个特定的社会形态中,人格往往具有相对稳定的社会特征。在我国长期的封建社会中,由于自给自足的自然经济限制了人们活动和交往的范围,人们之间的关系就显得朴素和简单,整个社会呈现出以政治为核心的领域合一状态,这使得伦理道德在人们的社会生活中发挥了最大和最有效的调节作用。社会对人的规范和要求以及个人对人格的期望和追寻,也都以伦理道德为核心。使一个社会的人格特征发生根本变化的是社会经济形态的改变,由非市场经济向市场经济的转变,是实现人类社会生活发生根本变化的重大因素。市场经济的确立,使商品生产和交换成为普遍的社会性活动。人们的活动不再是狭隘的、地域性的农业生产和手工业活动,而处在广阔的、流动的商品生产和交往关系之中,经济、政治、文化等领域各自独立,呈现出相对分离的状态。原来由伦理道德调整的社会,转向由法律法规来调整,从而使公正、平等的要求在现代社会中凸显出来。由于伦理社会与法制社会的调节机制不同,就相应地形成了不同人格,伦理社会形成的是伦理人格,法制社会形成的是法制人格。

人是社会文化变迁诸因素中最基本、最重要的裂变力量。人的素质的提高直接关系到文化的发展水平。而文化层面的变革,又对社会和经济的发展与进步起到至关重要的作用。从中国现在的城市化发展来看,只有建立起与现代城市特征相匹配的现代城市文化,才能消除城市化的深层文化障碍。现代城市文化应该是"一种以市民性为核心,以工业化、市场化、城市化为其结构底蕴,以成熟的市场交换为其生存法则,并以一套与之相应的组织制度和人文观念为其社会体系和价值系统的现代文化形态"。① 通过分析我们可以看到,现代城市文化应该代表了一种新的工业文化,它是对原有的传统农业文化的一种扬弃。与这种文化相伴随的,是人们理性水平的不断提高,自我反思、自我决定和自我意识水平的不断进步。人们在以市场经济为基础的城市化进程中,会摆脱对原有特定生活全体的庇护,来到一个更为广阔的生活环境之中。因此,这种新的城市文化和新的城市生活,将会把人们的主体性人格提升作为一项重要的发展内容。处在这场变革中的每一个人都面临着文化适应问题,都必须实现心理和人格上向现代城市社会的转变。

在城市化进程中,由于传统和现代的转换,人们必然经历着一个痛苦而艰难的抉择过程。这一过程,对于城市外来者而言,是一个摆脱原有的生活共同体,来到一个陌生世界追寻自己生命价值和意义的独立发展过程;对于城市原有居民而言,将是一个摆脱原有单位的庇护,在独立纷争中实现自身价值的过程。痛苦和机遇并存,自由和孤独相伴,

① 徐晖:《中国城市化进程中的文化因素》,《上海社会科学院学术季刊》2000 年第 3 期。

这是城市化进程中,人们在实现文化心理转型过程中一个具有悖论性的现象。

第五节　建设富有家园感的城市社区

在城市化进程中,作为硬环境的制度建设和软环境的文化价值观的培育,对于解决中国城市化进程中的矛盾具有十分重要的作用。但是,在这一硬件和软件之间,还有一个十分重要的环节,那就是社区建设问题。在城市化进程中,培养人们的社区意识,增进彼此之间的关怀,可以有效地解决人们因城市化进程所带来的心理上的不适和生活上的不便,进而可以有效地解决人们精神的归属感问题。

一、社区与人的归属感

人是社会的动物,总是处在一定的社会关系网络之中,有着相互依靠、相互支持的群居本能。正如我们在前面的章节当中所指出的那样,现代化的潮流将一切同质的东西加以分裂,现代人际关系是一种原子化的关系。尽管如此,我们仍需要看到,不同的社会成员、全体、组织之间存在相互合作和协同的基础,人的社会本能促使人们不断寻求实现自身组织归属的需要。人们需要在变动的社会生活中,寻找一种家园感和归属感,让漂泊的心灵找到一种依托。在这种情况下,城市社区的作用是显而易见的。社区,是人们基于生活的需要,由人们居住地点集中而形成的生活地理空间。从人们的心理需要角度来看,城市归属感是社区的一个最重要的功能。

"归属感"这一概念,是由美国心理学家马斯洛提出来的。他认为,个体具有在自己所属的群体中产生出强烈的"我群体"的需要。这种对"我群体"的强烈认同,马斯洛称之为"个体的归属感"。所谓"社区归属感",包括对社区地域和社区成员群体的归属。具体来说,是指社区的居民把自己归入本社区地域或人群集合体的心理状态。这种心理感受既有对自己社区身份的确认,也带有个体的感情色彩,包括对社区的认同、投入、喜爱和依恋。社区成员的社区归属感,是社区最本质的特征,离开了社区成员的归属感,社区的地域性和群体性将变得毫无意义。具体来说,社区归属感在社区中的功能体现在:

首先,社区归属感是社区形成的纽带。社区并不是单纯的区域概念,在构成社区的诸要素中,关键性的要素是社区成员在共同生活的基础上形成的对自己社区的强烈的归属感。它是社区共同体的核心,也是将地理区域与人群等构成社区的要素连接起来并形成社区的纽带。正是基于社区居民的社区归属感这一纽带,才能形成类似于迪尔凯姆所说的"有机团结",或者滕尼斯所说的社区共同体。

其次,社区归属感是推动社区发展的动力。社区归属感不仅是社区形成的纽带,而且是推动社区发展的动力和源泉。社区居民是社区的主体,社区的建设和发展都离不开广大社区居民的支持和参与。而社区居民在社区中的行为表现,如维护社区利益、解决社区问题、参与社区活动等,都取决于社区居民的社区归属感。只有当社区居民具有对本社区的认同、投入、喜爱和依恋等情感,他才会积极地关注社区的建设和发展,自觉地参与社区的建设。

再次,社区归属感是实现社区整合功能的关键。社会是由利益诉求各不相同的个体所构成的,要保持社会的正常运行,就必须对社会中的个体的不同利益进行协调和调整,这就是人们通常所说的社会整合。在传统的计划经济时代,个体紧紧地依附于单位、归属于单位。"单位体制"承担着对城市居民进行有效整合的功能。随着市场经济体制的逐步确立,越来越多的单位开始改变企业办社会的历史状况。加之社会流动的加快,"单位制"已渐渐解体,大量的城市人口已由"单位人"变成了"社区人"。因此,原有的由单位来实施的整合功能,必须由居民所居住的社区来承担了。而社区整合的关键则取决于社区成员有无社区归属感,以及社区归属感的强弱。因为,社区居民只有具有对社区的关注、依恋、喜爱和认同,即具有了社区归属感,才会认识到社区的利益和发展高于个人利益,由此使社区中各种利益群体的力量相互作用、相互吸引,达到彼此间利益的协调和调整。

最后,社区归属感可为社区居民提供各种社区支持,满足社区居民的身心需要。社区支持是指个人在自己所处的社区中所能够实际获得的来自他人或社区的帮助。"单位制"的弱化,人口流动的加快,家庭日渐小型化,使城市居民的社会支持逐渐向社会、社区转移。强烈的社区归属感,易使社区居民间形成守望相依、关系融洽的共同体。社区就像一个温暖的大家庭,居民互相之间团结帮助,个体遭遇的困难在社区中将得到大家的帮助和解决。同时,强烈的社区归属感,降低了居民在社区生活中的孤独感,使社区居民的精神愉悦,从而有助于其身心健康。

二、没有归属感的"归属"

20 世纪 90 年代,伴随着中国城市化的快速发展,我国城市社区建设开始兴起。在十几来年的城市社区建设中,取得了一定的成效。例如,城市社区当中的生活设施日益增加,健身器材也日益丰富,社区的文化设施也日益齐全。但是,值得我们注意的一个现象是,在现代化的潮流之下,我国的城市社区呈现出了人际交往的"冷漠化"、"原子化"现象,极大地影响了人们之间的交流,造成了人们心灵的孤独,城市社区归属感日益淡薄。结合我国社区的具体情况,可以认为影响我国居民社区归属感的因素,主要有以下几方面。

首先,我国社区先天发育不良,后天又存在着社区自治制度的不足,这是导致我国居民社区归属感淡薄的首要原因。社区的概念和实践发源于西方。在西方,社区是自然而然形成的、具有共同兴趣和爱好的居民所组成的一个共同体,它从一开始就是一个自组织系统,在社区内,社区居民是社区的主人,他们参与社区事务,对社区表现出强烈的归属感和主人翁意识。对我国而言,一方面,我国社区的形成是政府按照"便于服务管理,便于开发资源,便于社区居民自治"的原则来划分的,这种后天规划所形成的社区,社区虽有明确的地域位置,居民间却无法形成共有的社区记忆。另一方面,我国的城市社区,尽管国家明确规定社区是居民自我管理、自我教育、自我服务的基层群众性自治组织,但事实上,我国目前的居民社区还没有真正成为一个自治性组织。在社区中,政府的行政化倾向十分明显,作为社区自治组织机构的居委会,是政府行政职能在基层的延伸。行政性社区这一特征,使社区的各种活动具有很强的政府色彩。社区居民对社区活动的参与,更多的是被动性的。社区归属感是居民对社区的一种自觉自愿的情感认同,是社区居民强烈关注本社区并积极参与社区活动的结果。可见,我国社区归属感的淡薄,一方面是先天性的,而后天的社区自治制度的不足则加剧了这一现象。

其次,社区无法提供给社区居民强有力的社会支持网络,或者说社区功能发挥不足,这也是影响我国居民的社区归属感的原因。社区作为一个生活在一定地域上的、居民彼此间有着密切关系的共同体,给社区居民提供社会支持,是社区所应有的十分重要的功能。在西方,社区为社区中的居民提供多样化的社会支持。在我国,个人所获得的各种社会支持是依托于个人的身份的。对于有职业单位的人,其主要的各种社会支持来自于单位,而对于无业者而言,主要的社会支持是其亲戚朋友等民间系统。在个体所居住的社区,社区所提供的社会支持是缺位的,尤其是居民异质性很高的社区、流动性很大的社区,社区社会支持功能的缺位更为明显。由于社区无法给予社区内的居民以社会支持,社区内的居民在遭遇各种困难时,便无法获得所在社区的各种帮助,这使得社区居民对社区在情感上是疏远的、寄居的。这种对社区的疏远的、寄居性的心理是不可能产生"我群体"、"我社区"的社区归属意识的。

再次,社区居民关联度低,同样是我国居民社区归属感淡薄的重要原因。所谓"社区关联度"是指社区居民之间的具体关系的性质、程度和广泛性,它是社区居民在社区内部结成的各种具体关系的总称。社区关联度高,则社区居民互相间关系密切,很容易形成对自己所处社区的"我社区"认同归属心理。因为居民对社区的情感主要来自于个人赋予社区的意义,特别是个人在社区中与他人的关系的密切与否,是

"我社区"情感形成的关键。在我国,由于单位制的分割,加之城市居民生活空间的单元化、高层化、独立化和封闭化,以及社会流动的加快,商品契约关系的发展,城市居民的人际关系日益疏离,个体具有明显的原子化特征,居民之间体现出一种很低的社区关联度。邻里之间这种疏远的关系,使居民对社区产生了消极的社区情感,影响其社区归属感的形成。

最后,社区归属感的形成,要求社会必须具有信任、互惠与合作的文化环境。社区归属感是社区居民对社区地域和社区人群的情感认同。这种情感认同必须建立在社区居民互相信任、互惠和相互间的合作基础上。然而在我国,我们的人际信任是以自己为中心的同心圆,即个体对他人的信任是依据是否与自己具有血缘、亲缘为依据的。离自己最近的圈内的人,也就是与自己有血缘、亲缘关系的人,我们对他们采取信任的态度,并与之合作;而对于处于圈外的人,我们则无法给予其信任,更遑论会与其合作。这种只相信家族、宗族成员的低信任文化背景,使我国的城市社区与其说是生活和功能性的共同体,还不如说是许多家庭的聚居地。由于居民间缺少信任,社区中大部分成员为一项共同的工作而进行合作的情况较少发生。

三、社区归属感的营造

从传统社会向现代社会的转变,是一个重要的心理转变过程。在这一过程中,必然伴随着人们心理上的波折和痛苦的转型。伴随着原有的、初级的人际关系的解体,人们需要在社区当中重建一种新的人际关系。在新的条件下,人们需要实现从"单位人"向"社区人"的转变。社区需要也必定会成为社区人越来越依赖的生活空间的一部分,并由此而增加对它的归属感。从我国目前城市化发展的进程来看,要增强社区成员的凝聚力和向心力,增进人们的归属感,至少可以从以下几个方面着力。

其一,对于政府的角色要重新定位。在计划经济条件下,政府的作用是无所不在的。大至人们的安全,小至人们的性格、爱好等无所不及。"单位人"现象就是一个突出的表现。市场经济使人们的自主性大大提高,人们的自由选择能力大大增强。在市场经济条件下,让政府无所不包是不可能的,政府也没有这样的人力和物力。在关系到人们的情感需求、价值关怀的许多东西,政府部门应该从中撤出,让更多的非政府性的组织来行使。在城市当中,社区应该在这一方面发挥它的积极作用。

社区应该是具有非行政性、非营利性和非竞争性即具有自治性质的从事社会公益事业的,由民众自愿参与、合作共享的民间组织与团体。地域性和以人为本,开展自治,是它的最主要特征。社区服务具有福利性、群众互助性、无偿或低偿服务性、地域性。国际经验与国内改革都表明,虽然在社区发展的各个时期可以有不同的阶段性目标,但社区发展的最终目的是要建设一个以个性发展、社会整合和文化繁荣为标识的,具有相对独立性并与国家、市场保持良性关系的现代社区。政府在社区建设、社区发展过程中发挥着关键作用,这在世界范围内是共同的,在我国这种作用更加明显。但是,对于追求内在发展和持续发展为目标的社区建设来说,政府包办显然不合适。现在市、区政府不再像以前那样用政治动员的方式直接干预社区事务,但对社会稳定的希望并没有降低。由于这个特点,我们不仅需要用变化的眼光重新审视社区工作,为社区工作的开展注入新的生机,更重要的是,政府应对目前所扮演的角色把握好"度",既要发挥更加积极的作用,负起推动社区建设的责任,又要不"越位"。政府所无力加以涉及的地带,让社区承担起来。

其二,从管理体制上,明确社区的地位及它的职责和工作范围。在政府的一些职能退出之后,社区必须涉入其中,否则会造成人们生活的一个真空地带,人们的情感归属难以得到解决。也正因如此,为防止城市化进程中归属匮乏问题的加剧,必须让社区将其应有的职能尽力发挥出来。

由于特定的国情所致,我国的社区建设一开始就是一种政府行为,并在政府主导之下形成了区、街、居委会三级框架的社区服务网络管理体系。这种管理体系以民政部门为主,带有浓厚的行政管理色彩,它运用行政资源和行政手段来管理庞大的社区建设这一综合性的社会系统工程,这种体制缺陷在实践中暴露出许多问题。因此,在社区建设方面,我们需要按照从行政到自治的原则加以进行,在社区成员民主参与意识还比较薄弱的情况下,保留政府的行政行为,并努力明确社区建设的操作单元是"基层法定社区",即区、街、居委会辖区共同体;并理顺三大管理系统关系,即政府行政管理系统、社会自主管理系统和生活服务管理系统,以提高社区的整合能力。行政管理系统在履行执法功能的同时,应承担制定社区规划、促进社区发展的职能。社会自主管理系统作为主体系统,应通过发动社区成员参与社区活动,形成社区的文化合力,培养居民的认同感和归属感。生活服务管理系统作为基础系统,其任务则主要是提供便民服务。

其三,通过实际解决人们面临的实际情况,增进人们的归属感。许多社会学家认为,居民对社区的满意程度与居民的社区归属感之间有着非常紧密的联系。如果社区的条件不能够满足居民的希望和要求,就会影响居民留在这个社区居住的意愿。从物质角度来讲,社区不能满足人们最基本的吃、穿、住、行等方面的基本要求,人们无论如何是不会选择长时间在这一社区当中生活的。因此,一些学者主张居民用生活质量来测量社区归属感,因为对社区服务设施的满意程度是社区居民生活质量的指示剂。同时,一个社区,如果在精神方面不能对人们加以满足,也难以增进其对社区成员的吸引力。也正因如此,社区环境和邻里关系等将会影响居民对社区的满意程度,进而影响他们是否愿意在此社区居住。

因此,社区建设需要切实解决当前中国存在的一些社会问题。目前,我国各地社区建设多为"示范"取向,即选择那些自然环境、经济条件较好的居民聚居区作为示范点以发挥其示范效应和带动作用。这种做法,在社区建设的启动阶段是必要的,但与"示范"取向相比,持一种"问题"取向,似乎具有更大的意义。所谓"问题"取向就是以解决城市化进程相伴生的各种现实社会问题为重点,选择那些有群众性的、关系居民生活的急、难、愁问题,比如,下岗职工、流动人口的工作安置等。如果一个社区下岗职工很多,却得不到再就业,涌入社区的流动人口不能得到必要的疏导,他们的生计有了问题,那么,这个社区的居民就很难安居乐业。置弱势群体的困难于不顾的社区建设,只能是花架子。从世界各国、地区城市社区建设的经验来看,其初始的动机也多为"问题"取向。20 世纪 30 年代,美国的芝加哥学派在研究美国城市社区的过程中,就曾以"贫民社区"作为研究重点,取得了一定成效。

其四,在现代城市社区建设中,应该积极进行文化精神生活的建设。目前人们的精神生活需要日益增长,社区作为城市生活的基本单位,必须在这方面有所贡献。例如,通过开展丰富多彩的文化娱乐活动,可以增进人们彼此之间的融洽感,使人们工作之外的业余生活变得丰富多彩。

其五,增进人们的社区公共生活参与程度。现代城市人归属感的匮乏,在很大程度上来自于人际交往关系的日益冷淡。在传统的熟人社会当中,人们之间的交往更多地停留在血缘关系和自然形成的地缘关系之中。人们可以通过与亲朋好友的交往,排解内心的压力,解决归属感匮乏的问题。但是,在当代城市生活中,由于工作和生活的需要,血缘性的人际关系被特定的生存空间所打破。在新的人际关系没有建立之前,人们的亲密化的交往圈子越来越小。人们之间往往也隔着一层面具进行交往。这就造成了我们前面章节当中所论及的城市异化现象。为解决这一问题,在社区建设中,必须解决各成员公共生活的参与度问题。通过居民对公共生活的参与来增进彼此之间的交流与沟通,消除彼此的隔膜感。为此,必须激活社区成员对社区的兴趣,激活人们的相互需要,从而增强支持性社会联系。社区要经常组织一些吸引社区成员参与的共同活动,加强社区成员间、不同群体间和代际之间的社会团结。只有社区团结产生后,人们才会共同建设社区,创造社区生活的和谐品质。

第六节 中国城市化的目标:和谐城市

城市是经济、政治文化和交通的中心,人口密集,社会财富集中,是人类进步的集中体现,又是社会发展最具有活力的聚居地。城市是人类文明的标志,人是城市的主体,人建设城市的最终目的是使自身能更好地生存与发展。城市只是一种手段,而人是目的。城市不应该是制约与束缚人的工具,而应成为培养正直、善良、健康的现代人的摇篮。和谐城市应该成为中国城市化发展的基本目标。构建社会主义和谐社会,是我们党从全面建设小康社会、开创有中国特色社会主义事业新局面的全局出发提出的一项重大任务。和谐城市建设,应当在社会主义和谐社会建设过程中发挥着重要的作用。

一、生态城市:人与自然的和谐发展

以改善人居环境为目标,建设绿色生态城市,既是坚持以人为本、构建和谐社会的应有之义,又是实现人类社会系统与自然生态系统和谐相处、协调发展的重要保障。

为避免城市的畸形发展,人们需要在发展观问题上作出一个调整,改变片面地追求数量的发展思路。重新审视人与自然的关系,协调人与自然的关系,成为当今世界高度关注的议题之一。20世纪60年代以来,对人与自然关系的系统认识,深刻揭示了工业繁荣背后的人与自然的冲突,对传统的"向自然宣战"、"征服自然"等口号提出了挑战。20世纪90年代以后,一系列具有里程碑意义的纲领性文件和国际公约问世,标志着可持续发展之路、实现人与自然和谐发展成为全世界的共识。在城市发展问题上,现在人们提出了生态城市的新观念。

"生态城市"是在联合国教科文组织发起的"人与生物圈"计划研究过程中提出的一个概念。关于生态城市的概念众说纷纭,至今没有公认的、确切的定义。俄罗斯亚尼斯基(Yanitsky)认为,生态城市是按生态学原理建立起来的人类聚居地,其社会、经济、自然得到协调发展,物质、能量、信息得到高效利用,生态进入良性循环,是一种高效、和谐的人类居住地。美国罗杰斯特(Richard Register)则认为生态城市是指生态方面健康的城市,生态城市所寻求的是人与自然的健康,并希望它们能充满活力与持续力。

生态城市是一个由诸如经济、人口、交通、建设、文化、教育、法律等许多子系统组成的,高度和谐、稳定与持续发展的"社会—经济—自然"复合生态系统。生态城市要求自然、技术、人文充分融合,物质、能量、信息高度利用,人的创造力和生产力得到最大限度的发挥,居民的身心健康和环境质量得到保护,系统中各部分都协调,得到可持续发展。在环境方面,生态城市不仅要有良好的自然生态系统,较低的环境污染,良好的城市绿化,还要有完善的自然资源可循环利用体系;在经济方面,需要有合理的产业结构,有经济效益好、资源消耗低、污染物排放少、人力资源得到充分发挥的生产方式;在社会方面,居民要有良好的环保意识和公共意识,人际关系融洽,彼此和谐相处。具体来说,生态城市具有以下基本特征。

第一,生态城市是可持续发展的城市。20世纪70年代初期,由于全球性环境污染、资源短缺、经济发展不平衡等问题越来越突出,罗马俱乐部的报告《增长的极限》和联合国斯德哥尔摩会议通过的《人类环境宣言》,明确提出"持续增长"、"合理的、持久的均衡发展"概念,强调以未来的发展规范现在的行为,实现在保护地球生态系统基础上、人与自然和谐相处的人类社会的永续发展。它表明人们的发展观在多元性、全面性的基础上又向前迈出了一大步。

生态城市的发展,以可持续发展为基本思想,在发展过程中兼顾不同时间、空间,合理配置资源,公平地满足现在和以后在发展和环境方面的需要,不因为城市暂时的繁荣而采用几乎是"掠夺"的方式对待资源,不因为暂时的经济增长而不考虑以后的持续发展,要保证城市发展的健康、持续、协调。生态城市的建设和发展既要考虑当前发展的需要,满足当代人的基本需求,又要考虑未来发展的需要,实现"代际公平"，即子孙后代拥有与当代人相同的生存权和发展权，当代人必须留给后代人生存和发展必需的资源与空间。

　　第二，生态城市注重城乡的统一协调发展。生态城市作为城乡统一体，其本身即为一区域概念，是建立在区域平衡基础之上的，而且城市之间是相互联系、相互制约的，只有平衡协调的区域才有平衡协调的生态城市。从经济的角度出发，区域是城市赖以生存的基础：区域为城市提供能源、粮食、原料与劳动，并容纳城市提供的产品与服务，城市同时也会辐射与拉动区域经济的发展，二者之间是唇齿相依的关系。从社会角度出发，虽然城市社会问题的实质并不取决于空间因素，但一些城市社会问题与都市相关人口的迁移有密切的关系，例如解决城市流动人口犯罪问题、失业问题、贫困问题就必须从区域层面着手，通过和区域的结合才能在一定程度上缓解这些社会问题。从生态环境角度出发，城市要消除一系列的环境包袱，就必须结合区域生态系统，必须依赖外部的能源和物质及其净化能力，仅靠城市本身生态系统力量来分解净化自身的废弃物是不可能完全实现的。因此，建设生态城市应当将城市看做一个与周围市郊及有关区域紧密相连的开放系统，城市与这些区域之间进行着广泛的物质、能量和信息循环，以保证城市功能的正常运行；城市生态系统与周边地区生态系统在此背景下形成整体，完成城市的经济活动、社会活动以及文化活动，在封闭状态下是无法进行生态城市建设的。自我封闭，与区域脱节，不可能建设好生态城市。

　　第三，生态城市是城市经济环境观、社会环境观与生态环境观的有机结合。长期以来，由于人们没有正确认识和对待人与自然之间的关系，只顾发展社会经济，忽略了自然环境，破坏了生态环境，从而导致了经济发展与生态环境的严重不协调，毁坏了社会经济发展的自然基础，影响了经济的可持续发展。而生态城市的发展，实质上是自然、经济、社会的协调发展，也就是说，生态城市不仅追求环境优美或自身的繁荣，而且兼顾社会、经济、环境三者的整体效益；不仅重视经济发展与生态环境协调，更注重对人类生活质量的提高，是在整体协调的新秩序下寻求发展。

生态城市最本质的功能是关怀人、保护人、服务人,实现人与自然、人与人、人与自身的和谐。在生态城市中,人们都应当能找到自己的位置并能够得到相应的尊重。经济的发展应该为生态城市的建设提供良好的经济基础和经济环境;完善的社会服务设施与基础设施应该满足人们的物质需要与精神需要;健全的社会保障体系能为社会弱者提供保护与援助。这样,生态城市才是营造满足人类自身进化需求的环境,充满人情味,文化气息浓郁,拥有强有力的互帮互助的群体,富有生机与活力,是一个关心人、陶冶人的"充满友爱的人文环境"。

当然,现实的城市发展远没有达到生态城市的要求。但生态城市应当成为我们城市建设的一个目标或理念。一种理念的贯彻,是一个十分复杂的、艰辛的过程。生态城市这一全新的城市发展理念,需要借助本章所论及的制度设计、相关文化理念的接纳等配套措施来实施。

二、和谐城市:促进社会公平正义

考察人类社会的发展进程,我们会发现,社会公平状况与社会和谐程度息息相关。当社会相对公平时,社会各阶级、阶层和社会成员能够和睦相处,社会矛盾比较缓和,社会相对和谐;相反,社会和谐就难以实现。

实现社会公平,历来是马克思主义者追求的社会主义的基本目标和核心价值,是社会主义本质的重要内容和内在要求。社会主义社会不仅应该创造出更加丰富的物质财富,而且要让物质财富得到公平合理的分配。包含权利公平、机会公平、规则公平、分配公平在内的社会公平,是社会主义最重要的本质和社会主义的最大优越性。马克思和恩格斯认为,未来社会应是每个人得到自由全面发展和社会公平得到充分体现的社会。邓小平同志认为,社会主义的本质是解放生产力,发展生产力,消灭剥削,消除两极分化,最终达到共同富裕。而"消灭剥削,消除两极分化,最终达到共同富裕"自然是公平理念、公平制度、公平政策和公平原则在社会主义实践中不断得到落实的动态过程和必然结果。如果离开了公平合理的制度安排,广大人民群众就无法共享经济社会发展的成果,社会主义的本质就不可能得到较好的展开、体现和实现。可以说,把维护社会公平放在更加突出的位置,是中国特色社会主义建设的题中应有之义,也是中国城市化发展的必然要求。

(一)公平的含义

对于如何才能建构一个公平和正义的环境,不同的思想家有着不同的理解。当代美国著名政治哲学家罗尔斯在其代表作《正义论》中对正义问题作出了详细的阐述。他明确地提出了作为公平的正义理论。

在《正义论》当中,罗尔斯提出了两个“正义原则”,第一个原则是“自由平等原则”,即“每个人对与所有人所拥有的最广泛平等的基本自由体系相容的类似自由体系都应有一种平等的权利”。① 第二个原则是“公正原则”。包括两部分:“社会的公平、平等原则”和“差别原则”,即“社会和经济的不平等应这样安排,使它们:1. 在与正义的储存原则一致的情况下,适合于最少受惠者的利益;2. 依系于在机会公平平等的条件下职务和地位向所有人开放”。② 第一个原则涉及的是基本的“善”,即基本的自由的一个集合。它包括两个要求:一是我们每个人都具有对同样的基本自由的平等权利;二是基本自由应该尽可能广泛。罗尔斯认为,“公民的基本自由有政治上的自由(选举和被选举担任公职的权利)及言论和集会自由;良心的自由和思想的自由;个人的自由和保障个人财产的权利;依法不受任意逮捕和剥夺财产的自由。”③第二个原则“大致适用于收入和财富的分配,以及对那些利用权利、责任方面的不相等或权力链条上的差距的组织机构的设计”。④ 强调机会、平等和弱者“受惠”。第一个原则用于政治结构,第二个原则适用于经济和社会权利与利益的分配,目的都是为了实现公民的平等自由权利。在上述两个正义原则中,第一个原则优先于第二个原则,而

---

① 罗尔斯:《正义论》,北京:中国社会科学出版社1981年版,第292页。
② 罗尔斯:《正义论》,北京:中国社会科学出版社1981年版,第292页。
③ 罗尔斯:《正义论》,北京:中国社会科学出版社1981年版,第57页。
④ 罗尔斯:《正义论》,北京:中国社会科学出版社1981年版,第57页。

在第二个原则中,机会、公正、平等原则又优先于差别原则。可见,公平至少涉及以下几个方面:机会的公平、起点的公平和结果的公平。

第一,机会的公平。公平正义的环境首先应当为每个人创造平等的自由空间,并且这个自由的空间是任何人、任何组织不应当加以干预的。机会的公平可以被界定为对某一过程的描述,在这一过程中,能力相当且意愿相同的人,都能够参加与其能力和意愿相匹配的活动。

第二,起点的公平。起点的公平是指在资源的竞争和机会的把握过程中,应当让每个人站在相同的起点上。但是,我们可以很容易地看到,现实生活中人们的竞争起点往往是不同的。起点的公平与否,是先天和后天的各种因素彼此作用的结果。在社会的现实状况下,起点存在差异是社会的常态。在各种社会资源有限的情况下,起点的公平所关注的不是起点是否存在差异,而是如何对待起点的差异问题。这涉及如何对待结果的公平问题。

第三,结果的公平。起点的公平和机会的公平不代表社会公平的全部,社会中不同的个体或群体即使在平衡起点差异的基础上参与到公平的竞争过程中,由于先天社会因素以及自身偶然因素的差异,还是会出现不公正的结果。一个公平的社会环境应该将这些偶然性的因素限制到最小程度,从而使社会处境最不利者也处于比较公平的地位。

上述三种平等主要是从动态的角度进行的划分。从社会静态的角度来看,社会公平应包括经济地位、政治地位、文化地位和人格上的平等。

所谓经济地位的平等,是指人们在社会生产中具有相同的地位和权利,它包括社会成员应平等地拥有工作、劳动的权利,在工作的机会上应该平等,在收入分配上应该平等。所谓政治地位上的平等,是指公民应该拥有同等的政治地位和政治权利。它表现为在参政与议政、选举与被选举等方面,每一个社会成员都有一定的权利。政治平等的另一重要表现是在法律面前人人平等,不管人们在天资、才能、出身、种族、信仰、性别、文化、财富等方面的差别如何,都要在法律允许的范围内活动。文化上的平等,是指每个社会成员都平等地享有受文化教育的权利。而人格上的平等,则是指不管经济、政治和文化地位如何,每个人都有自己独立的人格,都应该受到尊重和保护,而不能随意受到污辱。

(二)切实保障人们的权益,促进城市公平正义

在中国城市化进程中,由于特定的历史条件的限制和各种现实因素的作用,城市化进程中还存在很多不公平的社会现象。从不同城市的发展状况来看,各个城市居民之间的总体差距在不断扩大,城市内部不同行业不同阶层之间的收入也在逐步拉大,在某些区域和阶层之间甚至有些过于悬殊,这点特别是在很多城市弱势群体身上体现得十分明显。城市弱势群体是指城市中那些被排除在社会发展进程之外,不能享受到社会经济发展成果,生活处于困境的人。在我国,城市弱势群体主要是指国企的下岗职工、城镇的失业者和半失业者、从农村流向城市的农民工和无业者、城镇的贫困人口。

城市化的快速发展促进了经济结构的大幅调整,资本有机构成迅速提高,从而结构性失业问题渐渐突出,越来越多的城市劳动者从传统的劳动岗位上被替换下来,失去了劳动机会。下岗、失业造成了人们心理的失衡,引发了诸多人际矛盾。与此同时,城市化进程的推进将一些市郊农村城市化,很多居民由于城市建设征地失去了土地,又因政策而逐步转为城市居民。大量的城郊农民在没有取得进城创业条件和就业资本的情况下,就被动地卷入了城市。这进一步扩大了城市弱势群体的力量。

不仅如此,在近年来的城市化进程中,农民工也日益成为其中的弱势群体。正如我们在前面章节中所指出的,农民工是双重边缘人,他们既不是传统意义上的农村人,也不是纯粹意义上的城市人。由于失地、失业、失学、失居所、失身份、失保障,不少进城农民在生活上或工作中时常受到打击,身心受到伤害。一些农民虽然成为了新市民,但并没有真正融入城市,而是无论在物质上还是精神上都正在成为新一代城市贫民,成为城市的"边缘人"。

城市化进程中这些不公平现象的存在,大大降低了城市的和谐感,

使许多危机因素埋藏下来。为此,我们需要付诸行动,努力消除社会不公平现象,为实现社会和谐创造日益良好的基础条件。在城市化进程中,需要建立起包括经济公平、政治公平、文化公平和人格公平在内的社会公平保障体系,使人们获得平等的竞争机会,并且通过二次分配的方式使弱势群体的权利得到切实的维护和保障。

构建和谐城市,实现科学发展,把人们所需要的"蛋糕"做得越来越大很重要;追求社会公平,把这个越来越大的"蛋糕"分得越来越公平同样也很重要,有时甚至更为重要。在当今中国的城市化进程中,我们要实现城市的和谐,需要通过协调社会利益关系,解决以收入分配不公为主要内容的社会不公平问题,建立相对公平合理的社会利益格局和利益获取机制,把人们所需要的"蛋糕"分配公平,逐步实现中国社会的相对公平,妥善协调社会各方面的利益关系。

在解决这一问题过程中,政府应该本着以人为本的理念,为每个人,特别是城市弱势群体的发展创造公平的环境。对于一个基于以人为本的理念的政府而言,则需要着重加以考虑以下几方面的事情。

首先,切实保障城市弱势群体的权益,让每个人都获得机会均等的竞争机会,同时努力消除因社会和自身的偶然因素所造就的不公平现象。目前,由于城乡二元结构的存在,很多农民工难以获得与城市人一样的竞争机会,难以获得平等的竞争权,更不用说实质意义上的公平的获得。因此,为保障公平正义的实现,当务之急是要保障城市人与农民工在竞争上的平等权。政府应该通过制度的完善逐步解决这方面的制度障碍,为农村和城市人口之间的流动和发展创造切实可行的环境。在此基础上,政府应该通过相应的手段努力提升这些弱势群体的工作技能,改善他们的工作环境,使他们尽可能获得公平的竞争起点。

其次,以公共政策让弱势群体享受到改革的成就。绝对的平等是不可取的,这会使我们重新回到计划经济状态下的普遍贫困之中。财富的分配尽管无法做到绝对的平等,但它必须合乎每一个人的利益。我们允许一部分人先富起来,但强调的只是初次分配的效率。农民工权益在初次分配时,就没有得到市场的保障,也没有很好地得到政府的保障,极低的劳动力成本虽然保证了我国产品在国际上的竞争力,但过多地牺牲了农民工的利益。这固然在短期内符合市场规律,但是长期的发展损害的就不仅是农民工的利益,它也损害了城市的利益。因此,政府需要用公共政策保障农民工享受到改革的成就,主要通过再分配手段将农民工逐步纳入到城市居民体系,享受到与城市居民同等的社会保障。

　　最后,坚持以人为本的理念,对弱势群体予以人文关怀。"人文"是一个内涵极其丰富但又很难确切指陈的概念,"人文"与人的价值、人的尊严、人的独立人格、人的个性、人的生存和生活及其意义,与人的理想和人的命运等密切相关。如果说制度和政策的实施,更多地保障了城市弱势群体的经济和政治权益,那么人文关怀则侧重于对其心灵的关注和呵护。城市化的重要社会功能之一就在于推动公民社会角色的转换与矫正,构建自尊、自立、自强、自信的新型人格。人最需要的是心灵的健康与解放。只有实现了人的精神解放,才能充分释放出城市化发展的无穷魅力。当代中国城市化发展需要追寻"诗一般栖居的家园",积极创建和谐的家园城市,让所有的城市生活群体,特别是弱势群体在中国城市化的巨大变革中寻找到"家"的感觉,让他们感觉到自己的重要性,而不是随波逐流,对苦难麻木不仁。也只有这样,才会激发起人们的存在尊严,并让人们得到情感的认同和精神的皈依。

参 考 文 献

一、中文著作

1.《马克思恩格斯选集》第 1—4 卷,北京:人民出版社 1995 年版。

2.《马克思恩格斯全集》第 46 卷,北京:人民出版社 2003 年版。

3. 马克思、恩格斯:《共产党宣言》,北京:人民出版社 1997 年版。

4. 马克思:《资本论》第 1 卷,北京:人民出版社 2004 年版。

5. 马克思:《1844 年经济学哲学手稿》,北京:人民出版社 2000 年版。

6. 恩格斯:《家庭、私有制和国家的起源》,北京:人民出版社 1999 年版。

7.《列宁全集》第 3 卷,北京:人民出版社 1984 年版。

8.《马克思恩格斯列宁斯大林论人口问题》,北京:商务印书馆 1960 年版。

9. 韩震:《重建理性主义信念》,北京:北京出版社 1998 年版。

10. 韩震:《生成的存在——关于人和社会的哲学思考》,北京:北京师范大学出版社 1996 年版。

11. 韩震:《西方历史哲学导论》,济南:山东人民出版社 1992 年版。

12. 袁贵仁:《马克思的人学思想》,北京:北京师范大学出版社

1996 年版。

13. 杨耕:《为马克思辩护》,哈尔滨:黑龙江人民出版社 2002 年版。

14. 林凌、陈永忠主编:《城市百科辞典》,北京:人民出版社 1993 年版。

15. 汪洋:《"十五"城镇化发展研究》,北京:中国计划出版社 2001 年版。

16. 邱阳主编:《帝都:行将消失的古韵》,北京:北京图书馆出版社 2006 年版。

17. 曲英杰:《古代城市》,北京:文物出版社 2003 年版。

18. 程存洁:《唐代城市史研究初篇》,北京:中华书局 2002 年版。

19. 伊永文:《行走在宋代的城市:宋代城市风情图记》,北京:中华书局 2005 年版。

20. 史卫民:《都市中的游牧民:元代城市生活长卷》,长沙:湖南出版社 1996 年版。

21. 韩大成:《明代城市研究》,北京:中国人民大学出版社 1991 年版。

22. 周长山:《汉代城市研究》,北京:人民出版社 2001 年版。

23. 李泽厚:《美学三书》,天津:天津社会科学出版社 2003 年版。

24. 钱穆:《中国文化史导论》,北京:商务印书馆 1994 年版。

25. 钱穆:《中国文化精神》,台北:三民书局 1971 年版。

26. 钱穆:《从中国历史来看中国国民性及中国文化》,香港:香港中文大学出版社 1982 年版。

27. 张辉:《审美现代性批判》,北京:北京大学出版社 1999 年版。

28. 刘小枫:《现代性社会理论》,上海:上海三联书店 1998 年版。

29. 佘碧平:《现代性的意义与局限》,上海:上海三联书店 2000 年版。

30. 高佩义:《中外城市化比较研究》,天津:南开大学出版社 1991 年版。

31. 彭新武:《复杂性思维与社会发展》,北京:中国人民大学出版社 2003 年版。

32. 丁健:《现代城市经济》,上海:同济大学出版社 2001 年版。

33. 曾赛丰:《中国城市化理论专题研究》,长沙:湖南人民出版社 2004 年版。

34. 李友梅等:《制度变迁的实践逻辑》,桂林:广西师范大学出版社 2004 年版。

35. 王放:《中国城市化与可持续发展》,北京:科学出版社 2000 年版。

36. 徐和平、李莉:《城市化比较与中国城市化道路选择》,贵阳:贵州人民出版社 2000 年版。

37. 金丹元:《比较文化与艺术哲学》,上海:上海文艺出版社 2002 年版。

38. 齐效斌:《人的自我发展与符号形式的创造》,北京:中国社会科学出版社 2002 年版。

39. 刘永富:《价值哲学的新视野》,北京:中国社会科学出版社 2002 年版。

40. 施惠玲:《制度伦理研究论纲》,北京:北京师范大学出版社 2003 年版。

41. 凌亢:《中国城市可持续发展评价理论与实践》,北京:中国财政经济出版社 2000 年版。

42. 周昌忠:《中国传统文化的现代性转型》,上海:上海三联书店 2002 年版。

43. 万以诚、万岍:《新文明的路标》,长春:吉林人民出版社 2000 年版。

44. 谢守红:《城市化发展理论和实践》,北京:中央编译出版社 2004 年版。

45. 高鉴国:《新马克思主义城市理论》,北京:商务印书馆 2006 年版。

46. 吴文新:《科技与人性——科技文明的人学沉思》,北京:北京师范大学出版社 2003 年版。

47. 费孝通:《乡土中国　生育制度》,北京:北京大学出版社 1998年版。

48. 蔡禾主编:《城市社会学:理论年与视野》,广州:中山大学出版社 2003 年版。

49. 钟荣魁:《城市化:人类生活大趋势》,成都:四川人民出版社 1992 年版。

50. 邓伟根编:《城市化革命:中国小城镇建设的国情报告》,北京:中国社会科学出版社 2004 年版。

51. 谈镇、黄瑞玲:《城市化进程中的制度创新》,香港:香港名人出版社 2002 年版。

52. 陈彤:《城市化理论·实践·政策》,西安:西北工业大学出版社 1993 年版。

53. 高志罡、朱奚红:《城市化与城市社区发展》,苏州:苏州大学出版社 2000 年版。

54. 叶舜赞编:《城市化与城市体系》,北京:科学出版社 1994年版。

55. 林玲:《城市化与经济发展》,武汉:湖北人民出版社 1995年版。

56. 刘学敏:《城市化与可持续发展研究》,北京:中共中央党校出版社 2004 年版。

57. 侯蕊玲编:《城市化与区域发展》,昆明:云南大学出版社 2003年版。

58. 赵苑达编:《城市化与区域经济协调发展》,北京:中国社会科学出版社 2003 年版。

59. 沈建法:《城市化与人口管理》,北京:科学出版社 1999 年版。

60. 朱宝树编:《城市化再推进和劳动力再转移》,上海:华东师范大学出版社 2002 年版。

61. 谈月明:《城市化战略与小康社会》,上海:学林出版社 2003
年版。

62. 傅崇兰、陈光庭、董黎明等:《中国城市发展问题报告》,北京:
中国社会科学出版社 2003 年版。

63. 宋俊岭、黄序主编:《中国城镇化知识 15 讲》,北京:中国城市
出版社 2001 年版。

64. 李其荣:《对立与统一——城市发展历史逻辑新论》,南京:东
南大学出版社 2000 年版。

65. 洪俊、宁越敏:《城市地理概论》,合肥:安徽科学技术出版社
1993 年版。

66. 王圣学:《城市化与中国城市化分析》,西安:陕西人民出版社
1992 年版。

67. 理论动态编辑部编:《树立和落实科学发展观》,北京:中共中
央党校出版社 2004 年版。

68. 冯友兰:《中国哲学简史》,北京:北京大学出版社 1996 年版。

69. 叶裕民:《中国城市化之路:经济发展与制度分析》,北京:商务
印书馆 2001 年版。

70. 刘传江:《中国城市化的制度安排与创新》,武汉:武汉大学出
版社 2002 年版。

71. 纪晓岚:《论城市本质》,北京:中国社会科学出版社 2002
年版。

72. 黄宗智:《长江三角洲小农家庭与乡村发展》,北京:中华书局
1992 年版。

73. 郑万耕、周桂钿、张奇伟、徐文明、强昱:《传统与超越》,北京:
北京师范大学出版社 2002 年版。

74. 邹吉忠:《自由与秩序》,北京:北京师范大学出版社 2003
年版。

75. 薄震元:《中国艺术意境论》,北京:北京大学出版社 1999
年版。

76. 亚里士多德:《政治学》,北京:商务印书馆1965年版。

77. 亚当·斯密:《国民财富的性质和原因的研究》上卷,北京:商务印书馆1981年版。

78. 梅因:《古代法》,北京:商务印书馆1996年版。

79. 保尔·芒图:《十八世纪产业革命——英国近代大工业初期的概况》,北京:商务印书馆1983年版。

80. 费尔南·布罗代尔:《文明史纲》,桂林:广西师范大学出版社2003年版。

81. 阿历克斯·英格尔斯:《人的现代化》,成都:四川人民出版社1985年版。

82. 阿历克斯·英格尔斯:《人的现代化素质探索》,天津:天津社会科学院出版社1995年版。

83. 弗朗西斯·福山:《大分裂》,北京:中国社会科学出版社2002年版。

84. 斐迪南·滕尼斯:《共同体与社会》,北京:商务印书馆1999年版。

85. 刘易斯·芒福德:《城市发展史:起源、演变和前景》,北京:中国建筑工业出版社2005年版。

86. 乔纳森·弗里德曼:《文化认同与全球性过程》,北京:商务印书馆2003年版。

87. 简·阿特·斯图尔特:《解析全球化》,长春:吉林人民出版社2003年版。

88. 理查德·瑞吉斯特:《生态城市》,北京:社会科学文献出版社2002年版。

89. 芭芭拉·沃德、勒内·杜博斯:《只有一个地球》,长春:吉林人民出版社1997年版。

90. 世界环境与发展委员会:《我们共同的未来》,长春:吉林人民出版社1997年版。

91. 比尔·麦克基本:《自然的终结》,长春:吉林人民出版社2000

年版。

92. 赖纳·特茨拉夫:《全球化压力下的世界文化》,南昌:江西人民出版社 2001 年版。

93. 巴里·康芒纳:《封闭的循环》,长春:吉林人民出版社 2000 年版。

94. 戴斯·贾丁斯:《环境伦理学》,北京:北京大学出版社 2002 年版。

95. 戴维·波普诺:《社会学》,北京:中国人民大学出版社 1999 年版。

96. 莱斯利·A.怀特:《文化科学》,杭州:浙江人民出版社 1988 年版。

97. 詹姆斯·奥康纳:《自然理由》,南京:南京大学出版社 2003 年版。

98. 理查德·舒斯特曼:《哲学实践》,北京:北京大学出版社 2002 年版。

99. 塞缪尔·亨廷顿、劳伦斯·哈里森:《文化的重要作用》,北京:新华出版社 2002 年版。

100. M.E.斯皮罗:《文化与人性》,北京:社会科学文献出版社 1999 年版。

101. 约翰·缪尔:《我们的国家公园》,长春:吉林人民出版社 1999 年版。

102. 埃里克·诺伊迈耶:《强与弱:两种对立的可持续性范式》,上海:上海译文出版社 2002 年版。

103. 齐格蒙特·鲍曼:《现代性与矛盾性》,北京:商务印书馆 2004 年版。

104. 齐格蒙特·鲍曼:《全球化》,北京:商务印书馆 2001 年版。

105. 查尔斯·莫尔、威廉·米歇尔、威廉·图布尔:《风景——诗化般的园艺为人类再造乐园》,北京:光明日报出版社 2000 年版。

106. 大卫·雷·格里芬:《后现代科学》,北京:中央编译出版社

1998 年版。

107. 奥尔多·利奥波:《沙乡年鉴》,长春:吉林出版社 1997 年版。

108. 丹尼斯·米都斯:《增长的极限》,长春:吉林人民出版社 1997 年版。

109. 丹尼斯·古莱特:《靠不住的承诺》,北京:社会科学文献出版社 2004 年版。

110. 戴维斯:《上帝与新物理学》,长沙:湖南科学技术出版社 1992 年版。

111. 麦特·里德雷:《美德的起源》,北京:中央编译出版社 2004 年版。

112. 列奥·施特劳斯:《自然权利与历史》,北京:三联书店 2003 年版。

113. 史蒂芬·霍金:《时间简史》,长沙:湖南科学技术出版社 1992 年版。

二、中文论文

1. 韩琦:《拉丁美洲的城市发展和城市化问题》,《拉丁美洲研究》1999 年第 2 期。

2. 柳思维:《论城市内涵、起源及中国古代城市发展第一个高峰期》,《求索》2003 年第 3 期。

3. 蔡云辉:《战争与中国古代城市的衰落》,《贵州社会科学》2005 年第 6 期。

4. 胡伟略:《中国人口城市化挺进新世纪》,《中国人口报》1998 年 8 月 9 日。

5. 陆学艺等:《中国改革中期的制度创新与面临的挑战》,《新华文摘》1997 年第 4 期。

6. 朱力:《准市民的身份定位》,《社会学》2001 年第 4 期。

7. 陈纯仁:《制度与人的发展关系论略》,《社会科学战线》2006 年第 1 期。

8. 徐晖:《中国城市化进程中的文化因素》,《上海社会科学院学术季刊》2000 年第 3 期。

9. 张全明:《论中国古代城市形成的三个阶段》,《华中师范大学学报》(人文社会科学版)1998 年第 1 期。

10. 崔援民:《中外城市化模式比较与我国城市化道路选择》,《河北学刊》1999 年第 4 期。

11. 张鸿雁:《论城市现代化的动力与标志》,《江海学刊》2002 年第 3 期。

12. 孙新雷:《论城市化的一般规律及对我国的启示》,《郑州大学学报》(哲学社会科学版)2001 年第 1 期。

13. 陆升军:《中国城市化发展模式的制度成因》,《广西师范学院学报》(哲学社会科学版)2003 年第 2 期。

14. 蔡方鹿:《张立文教授的和合学研究概述》,《中华文化论坛》1997 年第 2 期。

15. 张岱年:《漫谈和合》,《社会科学研究》1997 年第 5 期。

16. 邢贲思:《中华和合文化体现的整体系统观念及其现实意义》,《光明日报》1997 年 2 月 6 日。

17. 程思远:《世代弘扬中华和合文化精神——为中华和合文化弘扬工程而作》,《人民日报》1997 年 6 月 28 日。

18. 朱秦:《农村城市化进程中的社会矛盾与化解》,《求实》2007 年第 2 期。

19. 陈丰:《从"虚城市化"到市民化:农民工城市化的现实路径》,《社会科学》2007 年第 2 期。

20. 李家祥:《进城农民逆向回流及对中国城市化进程的影响——兼与拉美城市化相比较》,《求实》2007 年第 1 期。

21. 李霓:《农民城市化转型期的犯罪环境论》,《社会科学研究》2007 年第 1 期。

22. 邹小华:《社会和谐与城市化模式选择》,《南昌大学学报》(人文社会科学版)2006 年第 6 期。

23. 冯贞柏:《中国城市化的条件、特点及政府职责》,《调研世界》2006 年第 12 期。

24. 田珍:《城市化与农民生活方式演进的互动机理研究》,《农业经济》2007 年第 1 期。

25. 戎建:《城市化:主动还是被动?》,《经济体制改革》2006 年第 6 期。

26. 张家唐:《简论城市与城市化》,《河北大学学报》(哲学社会科学版)2006 年第 6 期。

27. 蔡雪雄:《农村城市化与社会主义和谐社会》,《当代经济研究》2006 年第 12 期。

28. 杨波:《城市化进程中的利益矛盾与解决途径》,《城市问题》2006 年第 9 期。

29. 彭荣胜:《城市经济发展不足对城市化进程的阻碍》,《统计与决策》2006 年第 21 期。

30. 台冰:《人均工业增加值与人口城市化水平关系研究》,《深圳大学学报》(人文社会科学版)2006 年第 6 期。

31. 李庄:《论我国城市化模式的战略选择》,《求实》2006 年第 12 期。

32. 许经勇:《我国城市化的目标:城乡一体化》,《马克思主义与现实》2006 年第 6 期。

33. 史方倩:《从刘易斯的二元经济理论看中国的城市化道路》,《河北师范大学学报》(哲学社会科学版)2006 年第 6 期。

34. 刘贵文:《影响中国城市化进程的经济因素分析》,《城市发展研究》2006 年第 5 期。

35. 王健君:《古都的城市化再造》,《瞭望》2006 年第 41 期。

36. 王健君:《城市化的"不等式"》,《瞭望》2006 年第 41 期。

37. 陈宇飞:《我国城市化进程中的新文化生态建构问题》,《科学社会主义》2006 年第 5 期。

38. 吴育华:《城市化发展模式的选择分析》,《科学管理研究》

2006 年第 4 期。

39. 郎秀云:《新农村建设与城市化:主张与争论》,《理论前沿》2006 年第 17 期。

40. 焦建华:《制度选择与路径依赖:我国城市化道路的选择及反思》,《河南社会科学》2006 年第 4 期。

41. 鲍宗豪:《可持续城市化问题研究》,《求是学刊》2006 年第 4 期。

42. 申小蓉:《邓小平城市化建设思想探析》,《毛泽东思想研究》2006 年第 3 期。

43. 王明美:《城市化:世界潮流与中国的差距》,《江西社会科学》2006 年第 3 期。

44. 蒋满元:《城市化对经济结构转型的促进机制分析》,《求实》2006 年第 4 期。

45. 段进军:《对传统城市发展模式的反思——基于"走向可持续城市化"国际学术会议的启示》,《国外社会科学》2006 年第 2 期。

46. 曹宗平:《三种城市化发展模式述评》,《改革》2005 年第 5 期。

47. 李霓:《城市化进程——中国农村面临的第二次革命》,《农村经济》2005 年第 12 期。

48. 范建刚:《论制约中国城市化进程的根本因素》,《云南社会科学》2005 年第 5 期。

49. 蔡永飞:《农地制度改革的契机:城市化——兼与白永秀、马小勇商榷》,《改革》2005 年第 3 期。

50. 张晓洲:《人的城市化——农村城市化进程中的首位问题》,《改革与战略》2005 年第 8 期。

51. 曹和平:《城市化道路:中国城市化及战略》,《学习与探索》2005 年第 3 期。

52. 王朝明:《城市化:农民工边缘性贫困的路径与治理分析》,《社会科学研究》2005 年第 3 期。

53. 李宝梁:《中国城市化研究:西方有关理论的演进及其意义》,

《江西社会科学》2005 年第 4 期。

　　54. 张鸿雁:《市民对中国城市化进程中的社会问题认知——中国六城市电话调查报告》,《社会科学》2005 年第 4 期。

　　55. 宁越敏:《让城市化进程与经济社会发展相协调——国外的经验与启示》,《求是》2005 年第 6 期。

　　56. 周光明:《城市化进程中的协调发展》,《改革与战略》2005 年第 3 期。

　　57. 姜建成:《价值诉求、目标与善治:当代中国城市化发展中人文关怀问题探析》,《哲学研究》2004 年第 11 期。

　　58. 郭鸿懋:《论 21 世纪中国城市化发展的战略基点》,《南开大学学报》(哲学社会科学版)2004 年第 6 期。

　　59. 李子奈:《中国农村城市化模式的需求分析》,《清华大学学报》(哲学社会科学版)2004 年第 5 期。

　　60. 成德宁:《各种发展思路视角下的城市化》,《国外社会科学》2004 年第 6 期。

　　61. 陈述:《城市化动力:中国社会主义现代化的经验与现实》,《社会主义研究》2004 年第 4 期。

　　62. 任宏:《城市化进程中的农民问题》,《改革》2004 年第 5 期。

　　63. 吴红宇:《中国城市化滞后原因及发展模式选择》,《商业研究》2004 年第 16 期。

　　64. 宋佳珉:《可持续发展——中国城市化的现实选择》,《商业研究》2004 年第 14 期。

　　65. 王丽:《中国城市化问题的要素集成研究》,《商业研究》2004 年第 10 期。

　　66. 杜洪梅:《城市化进程中城郊农民融入城市社会问题研究》,《社会科学》2004 年第 7 期。

　　67. 徐祖荣:《论城市化在经济发展中的作用》,《求实》2004 年第 3 期。

　　68. 王发曾:《城市化进程中的社会与文化问题对城市犯罪的影

响》,《社会科学研究》2004 年第 1 期。

69. 陈雄:《城市化中行政体制改革与行政区划调整的必要性及面临的问题》,《求实》2003 年第 1 期。

70. 钱穆:《中国文化对人类未来可有的贡献》,载刘梦溪主编:《中国文化》(1991 年第 4 期),北京:三联书店 1991 年版。

71. 季羡林:《21 世纪文化瞻望——"天人合一"新解》,载《大国方略——著名学者访谈录》,北京:红旗出版社 1996 年版。

72. 汤一介:《世纪之交看中国哲学中的和谐观念》,载《大国方略——著名学者访谈录》,北京:红旗出版社 1996 年版。

73. 张岱年:《中国哲学中"天人合一"思想的剖析》,载《文化与哲学》,北京:教育科学出版社 1988 年版。

三、英文著作

1. Eisenstadt, S. N, *Society, Culture, and Urbanization*, Newbury Park, Calif. : Sage Publications, 1987.

2. Hauser, Philip Morris, *The Study of Urbanization*, New York: Wiley, 1965.

3. McKelvey, Blake, *American Urbanization: a Comparative History*, Glenview, Ill. : Scott, Foresman, 1973.

4. De Vries, Jan, *European Urbanization, 1500 – 1800*, Cambridge, Mass. : Harvard University Press, 1984.

5. Gwynne, Robert N, *Industrialization and Urbanization in Latin America*, London: Croom Helm, 1985.

6. Renaud, Bertrand, *National Urbanization Policy in Developing Countries*, New York: Oxford University Press, Published for the World Bank, 1981.

7. Bookchin, Murray, *The Rise of Urbanization and the Decline of Citizenship*, San Francisco: Sierra Club Books, 1987.

8. Mizruchi, Ephraim Harold, *Urbanism, Urbanization, and Change:*

Comparative Perspectives, Reading, Mass.: Addison-Wesley Pub. Co.,1969.

9. Dorn,James A,*China in the New Millennium*: *Market Reforms and Social Development*,Washington,D. C.: Cato Institute,c1998.

10. Marshall,T. H.,*Class*,*Citizenship*,*and Social Development*: *Essays*,Chicago; London: University of Chicago Press,1977.

11. Tsin,Michael T. W. *Nation*,*Governance*,*and Modernity in China*: *Canton*,*1900－1927*, Stanford University Press,1999.

12. Wolff,David. *To the Harbin Station*: *The Liberal Alternative in Russian Manchuria*,1898－1914,Stanford University Press,1999.

13. Dong,Stella,Shanghai: *The Rise and Fall of a Decadent City*,Harper Collins,2000.

14. Johnson,Linda Cooke,*Shanghai*: *From Market Town to Treaty Port*,*1074－1858*, Stanford University Press,1995.

15. Gaubatz,Piper Rae,*Beyond the Great Wall*: *Urban Form and Transformation on the Chinese Frontiers*,Stanford University Press,1996.

16. Dorothy,J. Solinger, *Contesting Citizenship in Urban China*: *Peasant Migrants*,*the State*,*and the Logic of the Market*, University of California Press,1999.

17. Chan,Kam Wing,*Cities with Invisible Walls*: *Reinterpreting Urbanization in Post—1949 China*,Oxford University Press,1994.

18. Tang,Wenfang and Parish,William L, *Chinese Urban Life under Reform*: *The Changing Social Contract*,Cambridge University Press,2000.

19. Guldin,Gregory Eliyu (ed.), *Farewell to Peasant China*: *Rural Urbanization and Social Change in the Late Twentieth Century*, M. E. Sharpe,1997.

20. Yusuf,Shahid and Wu,Weiping,*The Dynamics of Urban Growth in Three Chinese Cities*, Oxford University Press,1997.

21. Broudehoux, Anne-Marie, *The Making and Selling of Post-Mao*

Beijing, 2nd Edition, Routledge, 2004.

22. Sit, Victor F. S. , Beijing: *The Nature and Planning of a Chinese Capital City*, John Wiley & Sons, 1995.

后　记

　　新春伊始,书稿的最后一遍修改终于完成了。掩卷回想,虽然研究过程中有些许的开心,也有不少的心得,但内心对自己才学疏浅的忐忑与遗憾,对书稿深度学术问题的困惑始终长久地困扰着我。所幸的是,在近些年来的学习与研究中,有许多老师、同学、朋友和同事都给了我莫大的教诲和弥足珍贵的帮助。正是有了他们的无私教诲与诚挚帮助,才使我在繁忙的工作与紧张的学术研究中始终不敢有半点的懈怠,始终保持着不断前行的动力。这种力量,也是支持我不断走向学术新高度、人生新境界的坚强精神支柱。

　　本书是在我博士论文的基础上经过近两年的研究,补充、修改而成的。在写作博士论文与修改本书的漫长过程中,我的导师韩震教授一直给予我深切的关心和谆谆的教导。先生对我的悉心指导,对本书现实意义和学术维度的定位与把握,是我得以不断超越既有浅见、完成本书的重要保障;先生孜孜不倦的教诲和"学为人师、行为世范"的人格魅力,使我深刻地体会到思想的力量和知识的价值;先生的睿智豁达、勤勉严谨,高屋建瓴的思想洞察力与现实的人文关怀精神,对我的工作和研究产生了不可磨灭的影响。同时,我要特别感谢我的老师袁贵仁教授在我博士论文和本书写作过程中对我的启迪、点拨与指引,本书对制度问题的关注、对城市与人的生存状态以及当代中国城市发展面临的矛盾与对策等现实问题的研究大大得益于先生。先生的学术风范、严谨作风以及高远的学识与人生视野,将引导我在未来的学术研究与工作中不断努力地提升和完善自己。

在本书的写作过程中，北京师范大学的众多老师都给我提出了颇具裨益的建议和意见。杨耕教授、张曙光教授、崔新建教授、王成兵教授、杨志峰教授、朱红文教授、吴向东教授、于风政教授、沈湘平副教授、张志斌老师，以及北京大学陈国谦教授、丰子义教授，中国社会科学院李景源研究员等，都对本书思路的进一步完善，对涉及社会学与哲学有关问题的系统性调整提出了很好的意见。其中，我尤其要感谢杨耕教授，他就本书"要富有哲学意味"的相关建议和意见，对本书研究视角的转换、以哲学的维度剖析现实问题起到了重要作用。

在多年的学习研究和写作过程中，我要感谢吴玉军、董立河、林少敏、孟庆凤、郑伟、张连伟、邹兴明、倪霞、李荣、杨礼银、孙宇鹏、陈高华、钟金铃、郭继承、罗兴刚、李伟、崔晖、吴晓云、秦裕、石碧求、李恒熙、吕增奎、杨冬、刘翔、原理、张环宇、章伟文、田园、向兵、李岳、郑辉、郑云勇等同窗对我的帮助与支持，尤其与他们无数次的交流和讨论以及从中所获得的启发与建议，是我得以顺利完成本书的重要环节。我十分感谢暨南大学胡军教授、朱卫平教授，广东外语外贸大学隋广军教授，我的好友美国伊利诺大学社会学博士李毅，以及中山大学政治哲学博士何子英、伦理学博士郑少翀，感谢他们对有关经济学、社会学以及政治哲学问题所给予的建设性意见和建议。同时，我还要感谢我的好友艾晓泉、程林、石迦、郑海涛，以及人民出版社哲学编辑室的同人对本书出版的大力支持与帮助。

工作之余的学术研究，既是艰辛的也是快乐的！我十分感谢我的父母、家人的鼓励、支持与理解，正是他们给了我持之以恒、不断学习、不断进取的信心与勇气；我特别感谢北京、广东、青海多年来培养关心我的老师、领导、同事和朋友们，正是他们使我在工作、学习和研究中深深体会到知识常青、情义无价的人生真谛。

宁 克 平

2009 年 3 月 22 日于蓝山

责任编辑:钟金铃
版式设计:陈　岩

图书在版编目(CIP)数据

城市与人——中国城市化进程及其对策/宁克平著.
-北京:人民出版社,2009.8
ISBN 978 - 7 - 01 - 008077 - 2

Ⅰ.城…　Ⅱ.宁…　Ⅲ.城市化-研究-中国　Ⅳ.F299.21

中国版本图书馆 CIP 数据核字(2009)第 123926 号

城 市 与 人

CHENGSHI YU REN

——中国城市化进程及其对策

宁克平　著

人民出版社 出版发行
(100706　北京朝阳门内大街 166 号)

北京新魏印刷厂印刷　　新华书店经销

2009 年 8 月第 1 版　2009 年 8 月北京第 1 次印刷
开本:710 毫米×1000 毫米 1/16　印张:17
字数:230 千字　印数:0,001—3,000 册

ISBN 978 - 7 - 01 - 008077 - 2　定价:35.00 元

邮购地址 100706　北京朝阳门内大街 166 号
人民东方图书销售中心　电话 (010)65250042　65289539